リソース獲得の意思決定

Build, Borrow, or Buy

Solving the Growth Dilemma

いかに成長を実現するか

by Laurence Capron and Will Mitchell

ローレンス・キャプロン／ウィル・ミッチェル 著

兒玉公一郎 訳
KODAMA Koichiro

Build, Borrow, or Buy

中央経済社

Build, Borrow, or Buy: Solving the Growth Dilemma
by Laurence Capron and Will Mitchell

Published by arrangement with Harvard Business Review Press
through Tuttle-Mori Agency, Inc., Tokyo

はしがき

さまざまな意味で，本書の取り組みが始まったのは，1993年秋のアナーバーのミシガン大学であった。われわれがそれまで別々に取り組んでいたのは，企業がダイナミックな環境にうまく適応して生き残ることができる場合，それがどうやって可能になるのだろうか，とりわけ，戦略的リソースを取得・再結合するために買収，提携，およびそれ以外のメカニズムをどのように活用しているのか，という問題であった。最初の出会いから20年もの間，一緒に仕事を続ける中で，われわれは家族ぐるみの友情を育み，また，慎重なリソース選択とリソース管理戦略を持つことで企業がどのように競争したり生き残ることができるかというテーマで共同研究や教育を積み重ねた。

本書の内容は，直接的には過去10年間の研究から導かれたものであるが，そのアイデアはそれ以前のプロジェクト段階から温められてきたものである。そこでは，企業が競争面でうまく渡り合っていくのに必要なリソースをどのように〈構築〉，〈借用〉，〈購買〉するか，とりわけ，利用可能な複数の調達オプションの中からどうやって選択するか，という問題に関して検討を行った。リサーチに際して，われわれは，さまざまな産業・地域のいくつもの世界最大手の企業のエグゼクティブに直接面会する僥倖に恵まれた。良いことも悪いことも，その経験を惜しみなく語ってくれたエグゼクティブの皆さんに対して，この上ない感謝の気持ちをお伝えしたい。そうした方々の歪みのない，実に率直な視点から知的刺激を受けることが多々あり，そうした方々の洞察は研究を進めるのに欠かせないものであった。そこでお聞きしたお話は，この本の随所で活かされている。

本書の議論は，われわれの同僚や他の研究者に負うところが大きい。そうした方々の考察や著作物からは，進化論や生態学理論，ダイナミック・ケイパビリティ論，および企業間取引論といった広範にわたる領域から，本書のカギとなるインサイトをいただいた。特に，インスピレーションを与えてくれた，Rajshree Agarwal, Erin Anderson, Ashish Arora, Jay Barney, Glenn Carroll,

Wes Cohen, Karel Cool, Michael Cusumano, Yves Doz, Kathleen Eisenhardt, John Freeman, Alfonso Gambardella, Philippe Haspeslagh, Bruce Kogut, Dan Levinthal, Marvin Lieberman, Phanish Puranam, Brian Silverman, Harbir Singh, David Teece, Michael Tushman, Oliver Williamson, Sidney Winter, and Maurizio Zolloの諸氏に謝意を表したい。

幸運にも，論文，論説記事，ケーススタディなど，長年にわたって，われわれは大変才能豊かな共著者と一緒に仕事をすることができ，そのことを通じて企業の〈構築〉－〈借用〉－〈購買〉戦略に関する思考を整理し深めることができた。ここで名を挙げて謝意を伝えたい。Gautam Ahuja, Jay Anand, Asli Arikan, Joel Baum, Rich Bettis, Fares Boulos, Nir Brueller, Olivier Chatain, Pierre Dussauge, Bernard Garrette, Mauro Guillén, Connie Helfat, Rebecca Henderson, Glenn Hoetker, John Hulland, Jung-Chin Shen, Kevin Kaiser, Samina Karim, Ishtiaq Mahmood, Xavier Martin, Anita McGahan, Louis Mulotte, Anuradha Nagarajan, Joanne Oxley, Anne Parmigiani, Urs Peyer, Nathalie Pistre, Karen Schnatterly, Myles Shaver, Kulwant Singh, Anand Swaminathan, Bart Vanneste, and Charles Williams。こうした方々との業績についても，巻末の付録にて言及している。

こうした方々ばかりでなく，それと同じくらい，われわれが20年にわたって教鞭を執り研究を行ってきたMBAコース，エグゼクティブMBA，エグゼクティブ教育，ヘルス・マネジメント，およびPhDプログラムに所属する学生の皆さんからも学ぶことが多かった。われわれが非常に幸せな気持ちで仕事に取り組むことができたさまざまな機関（具体的には，University of California at Berkeley, Duke, HEC Paris, INSEAD, Ivey Business School, Kellogg, Michigan, MIT Sloan, Toronto, Wharton, University of Witwatersrand, and National University of Singapore）では，バックグラウンドやアイデア，物の見方に至るまで驚くほど多様で，しかも大変能力の高い多くの学生と出会うことができた。そうした学生の視点も，この本の内容を豊かなものにしてくれている。

さらに，出版社と編集者からは，格別の励ましと助言をいただいた。本書執筆にあたって，David Championはわれわれのアイデアをアウトライン化して，明確な指針を示してくれた。Tamzin MitchellとMatt Darnellは，まだ漠然とした構想の段階で，本書の編集を引き受けてくださった。Lew McCrearyはまったく衰えることのない辛抱強さと，それと同じくらいの頑固さで，われわれのロジックを明確にしていく作業を後押しして，読みやすい本にまとめてくれた。Melinda Merinoは，Harvard Business Review Pressからの出版をご快諾いただいた。

最後に，われわれの家族にも感謝の気持ちを伝えたい。家族のサポートと忍耐抜きには，この本を書くことはできなかった。Laurenceは夫・Pierre ChandonとLouise，Claire，Marieの娘たちのサポートに深く感謝している。WillはDilys Bowmanと３人の子供たち，Mairi，Tamzin，Lucに深く感謝している―そして１時間後には家に戻ることを約束しよう。

ローレンス・キャプロン
ウィリアム・ミッチェル

[著者について]

ローレンス・キャプロン（Laurence Capron）はフランスのINSEADにおいてPaul Desmariais Chaired Professor of Partnership and Active Ownership，およびINSEADのエグゼクティブ教育課程のM&A・企業戦略分野のディレクターを務めている。彼女の教育・研究テーマはM&A，企業間提携，社内開発活動，ポートフォリオ戦略である。また，INSEADではMBAやエグゼクティブMBA，エグゼクティブ教育，PhDプログラムにも従事している。*Harvard Business Review*誌に発表した，Will Mitchellとの共著である“Finding the Right Path”をはじめ，多数の論文を発表している。

専門家としても，Laurenceは多数の表彰・受賞があり，その中にはINSEADやWhartonのM&A・企業戦略の授業に対して，MBA課程の学生によるBest Teaching Awardも含まれる。研究面においても，Academy of ManagementのBest Paper Award，McKinsey/Strategic Management Society Award，およびHEC Paris Foundation Best Doctoral Dissertation Awardをはじめ，多数の受賞歴がある。彼女は，2011年のフランスのPrix Académique Syntec du Conseil en Managementを，戦略・ファイナンス部門のbest research paperで獲得している。彼女の現在の関心は，企業がいかにして新規リソースを入手し，有機的成長を補完するためにM&Aと提携，ライセンスを用いるのかという問題にある。

Laurenceは，HEC Parisで戦略のPhDを得た後，1997年にINSEADに着任，MIT Sloan（2011-2012年），Wharton（2005-2006年），Kellogg（2004-2005年）で戦略分野のVisiting Professorも歴任している。2007年から2010年にかけては，INSEADとWharton間の提携の責任者でもあった。*Strategic Management Journal*誌の編集委員も務めている。

ウィル・ミッチェル（Will Mitchell）はDuke UniversityのFuqua School of BusinessのInternational Management講座のJ. Rex Fuqua Professorの職にある。WillはUniversity of Torontoで新技術・事業化の講座を担当するthe Anthony S. Fell Chairを担当するほか，Rotman School of Managementでは

Strategic Management講座のVisiting Professorも務めている。WillはUniversity of CaliforniaのBarkley校のSchool of Business AdministrationでPhDの学位を，バンクーバーのSimon Fraser UniversityでBBAの学位を，それぞれ取得している。Duke Universityに着任する以前には，University of Michiganで教鞭を執っていた。

WillはDukeとUniversity of TorontoのMBA，PhD，エグゼクティブ教育課程で教鞭を執るほか，アフリカ，アジアをはじめとする各地での教育にも従事している。事業ダイナミクス，新興市場での戦略，企業戦略，アントレプレナーシップ，医療セクターの経営，製薬企業の戦略について教えている。

Willの研究関心は既存市場と新興市場における事業ダイナミクスにあり，競争環境の変化に伴って事業がどのように変化するのか，さらにそこから展開して，これらの事業の変革が企業と社会の成功や失敗にどのように影響するのかという問題にある。具体的には技術と組織の両面での変化に着目しており，特に情報技術，生産技術，組織のプロセスと構造，および制度的環境に着目している。彼の著作物のうち特に目覚ましいのは，戦略と医療サービスに関するものである。彼の現在の研究は，M&Aと提携，別々のリソースの取引，内部開発といった，異なる変革のモードの中から，どのように選択し管理するべきかという問題を対象にしている。このような変化の因果関係について，特にライフサイエンス企業や新興市場で事業を展開する多数の企業やそのグループに目を向けて，北アメリカ，ヨーロッパ，アジア，アフリカなど各地の複数の産業セクターを対象に調べている。

Willは専門家や企業の団体でも活発に活動している。*Strategic Management Journal*誌の共同編集者のほか，北アメリカ，アジア，ヨーロッパの戦略関連のジャーナル誌の編集委員のメンバーや，ハイデラバードにあるNeuland Laboratories, Ltd.の取締役会メンバーでもある。

目　次

序章

イントロダクション
―2つの葬式と1つの結婚式―

Introduction：Two Funerals and a Wedding

企業の成長に不可欠なリソース（経営資源）をどうやって手に入れるか，その方法について，いまだ統一的な考えは得られていない。たいていの企業にとって，成長に必要なリソースがどんなものかを特定するのはお手のものであるし，事実，そのうちのほとんどの企業はそうした作業に細心の注意を払って取り組んでもいる。これまでわれわれは多くの企業を見てきたが，世間では非常に高く評価されている企業ですら，成長という局面では困難とは無縁でいられなかった。というのも，必要なリソースが何であるかを特定する作業に比べると，そのリソースを入手するための正しい手段についてはほとんど関心が向けられてこなかったからである。成長のためのリソースを自らの手で構築するか，他所から借りてくるか，買ってくるかという方法の中から，きちんと考え抜いて正しい経路を決定することの重要性は過小評価されてきたと言える。その結果として，何らかの原則や勤勉さ，自社の針路の道しるべとなる原理もないままに，不用意に行動を起こすことになる。事実，そこで慎重な選択が行われるといったことなどほとんどないまま，過去の自分たちのやり方こそが完璧な結果を生むという思い込みの下で，これまでのやり方をただ踏襲するばかりである。たとえ，もはや有望な事業機会をモノにできなくなくなったと判ったとしても，その失敗がずっと昔の自らの軽率な選択に起因している可能性にまで考えが及ぶことなどまずない。われわれは，いかにして強力なビジネス上の能力を構築するかについての方法，言い換えると，成長機会を追求する際に辿るべき最善の経路を選択するための指針を提示するために，この本を執筆した。われわれは，これまでの研究を基に，ある特定の条件，さらには，それらの個別の条件が複数組み合わさった条件の下では，〈構築〉と〈借用〉，および〈購買〉のいずれを選択すべきかについての包括的フレームワークを導き出した。この本のタイトルにもなっているこれら３つの語は，それぞれが特定の見解を表すものである。すなわち，（１）〈構築〉(build)：よし，自分たちでやるか，（２）〈借用〉(borrow)：誰かほかの人に手伝ってもらう必要があるな，（３）〈購買〉(buy)：よそから買ってこよう。

こんな風に述べてしまうと，この本の議論は単純なものだと思われるかもしれないが，そんなことはない。

通常，新規の事業機会を追求するためには，手元にないリソースが必要となる。そのリソースとは，スキル，ノウハウ，技術，仕事のやり方，幅広い能力，それにここで挙げたもの以外のアセットを組み合わせたものである。事業機会をめぐる競争で必要となるリソースを得る手段は，自前で〈構築〉するか，外部から入手するかしかないのである。

必要なリソースを入手するための意思決定は単純に見えるがゆえに，多くの場合，限られたオプションの中から賢明な選択を行うことがいかに難しいことなのかが見過ごされてしまっている。結局，過去の似たような経験でのやり方を優先的に参照しながら，この問題についてろくに検討もしないまま，条件反射的な選択に終始することになる。この本でお示しするように，本来であればうまくいきそうな戦略であっても，そのポテンシャルが十分に発揮されないまま失敗に終わってしまうのは，このような無頓着な習慣のせいである。

この本の中核的な問題意識に関わるジレンマについてご理解いただくために，簡単な架空の事例を３つ挙げることにしよう。３つの事例は，非常に有望な成長機会で必要なリソースを入手するためのアプローチが全くと言ってよいほど異なっている。それぞれを，**経路依存的成長**，**日和見的成長**，そして**〈構築〉－〈借用〉－〈購買〉による成長**と呼ぶことにしたい。前２つのシナリオからは，自らの意志でリソース入手の経路を選択するという姿勢はほとんど窺えない。第３のシナリオが，本書の以下の章の議論に対応したものである。

1．経路依存的成長―ワンパターンが招いた窮状

（※以下で取り上げる３つの例はいずれもフィクションである。）

マーリン・マニュファクチャリング社（以下，マーリン）は，産業用制御システム分野の名門エンジニアリング企業であり，石油精製業や化学製造業などの装置産業を顧客に持つ。同社製品は特許で保護され，高度に複雑に作りこまれており，顧客ごとにかなりの程度カスタマイズされている。同社の伝統的な仕事のやり方は，大規模産業の顧客の個別の事情に応じた最適な解決策を提供するために，一にも二にも顧客の相談内容にじっくりと耳を傾けて，それに対して懸命に対処するというものであった。

やがて，顧客は１箇所から複数の製造現場を管理できるようなインターネット・ベースの制御システムを求めるようになってきた。マーリンの幹部の中には，それをチャンス到来と見る者もいたものの，依然，社内では，インターネット・ベースの製品を投入すべきか否か，投入するならばいつ投入すべきかといった問題について延々と議論が続いていた。実は，同社のエンジニア集団の大部分は，インターネットによるプロセス制御の安全性や堅牢性については懐疑的であった。そこで，マーリンの主要な競合企業がインターネットの生産ラインを投入するようになるまで，ひとまず様子見をしておこうということで，大方のコンセンサスが形成されつつあった。

長年，マーリンでは，技術能力を追加的に獲得する場合には，買収という手段がとられてきた。カネを払って技術進歩のカーブを駆け上がろうと目論む多くの企業と同様に，マーリンは，小さな最先端のスタートアップ企業を見つけてきては買収し，それを自社のカルチャーに馴染ませるための能力を磨き続けてきたという自負があった。歴史的に同社では，〈購買〉という方法が産業用制御のエコシステムの変化に対処するための武器として好んで用いられてきたのだが，見方を変えると，同社の成長戦略は経路依存的であった。つまり，事実上，マーリンはそれだけしかできない状態に自らを追いやっていたのである。

実に長い期間をかけて，マーリンは企業買収に関する独自のやり方を構築してきた。トップクラスのビジネス・コンサルタントやアカデミックな研究者を

招いた定例のM&Aトレーニング・セッションを自社で主催していた。リーダーたちは，高度に確立されたスキルに裏打ちされた自社の企業買収の卓越した能力について，自らの口で語るようになった。自分たちの手で開発した反復可能なフォーミュラが質とスピードの両面で高度に洗練されたものだという自負心は，同社の株価が上昇すればするほど，強まった。

技術カーブが跳ね上がる局面というのは過去にも周期的に起きてきたことだが，マーリンも，いよいよインターネットによるプロセス制御に関する知識基盤を強化するべき段階に入った。当然，マーリンは，過去に培ってきた魔法のような買収のフォーミュラを用いて，買収交渉に乗り出すはずであった。

しかし，インターネット・ベースの産業用制御システムは，いまだ油断のならないじゃじゃ馬であった。マーリンのエンジニアですらそうした技術に対しては相変わらず懐疑的な目を向けていた。しかも潜在的なターゲットをどのように評価し，そこに対して何を尋ねるべきかについて，社内の理解が追い付いていないという，捉えどころのない問題も存在した。それでも，マーリンは取り組みを前に推し進めようと必死に努力したけれども，新領域での買収は思うような成果を上げられずにいた。デュー・デリジェンス（投資対象企業の価値評価）は一層難しくなっており，交渉相手は態度を硬化させ，組織の統合もトラブル続きであった――買収先企業であてにしていた人物が契約書のインクも乾かないうちに辞めていったのである。

新事業領域におけるマーリンの地位はみるみる低下していった。さらに言えば，新たに買収した領域に，経営上の意識と投資が奪われたせいで，同社のコアとなる事業領域がそっちのけになった。マーリンの株価は急落し，重役たちは投資家の信頼を取り戻すためにあちこちと駆けずりまわる羽目になった――これは予想よりもずっと大変だということが，後でわかるのだが。それまで当たり前のように使ってきた魔法がその効力を失ったことで，いまやマーリンの方が買収の標的とされるようになってしまった。結局，マーリンは最大の競合によって買収されたのちにバラバラに切り売りされてしまった。

たとえどの経路を選択しようと，過去の経路に依存して条件反射的な選択を行っている限り，結局は成長するのに四苦八苦することになる―ダイナミックな競争状況の下では特にそうである。技術や市場，規制の転換期には，事業機会と伝統的ビジネスにとっての脅威が同時に生み出される。経路依存的な意思決定では，企業はそのような業界の変化に適切に対応できないのである。

2．日和見的成長―恣意的な選択がもたらす混乱

マーヴェリック出版はメディア産業の有望株として知られている。伝統的メディア業界で共に鎬を削ってきた競合は，どこも例外なく紙媒体のビジネス・モデルを脅かすようなデジタル化の脅威にさらされている。これらの競合に比べて，マーヴェリックはずっと積極的な姿勢で，より効率的・機敏に，デジタル関連のスキルにも手を伸ばしている。

他社がちまちまと小出しの対応に終始しているために試行錯誤の経験も乏しいのに対して，マーヴェリックはありとあらゆる新規のデジタル資源を取り込もうと，積極果敢に挑戦した。具体的には，投資銀行からの売り込みにしっかりと耳を傾けてインターネット・メディア企業を買収した。また，開発途上のデジタル関連のニッチで興味深そうな製品を手掛ける企業を提携パートナーに加えた。デジタル関連技術のスキルについてライセンス供与を受けるための交渉を行った。さらには，デジタル関連リソースを創出するために，開発チームに対して相当な裁量権を付与した。

マーヴェリックの精力的な戦略と，自社内での探索と外部のパートナーシップとをミックスさせる手法は，メディアやビジネスのエキスパートから賞賛を得ることになった――少なくとも，競合が組織の内と外の両面でデジタル・リソースの探索に及び腰になっている間は。

しかし，カネと時間をふんだんに投入したことで，マーヴェリックには新たなリソースが蓄積されつつあるにもかかわらず，従業員が抱えるフラストレーションは募る一方であった。実際の同社の市場地位は，本来ならば実現していたはずの水準からかけ離れていたのである。買収した事業がきちんと統合できておらず，目に見えるようなシナジーも生まれていなかった。ライセンスや提携の相手との関係がこじれていることが，後になるほど表面化してくるのだが，その責任が誰にあるのかも曖昧であった。デジタル戦略を推進しうるような製品を提供する上で，個々のパートナーシップがどのように寄与するのか，誰ひ

とりとして説明できそうになかった。バラバラに乱立したリソースの開発方針が組織の人々を違う方向へと導いており，このような明解で首尾一貫した方針の欠如が従業員のやる気を削いでいた。

過度に用心深く，優柔不断で，時間を浪費しがちな同業他社と比べると，日和見主義に徹したマーヴェリックはたしかに迅速に行動した。だが，その行動基準は場当たり的なものであったとも言える。内部プロジェクトに資金を投入するときも，社外のパートナーと組んで何かをするときも，さらには他のプロジェクトのM&Aのターゲットを探すときも，同社にとっての意思決定の指針となる戦略をめぐる調整など皆無であった。一連の活動から得られる潜在的なベネフィットを引き出そうと躍起になって取り組んだものの，カネと時間を浪費するだけの買収・提携の大混乱の中に従業員を巻き込むだけの結果となった。現実に，究極の無秩序というありがたくない評判がマーヴェリック出版を形容する表現として定着するようになったのである。

１つのことしかできないマーリンと比べると，複数の成長経路を活用するという点で，マーヴェリックのやり方は正しい筋道に沿っていたと言えないこともない。だが，どのような種類のリソースを得るためにはどの経路を選ぶべきか，という判断時に，本来，不測の事態も含めて状況に関する慎重な分析を行っておくべきだったのに，同社はそれを怠っていた。その代わり，マーヴェリックは〈構築〉か，〈借用〉か，〈購買〉かという選択で，その時どきで恣意的に判断を行っていた。このように，マーヴェリックの戦略のDNAにはカオスというものが必然的に組み込まれていたのである。

これをお読みの方には，ご自身の会社も経路依存か日和見的な成長戦略の犠牲になっていると心当たりがあるかもしれない。もしそうであるならば，成長のための経路を正しく選択する方法がどんなものなのかが気になるところだろう。

３．〈構築〉－〈借用〉－〈購買〉戦略による成長
―状況に応じた正しい治療法

ここでは，〈構築〉－〈借用〉－〈購買〉戦略という，第３のアプローチに

ついて考えよう。パナシーア製薬はバイオテクノロジー革命の一翼を担うなど，進化を続けるグローバル・イノベーションのネットワーク型モデルの形成を，過去30年間ずっと牽引してきた。同社は，長い期間をかけて，新規のテクノロジーと変化を続ける市場について学習を続けてきた。その過程では，医薬品分野のイノベーションを推進しながら市場を開拓するために，組織内部のR＆Dと基本契約，提携，および企業買収といった手段を織り交ぜたポートフォリオに徐々に軸足を移してきた。

パナシーアでは，内部でのR&Dチームには世界中から選りすぐりの優秀な人材を雇用している。だが，同社が他のライバル企業と異なるのは，外部からの調達で内部開発を補完している点である。その内部プロジェクトのほとんどは同社が高い実績を誇る精神医学のコア領域に関するスキルを利用しており，そこへの投資水準は高めに設定されている。

外部企業との協業に関して，パナシーアは多様なライセンスという手段に頼ったが，それによって内部活動からでは得られない化合物や医薬製品，あるいは望んでいるスキルを手に入れることが可能となった。そこからさらに，共同で新製品の開発や市場開拓を目指す中で，パートナーとのより高度な相互作用を実現し，重要なリソースの統合・保護という観点で，契約では不十分だと思われる場合には，パナシーアはより複雑なパートナーシップのあり方を模索した。

提携（alliance）の戦略的価値が確実に高まっていたり，より強固な協力関係が必要となるような場合には，パナシーアは元の提携相手を買い取って買収に切り替える方針をとった。さらに，特に戦略的な重要性の高い精神医学分野においては，組織内部での学習を促進すると目される能力（capabilities）に迅速にアクセスするために，ただちに買収に動くこともあった。

新規のリソースを入手するために異なる経路の中から慎重に選択することで，パナシーアはラディカルな変革を実現した。業界がグローバルに拡大しても，同社は業界最大手の地位を堅持している。同社は，どんな場合に新規のリソースを組織内で〈構築〉し，どんな場合に他社との契約や提携を通じてリソースを〈借用〉してきて，どんな場合に他社の〈購買〉という面倒な方法を選ぶのか，その考え方について，体系的に整理した。

マーヴェリック出版とは異なり，パナシーアは〈構築〉・〈借用〉・〈購買〉の各々の戦略を適切に組み合わせる方法について学習していた。また，マーリンとは異なり，たった1つのやり方に頼り切ることもなかった。その代わりに，パナシーアは，どんな場合にどのやり方が実行可能で成功しやすいかという観点でじっくりと検討し，3つの手法を上手に使い分けられるようになったのである。

4．この本の約束

われわれ執筆者が過去の研究結果や経験から申し上げることができるのは，〈構築〉・〈借用〉・〈購買〉の能力が成長を成し遂げる上での非常に有用なツールとなるということである。この本では，新規の事業機会が生じたときに，効果的に競争するのに必要なリソースを獲得するための最善の方法を選択するための，段階的フレームワークについて詳細に説明する。これを，**強力な選択能力**と呼ぶことにしよう。（※本書で使用する用語を紹介している，章末の「重要語の解説」を参照されたい）

本書では，資源の入手経路に関するフレームワークについて詳細に述べることにしよう。このフレームワークの下で，企業規模の大小を問わず，世界中の様々な企業がいかにして持続可能な成長戦略を構築できるのかについて説明したい。多くの競合他社に比べて，一部の企業だけがなぜそれほど混乱も伴わずに速い成長が可能なのか，さらに，その結果として，なぜ高い収益性や長期的な競争優位性を実現できるのか，こうした問題に対する答えをこの本では提示したいと思う。これらの企業は，より整然と秩序だった手順に従うことで，成長戦略を選択・実行するためのハードワークという投資から確実に配当を得て，成長につきまとう危険を回避している。対照的に，こうした参照すべき原則を持たなかったり，たとえそのような原則を有していてもそこから逸脱してしまったりしうる企業であっても，いかにしてうまく成長軌道に乗ることができるのかについても考えてみたい。現実問題として，最初の成功から次なる一歩を踏み出したばかりの企業であっても，あるいは，かつて業界の最大手として繁栄した企業であっても，このような怠慢が破綻を招くことは決して少なくないのである。

この本のアイデアは多くの意思決定を担う立場にある方にとって有用であろう。すなわち，企業のCEOや，全社的戦略ビジョンを策定するトップ・マネジメントのチームのメンバー。そのビジョンを実現するための大きな方向性を検討する経営企画のスタッフ。新規のリソースを，どこから・どのように手に入れるかの意思決定を補佐する役割を負った方。リソース入手経路のフレームワークを有益なものとして活用するには，これらのステークホルダーが不可欠な役割を果たす。

この本での学習の旅を通じて，読者の皆さんにとっても恩恵があることを期待している。たしかに，本書のリソース入手経路についての段階的な指針は，GPSのごとく正確無比なシステムでもなければ，絶対確実な未来予測を実現するわけでもない。今もなお，組織のリーダーには正しい判断が求められ，強力な選択能力を養うためには何らかの指針に基づいた規律のとれた組織を築く必要もある。〈構築〉・〈借用〉・〈購買〉という３つのモードを適切に組み合わせることで，会社を成長軌道に乗せるためには，見識と原則的指針の両方を兼ね備えていることが不可欠なのである。

重要語の解説

以下の用語は，この本を通じて登場する。

- **リソース（経営資源）**（Resources）：顧客に対して商品やサービスを創出するために企業が必要とする資産。そこには，プラントや設備などの**物的資産**，ノウハウや知的財産といった**見えざる資産**，従業員や事業活動に貢献する組織内外のステークホルダーといった**人的資源**が含まれる。
- **戦略的リソース**（Strategic resources）：現状の競争優位性を強化したり，将来の優位性の基盤を作ったり，その両方に必要なリソース。
- **既存のリソース**（Existing resources）：企業が現時点で保有するか，自社でコントロールできるか，あるいは，十分にアクセスできる状態にあるようなリソース。

- **ターゲットとするリソース／ターゲット・リソース（Targeted resources）**：現状では欠如しているものの，現在ならびに将来の顧客にとって価値ある商品・サービスを創出する機会で必要となるリソース。
- **リソース・ギャップ（Resource gap）**：既存のリソースとターゲットとされるリソースとのギャップ。
- **選択能力（Selection capability）**：リソース・ギャップを埋めるのに適切な経路を選択する企業能力。
- **〈構築〉－内部開発（Build-internal development）**：既存能力を再結合したり新規に開発したりすることで，企業が自ら手掛ける変革（changes）。具体的には，組織内のスタッフの教育訓練や，社内での製品開発，スタッフの新規採用，新工場の設立などが挙げられる。内部開発は，契約を通じた〈借用〉，提携を通じた〈借用〉，および〈購買〉（買収）という，外部調達の３つの形態にとっての代替的な手段である。
- **〈構築〉－内部の探索的環境（Build-internal exploratory environment）**：新しいアイデア，リソース，およびビジネス・モデルを実験できるような独立した空間。そこでは，スカンク・ワークスであれ公式的なものとして認められたものであれ，とにかくチームが一個の独立ユニットとなっている。不確実な機会について学習する時間を買うための手段として，価値を有する。
- **〈借用〉－契約（Borrow－contract）**：既存の製品・サービスを対等な関係にある第三者から購入する合意。このような合意には，以下のような項目が含まれる。具体的には，容易に入手可能であることがはっきりしている技術・サービスの購入。専門に特化した知識源，ソフトウェア，およびサービスがライセンス内であるか，ライセンス外であるか。市場に関する基本的合意。契約に関する専門的アドバイス。
- **〈借用〉－提携（Borrow-alliance）**：他の企業もしくは機関（例：大学）との継続的・協調的なパートナーシップ。提携においては，２つ以上のパートナーが戦略的な自律性を維持しながら共同行動をとるために，一定期間リソースをコミットすることに合意する。具体例として挙げられるのは，資本関係のある／ない合弁（ジョイント・ベンチャー），R&Dおよびマーケティング面での提携，ベンチャーキャピタルによる投資，複数メンバーからなるコンソーシアム，フランチャイズ，詳細なアウトソーシング契約など。提携には，比較的簡素な合意ばかりでなく，多段階契約や相互投資，複雑な権利に関する合意など，はるかに複雑な関係のものまでが含まれる。すべてのタイプの提携には，合意内容を遵守するために資金や労力面で努力する，独立した当事者間の継続的な交流が含まれる。パートナーの独立性とは，各々が戦略的な自律性を有していることを意味し，一方が提携相手に対して何かを強制することはできない。通常，提携関係は公式的な契約に基づくが，将来生起しうる事象を完全に想定できているわけではないという点で，すべての契約は不完全であると言える。

- **〈購買〉ー買収（Buy-acquisition）**：ある企業が別の企業のリソースを自由に使用する目的で，その企業の支配権を買い取るケース。買収は，買い手企業とターゲット企業の両方の統一的戦略の方向性を反映することになる。少なくとも最初のうちは，買い手企業はターゲット企業を独立した存在として運営する場合もあるが，２つの企業間でヒトやその他のリソースを統合することで，両者の業務を統合したり新規のリソースを共創する権利を得る。買収対象に関しては，１つの企業全部をまるごと購入する場合もあれば，多角化した複合事業企業の１部門に限定される場合もある。
- **売却・処分（Divestiture）**：ビジネス・ユニットや生産ライン，主要資産の売却。

第1章

リソース入手経路のフレームワーク

The Resource Pathways Framework

ビジネス・エコシステムは絶えず変化している。ビジネスの機会は目まぐるしく去来し，敏捷に動いた者がレースを制する。世界中のどこにいても，企業が競争しながら成長していくには，日頃から自社のリソースを拡張したり再開発したりしておかねばならない。メディア・ビジネスであれば新規にデジタル商材を用意し，リテール銀行であればインターネット・バンキングのサービスを拡充しなければならない。自動車メーカーはグリーン・テクノロジーを求める圧力から目を背けるべきではないし，食品企業にはより健康的な製品を求める顧客の声がのしかかる。製薬企業はバイオメディカル関連の研究成果を吸収し続ける必要がある。変化するか否か，そのこと自体がワイルドカードのまま残っているセクターなど，事実上存在しないと言っても過言ではない。

このような技術や規制，競争環境の目まぐるしい変化は市場からの圧力となって，企業に対して既存の知識やスキルとのギャップを継続的に洗い出して対処するよう迫っている。このギャップが組織のリーダーに対して重大な選択を迫る。

このようなギャップを埋めることは，ビジネスでの終わりのない課題である。専門家のスキルや知識源は眩暈を覚えるほど多岐にわたっており，企業間でのグローバルな知識・スキルの獲得合戦はいっそう熾烈になっている。このような競争の舞台は，先進国世界のみに限定されたものではなく，急成長中の新興市場にも拡大している。企業は，地政学的・制度的な境界がグローバルに拡張していく中を航海しているという認識をいっそう強くするだろう。この現実は，新興のベンチャー・ビジネスにとっても，あるいは資金の豊富な一流企業にとっても，無縁ではない。

だが，その企業の規模や歴史がどうあれ，リソース・ギャップを克服するためのオプションは限られている。すなわち，①自社内で革新を起こす〈構築〉，②契約や提携，合弁に乗り出す〈借用〉，あるいは③合併・買収という〈購買〉である。このようにスッキリと３つに整理・分類したことでかえって理解されにくくなってしまう懸念もあるのだが，ここで考えるべきことは実は複雑に込み入っており，そのせいで選択が非常に難しくなってしまい，またその選択の結果も曖昧になってしまう。業界紙が喜んで取り上げたがるのは，そこかしこで頻繁に起きている企業の失敗の話題である。例を挙げると，イノベーションに成功し損ねたとか，当初は組織同士が融和的で生産性向上にも寄与すると期待されていながら，いつまでたっても契約・提携関係がまとまらない，あるいは，目覚ましい成果をもたらすはずであった買収がこれといったシナジーを実感できない，といったものである。

われわれの研究・経験によって浮き彫りになったことは，世界中のありとあらゆる企業が将来的な成功にとって決定的に重要なリソースを何とか手に入れようとして苦戦を強いられている現実である。新規リソースを獲得しそこなうのには，根本的には２つの理由がある。第１の，そして最も目につきやすい失敗理由は，リソースを獲得するための経路をすでに選択した後での，実行のやり方が拙いからというものである。第２は，こちらはそれほどきちんと理解されていないのだが，経路そのものがしばしば間違っていることである。

どんな経路を選ぼうとも困難は付きものであるため，エグゼクティブはどの経路が最も筋が通っているのか，しっかりと理解する必要がある。事実，誤った経路を選択してしまうと，その後の実行段階で難儀したり，さらには実行の罠に陥る可能性もある。その罠とは，カギとなるリソースを入手しようと，企業が誤ったやり方に固執することで失敗してしまう，というものである。

この本全体を貫く中核的なメッセージはシンプルであり，それは，新規リソースを入手するための正しい経路選択の方法を身に着けた企業が競争優位を獲得できるというものである。対照的に，他に選択しうる経路を軽視して，自分たちが過去に好んできたやり方に固執して，それを愚直に繰り返すような企業は，たとえどんなに熱心に取り組んだところで，やがては行き詰まって失敗することになろう。このような企業は，リソース開発の経路に関する評価，選択，それにバランスのとり方という観点で，より規律のとれたアプローチを採用する企業によって打ち負かされることになる。（※後述のコラム「２つの取引の物語」は，これらの経路の長所と短所について述べている）

序章でも述べたことだが，本書が提示するリソース入手経路に関する段階的フレームワークは，戦略的機会に直面した場合に，どうやったら必要なリソースを最もうまく入手できるのか，その最善の経路を選択するのに役立つだろう。このフレームワークの１つの強みは，その簡素さにある。そうはいえども，意思決定を行わなければならない人にとっては，組織の内と外の両側からのプレッシャーが待ち受けており，波乱が予想される。

なぜだろうか？　ビジネス・リーダーが自身の最も詳しいやり方に頼ろうとするのは，そもそも人間の本来的な性質とも言える。リソース入手という局面で，これまでも組織は勝負どころで決まって用いる得意技を準備してきた。たとえば，強力なR&Dビジネスでは，内部でのイノベーションを通じてリソースを構築することが当然視されている。また，買収を通じて成長してきた企業であれば，新しく生じたリソース・ギャップを次なる買収の機会とみなすだろう。新市場の勃興に迅速かつ柔軟に対応することを重視する企業は，その時どきの状況に適った提携や内容をきっちり詰めた契約購買という方法を好むだろう。ここで挙げたいずれのタイプの組織も，自分たちが必要とするものを得るために，その都度，原点とも言えるやり方に回帰しようとするのだが，そのやり方が仇となって，あたかも金づちで自分の爪を叩いてしまうように，自ら事業機会をつぶしてしまうのである。

まさにこのような理由により，ほとんどのビジネスでは過去の習慣を捨て去る必要があるのだが，古い習慣ほどしぶといものである。ブレずに正しい針路を維持するためには，優れた指針が必要となろう。もし，正しい針路を保つことができれば，新規の事業機会に適切に対処できるようになるはずである。成功のカギは，市場や技術といった外的な力よりも，企業内で意思決定の重責を握る立場にある人物がそのような指針の下でどの程度規律的かつ熱心に取り組めるかにかかっている。

ほとんどのビジネスでは，実行面にばかり目が行きがちな反面，どの経路を選択するかという問題については著しく軽視され，自分たちの必死の努力が全く成果につながらない理由について真剣に考えられることもない。リソース入手経路のフレームワークは正しい経路の選択という問題に焦点を当てているため，それを実行すればたしかな成果につながるだろう。まずは，経路選択の基本的な概要について述べることにしよう。

コラム

２つの取引の物語
―誤った選択と良い選択―

2002年のヒューレット・パッカード（HP）によるコンパック・コンピュータの買収が実現するまでの過程では，２つの選択プロセスが存在した――そのうちの１つは成功で，もう１つは失敗である。

当時の相場で250億ドルの取引となった，HPによるコンパックの買収は大変な物議を醸した。この合併に対してはきわめて悲観的な観測を行う人も少なくなかったものの，この取引によってHPは元の科学機器メーカーから個人向けコンピュータのリーダー企業へと脱皮することになった。

２つの選択のうち成功とは言い難いのは，それ以前にコンパックが行った買収である。1982年の創業から1990年代にかけて，コンパックは個人向けPC製造では世界のトップ企業の一つに数えられるまでに成長した。だが，1990年代半ば，同社はデルをはじめとする他社の攻勢に直面することになる。1997年と翌1998年，コンパックは，ハイ・エンド向けのビジネス用コンピュータのメーカーであるタンデム・コンピュータを，続いてミニ・コンピュータの最大手デジタル・イクイップメント（DEC）を，立て続けに買収した。これら２件の買収におけるコンパックの狙いとは，IBMのようなライバルとも伍していくために，コンピュータ・メーカーとして手広く事業展開を図ることであった。

しかし，実は，買収した資産をどのように統合・活用するのかについて，コンパックにきちんとした構想があったわけではない。根本的なレベルにおいて，買収後の組織の統合（PMI: Post Merger Integration）の実現可能性すら検討できておらず，補完的リソースのギャップを埋めるための方法も頭になかった。コンパックは個別のピースをうまくフィットさせようと努力はしてみたものの，そのせいで組織がかえってバラバラに断片化されてしまい，１つに統合されたコンピュータ・メーカーとしての競争力を発揮するどころではなかった。

その買収の意思決定において，コンパックは２つの誤りを犯している。第１に，かなり野心的な２件の買収を立て続けに実施する難しさを考慮に入れていなかった。第２に，統合の問題についてはさほど重大視していなかったがゆえに，その取引自体をご破算にしかねないような潜在的問題を見過ごすことになった。取引が破談になるのは，たいていはもっともな理由があるからである。もし，そのような災難を回避できるくらいの十分な情報があれば，より適切な事業変革戦略に切り換えることもできよう。だが，コンパックはこの買収の失敗から立ち直ることができず，ついには買収のターゲットとされるようになってしまったのである。

これとは対照的に，科学計測機器のイノベーターとしてのルーツを持つHPは，1990年代にはミニ・コンピュータ分野で存在感を発揮するようになり，PC用プリンタでは業界最大手となっていた。1990年代の終わり頃，HPはコンピュータ産業に注力する方針を固めた。伝統ある科学計測機器事業とその関連事業をアジレント社として分離した。2002年には，コンパックをテコにして，コンピュータ産業におけるHPのプレゼンスを強化しようと目論んだ。

コンパックの場合とは異なり，HPはこの戦略にとって必要なリソースを相当に用心深く選別した。特に慎重に検討されたのは，１つは買収後の組織統合の実現可能性であり，もう１つは組織内での開発と提携を，この買収とどのように補完的に組み合わせるかという問題についてであった。コンパックの買収が完了する前から，HPには統合準備チームが設置された。その主な任務は，①コンパックのリソースを統合するための必要な作業を明確化すること，②両社が統合された後でだぶつくことになると見込まれるHP側のリソースを洗い出しておくこと，というものであった。統合作業を率いたのは，HPのCEOであるカーリー・フィオリーナと直接連絡を取り合える立場にあり，組織でも一目置かれる上級幹部職にある人物であった。買収完了直後から，コンパック側の上級幹部も，共同リーダーとしてその統合チームに参画することになった。

買収作業の傍らで，HPの最高幹部は，リソース・ギャップを〈構築〉－〈借用〉－〈購買〉戦略によって補完的に埋めることの必要性についても認識していた。そのため，HPでは新規に統合された事業でカギとなるパーツ同士を相互につなぎ合わせられるように，ソフトウェアとハードウェアとを橋渡しすることを目的とするプロジェクトがいくつも発足した（※一例を挙げると，HPプリンタの生産ラインにコンパックのコンピュータも乗せる，など）。さらに，HPは統合後のビジネス拡張にとって有用と目されるパートナー候補の品定めにも余念がなかった。一例を挙げると，SAP社との緊密な協力関係の下で，HPによるビジネス向けサービスに必要になるソフトウェア開発を行った。

コンパック買収後に，〈構築〉と〈借用〉，〈購買〉を組み合わせた戦略を採ったことで，HPはそこからの10年ほどの間で大変貌を遂げることになる――そこには好業績も伴った。ターゲットにされたコンパックと元のHPとで合計すると，何千もの従業員が解雇されたものの，他方で，戦略的方針の変更をサポートするスタッフが新たに加わった。その結果，同社は世界最大のPCメーカーへと躍り出て，プリンタ事業の地位も一層強まったのである。

買収後しばらくは，HPの財務面での業績はさえないものであった。2002年には赤字に転落し，その後も2005年までは低収益に甘んじた。だが，2006年からは，組織変革の効果が目に見える形で表れるようになった。同社は高い収益性を回復し，従業員は10パーセントしか増加していないのに対して，売上高は50パーセントも向上した。それに続く５年間では，収益性を維持しながら，売上高がさらに50パーセントも増加した――変革後の事業領域における同社の市場地位を盤石にすべく従業員を倍増させる投資を行ったにもかかわらず，である。

もちろん，たった一度きりの組織変革（transformation）で，変化を続ける競争ダイナミクスに十分に対応しきれるというものではない。2012年時点で，HPは新しいリーダーの下で事業ミックスについて新たに見直すことを検討している。その一環として，HPは2011年に，情報管理事業を拡充するのに必要なリソースを保有するオートノミー社を100億ドルで買収している。

1．リソース入手経路の選択

組織内部での開発活動やイノベーションは企業の既存リソースの再結合を促し，それによって新たな有用性が創出されることになるだろう。しかし，どんなにR&Dに熱心な企業であっても，必要とされるスキルやリソースのすべてを内部活動のみで賄うには無理がある。組織の有機的成長のためには，これらを外部からも手当てする必要がある。組織外部からのリソース調達にはさまざまな方法が挙げられる。最も単純なレベルでは，リソースを求める企業が，必要なリソースを有償で提供する意志のある組織と契約するという方法がある。他にも，他社とのコラボレーションや買収といった方法もある。

サポート・チームや業務プロセス，組織文化もそうだが，リソースのポートフォリオを作るには，買収という手段が最も手っ取り早いという触れ込みになっている。だが，事業の買収では，M&A取引や合併後の組織統合（PMI）は相当に面倒で骨が折れるものであり，しばしば失敗に終わる。

自前による開発とM&Aとは全く別の経路であるものの，両者とも，必要なリソースとそこから最終的に生み出される価値に対する支配力は，リソースを求める側の企業が握っている。競争優位を獲得するためには，リソースを所有することによって，それを自分たちで制御することが欠かせないと多くの企業が考えているため，〈構築〉か〈購買〉かという単純な二択構造の発想になってしまうのである。

だが，これは誤りである。新規のリソースを入手するには，契約や提携を通した〈借用〉という経路もしばしば有用である。契約や提携によるターゲット・リソースへのアクセスでは，他の方法に比べて，期間的な縛りが弱く，リスクとコストを抑えながら当座の対応が可能になる。これは，次に紹介するような製薬業界の経験からも明白である。

要塞からネットワークへ

1970年代ごろまで，製薬業界の多国籍企業はR&Dから生産，販売に至るまでのあらゆる活動に係るリソースを自社で保有することを重視していた。外部のイノベーターの存在などまるで眼中になく，本業での有機的成長が重視されていた。だが，その後の10年間で，バイオテクノロジーとゲノミクスの発展――この領域のイノベーションのリソースが世界中に分散していたことが，この発展に拍車をかけたのだが――を背景に，製薬企業は契約，提携および買収という手段を，自社のR&Dプロセスに織り交ぜて用いる方針に急速に舵を切った。いまや，イーライ・リリー（米国），サノフィ・アベンティス（フランス），テヴァ（イスラエル），アステラス（日本）などの世界の主要な製薬企業は，自社の研究室に負けず劣らず外部のイノベーションを重視している。

このように，製薬企業は古い自己完結的な完全統合モデルと決別し，より開放的でフレキシブルなネットワーク型モデルに移行している。もともと知識資産や開発ツールを喉から手が出るほど欲していた製薬企業が開放的スタンスに転換したことで，そこで必要とされるリソースを提供しようと名乗りをあげる業者が次々に出現した。

ここで述べたような変革は，必ずしも製薬業界に限ったものではない。知識の開発・集約・分析を専門とする企業の急成長を情報技術が後押ししているのである。業界を問わず，リソース入手手段を使い分ける能力には，どのような場合にリソースを〈構築〉，〈購買〉，あるいは〈借用〉するのかについて理解できていることが前提となる。

〈構築〉・〈借用〉・〈購買〉という，３つに大別される成長アプローチは極めて重要である。毎年世界中で何万件も交わされている取引には，組織内での開発プロジェクト，契約，提携，そしてM&Aが含まれている。さらに言えば，ほぼすべての産業セクター・国でそれぞれのタイプによる成長が生じているのだが，特に産業や国をまたぐ投資・取引についてはいっそう増加傾向にある。

このような変化は確実に生じているのに，新規にリソースを入手する主要な手段については，目下，目立った変化は見られない。しかし，事業環境に目を向けると，ターゲットとするリソースを入手する目的で，全社規模で多彩な方法を使いこなす能力を磨く必要性は高まっていると言える。

同一目的地への別の経路との優劣判断

必ずしも正しい答えが明確ではないため，経路の選択はそれほどたやすいことではないのだが，個別の企業ごとに決まりきったやり方がある。そのため，たとえ同じ業界にあって，同様の競争条件下にあるとしても，企業によっては新規リソースを入手しようとして，異なる経路を選択するということもあり得る。仮に，それぞれの経路選択が多様な選択肢の中から慎重に検討されたのであれば，いずれの経路も各々の企業にとっては正しかったのかもしれない。反対に，もしこれらの企業がそれぞれに伝統的に好んできたやり方に従っただけというのであれば，たとえその選択が正解であったとしてもそれはたまたまそうなったにすぎない。

スマートフォン産業で，多機能機器を市場に出すための経路は非常に多彩である。同一機器全体のイノベーションを支える個別の要素ごとに最適化されたやり方を慎重に模索・検討した跡が窺える企業もあれば，他方ではこれを試行錯誤の問題と捉えているような企業もある。

具体例を挙げると，ノキアは当初は〈借用〉戦略に頼って，英国のソフトウェア企業であるサイオン社との間で1998年に締結したアライアンスの下で，「シンビアン」というオペレーティング・システム（OS）を開発した（※そこにはエリクソンとモトローラも参画していた)。ノキアは「シンビアン」を完全に自社のコントロール下に置く目的で，2004年にサイオンから買い取った。他方で，リサーチ・イン・モーション社では，よりスマートフォン的な特徴を備え，市場でも受け入れられた「ブラックベリー」というオペレーティング・システムを開発するために〈構築〉戦略が採られた。だが，同社が，独自で開発できるだけの十分なリソースを有しているかは不明である。さらに，HPでは，スマートフォン市場への参入の切符を手に入れるために〈購買〉戦略が採られた。2009年，携帯型情報端末（PDA)「パーム」とオペレーティング・システム「ウェブOS」を手掛けるパーム社を買収した。HPは「パーム」と「ウェブOS」をスマートフォンからPCに至るまでの製品ラインアップの１つとして組み込むことが目論まれていた。さらにアップルでは，洗練された〈構築〉－〈借用〉－〈購買〉戦略に沿って，iPhoneが開発された。同社は，オペレーティング・システムで主導的な立場をとる一方で，それ以外のコンポーネントに関しては技術面でのライセンスやアライアンスを活用したり，数件の買収も実施した。インターネット業界での最大手であるグーグルがスマートフォンに参入した際には，〈購買〉と〈借用〉の２つの戦略が併用された。同社は2005年にアンドロイド社からモバイル端末用ソフトウェア事業を取得して，ハードウェア，ソフトウェア，それにテレコミュニケーションの各分野の企業コンソーシアムやスマートフォン供給業者であるHTCやサムスンとの提携を通じて，アンドロイドのプラットフォームを下支えするようになった。

伝統的業態の出版社もまた，デジタル関連のリソース・ギャップを埋めるために多様な経路を用いた。伝統的な出版の場合と対比すると，電子書籍やオンライン雑誌などのデジタル出版では，求められるスキルの中身と多様性とが相当に異なっている。具体的には，デジタル出版で求められるのは，多様なプラットフォームで閲覧可能なコンテンツ制作，データ分析，オンライン・コミュニティとの交流といった能力である。

デジタル関連リソースのギャップを埋めてデジタル事業での成長を推進するために，フィンランドのメディア企業であるサノマ・グループは，デジタル出版を手掛けるオランダのイルセ・メディア社を買収した。ドイツの出版最大手アクセル・シュプリンガー社では，統合ニュース室やクロス・メディア広告販売グループを創設する一方で，既存のジャーナリストや販売担当のデジタル・スキルを〈構築〉する目的で相当規模の内部投資を行った。

だが，シュプリンガーでは，伝統的な印刷媒体をデジタル・フォーマットに移し替えるだけでは十分な成長にはつながらないことをすぐに悟った。そのため，従来までのリソース入手経路を見直し，それまで出版活動を直接手掛けた経験がなかったけれども，インターネット・ビジネスでは「ネイティブ」であった複数の企業（AuFeminin.comとimmonet.de）を買収する方針に転換した。シュプリンガーは，買収した事業を独立企業間原則に基づいて運営しており，時間の経過とともにそれらを統合する最善の方法を決定している。ここで紹介したシュプリンガーをはじめ，最初に選択した経路からの方針転換を余儀なくされた企業の実例が物語るのは，安直な選択がいかに期待外れな結果を招くかという点である。

英国の出版社ピアソン・グループは，〈購買〉と〈構築〉のミックス戦略を採った。具体的には，旧来の印刷メディアとデジタル・メディアとを橋渡しする狙いの下で，内部スタッフのスキルのアップ・グレードを図りつつ，並行してデジタル企業を買収した。AP通信社では，デジタル媒体を創出するのに必要な技術的スキルを買収や組織内での〈構築〉という手段によってではなく，長期的なパートナーシップ締結によって対応しようとした。

これと似たところで，自動車業界では，高級車市場で必要なリソースを入手する方法は企業によって異なった。トヨタがレクサス・ブランドによって高級車市場に打って出る際には，自前によるリソース開発という手段が採られた。これに対して他社では，高級車に求められる技術やブランドを手っ取り早く入手するために，買収という方法が採られることが多い。インドのコングロマリット・タタは，元の親会社で提携相手でもあった米国のフォードからジャガーを買い取った。さらに，中国の自動車メーカーの吉利は，同じくフォードからボルボを取得した。だが，自動車業界では，今なお契約上の合意が好まれている。たとえば，ルーマニアの自動車メーカーであるダチアは，ルノーからライセンスによる技術供与を受けていた（※のちに，そのフランス企業の一部となる）。それ以外にも，事実上のパートナーシップというものもある。たとえば，フランスのプジョー＝シトロエンと日本の三菱自動車との間の，多品種を対象とする提携（※2002年の四輪駆動車，2010年の電気自動車に関するもの），さらには，ハイブリッド・システム開発を目的に2011年に形成されたフランスとドイツ間の資本的な合弁事業（equity joint-venture）であるBMW・プジョー・シトロエン電動化連合が挙げられる。

上述したような，必要とする特定リソースを入手しようという選択局面において，どうすれば企業は正しい経路を選択できるのだろうか？　その経路選択は何らかの道しるべとなる原理に基づいているのだろうか？　その原理を左右するのは，リソース・ギャップそのものに備わった特性や組織外的からの圧力，組織内の人材・スキル，コスト，すぐに実行に移さねばならない緊急性，CEOのご意向，あるいはここでは挙げられていない他の要因なのだろうか？実際問題として，戦略的リソースを求める局面では，ここで挙げたすべての要素が無視できないものである。

そこに投じる資金のことを考慮すれば，当然，新規にリソースを取得するための最善の方法がきちんと選択できる手順が用意されていて然るべきだと思われるかもしれない。だが，その方法が機能不全に陥っているという現実は，例外どころか常態化してしまっているのである。われわれの長年の研究で浮き彫りになったのは，リソースを入手するための最善の方法がどれなのか，企業のエグゼクティブたちは困惑しているということである。そこでは，道具立てや指針，さらには正しい判断を下すのに欠かせない全社的に共有化された常識すら欠如した状態にある。以下に挙げる，われわれが行ったグローバルなテレコム企業を対象とした調査に基づく事例は，その帰結について物語っている。

2．実行の罠

1990年代の終盤，音声分野に強みを有する，ヨーロッパのテレコム技術の大手サプライヤー企業が，急速な発展途上の最中にあったデータ分野での競争に乗り出した。同社のエンジニアリング・スキルの高さはよく知れわたっており，長く同社は自社内でのR&Dを好む傾向にあった。当然のごとくデータ分野への進出時もそのような経路を選択することになった。だが，内部開発を維持するのに不可欠な有能な技術者を獲得しようとしたものの，データ・ネットワーキング関連のイノベーションの中心地はシリコン・バレーであった。このような足元の問題にうまく対処するノウハウに乏しかったために，同社は組織内でのイノベーションを断念するしかなかった。

最終的に，同社のエグゼクティブたちは，自社に欠けているのは必要な技術的なスキルばかりでなく，技術同士の最適な組み合わせを導き出すことができるだけの洞察力，専門的な助言をくれるコンサルタント，さらには最高レベルの人材であると認識するに至った。そこで，同社は，市場からの信頼とデータ・ネットワーキング技術の両方を短期間で強化できるという目論見の下で，とあるシリコン・バレーにある有望な新興企業との提携を推し進めた。だが，市場・技術戦略に関する両社間の見解の不一致が深刻なボトルネックとなって，両社の協力関係は崩壊し，結局，提携は数か月しか持たなかったのである。

このような内部開発と提携の失敗の後，同社はアメリカの企業３社を買収した上で，グループのデータ・コミュニケーション事業を担わせるべく，新規にアメリカに設立した企業にこれら３社を組み込もうとした。この買収によって，同社はデータ・ネットワーキング分野で確かな地位を確立したのである。同社は，当初の〈構築〉戦略から〈借用〉戦略，そこからさらに〈購買〉戦略に転換せざるをえなかったのだが，このような大変な困難が伴った試行錯誤の経緯についてある幹部が語っている。「われわれがそれぞれの失敗から思い知ったのは，この失敗パターン以上のことでした。すなわち，自分たちが組織内での開発をきちんと行ったり，アライアンスのパートナーとして価値を認めてもらうためには，最低限のコンピテンシーを備えておく必要があるのです。われわれがR&Dを加速させるためには，結局は買収という方法に転換する必要がありました。」

同様の出来事は別の企業でも目にすることがある。これは**実行の罠**の典型例である。実行の罠とは，間違った行動方針に沿って，それをひたすら忠実に遂行しようと努力してしまうことである。そんなことが生じてしまうのは，新規のリソースを必要とする場合に，過去にそれでうまくいったと信じるやり方を踏襲してしまうからである。たとえば，R&Dチームは，将来に必要となる能力を組織内部での有機的イノベーションによって開発したがるものである。あるテレコム企業の幹部は次のように語っている。「エンジニアリングの観点では，わが社は最高の技術的スキルを有しています。この組織の内側にいる人間であれば，自分たちの手で取り組むチャンスが与えられるべきだと考えてしまうものです。しかし，このような思い込みという認識バリアを打破する必要があります……つまり，提携や買収をうまく遂行するための能力を磨く必要があるのです。ただ，その場合の課題は，そのようなマインド・セットにある社員に，どうやって提携や買収に関するプロセス・スキルを植え付けられるかにあります。」

残念ながら，そのような認識面でのバリアを取り除こうと何か新しいことに挑戦させても，その取り組み自体があっさりと見切りをつけられがちである。この点に関して，米国の大手テレコム企業の幹部が自身の抱えているフラストレーションを打ち明けてくれた。同社では初期の提携が失敗してしまった真因をきちんと探ろうとせずに，将来の可能性について検討する際には提携というオプションをただ単に頭の中から締め出しただけだった，という。

かくして，多くの企業では，自前の開発活動を管理することを目的とする小手先の手法が導入されるばかりとなる。事実，戦略的武器を新たに充実させようとする場合に，典型的な企業では，いつもと同じお決まりの経路――たいていは，内部開発か買収のどちらかである――ばかりに頼り切って，それを別のやり方で穴埋めするというやり方がとられていた。

たとえば，われわれがテレコミュニケーション業界を対象に実施した調査では，新規のリソースを入手するやり方として，２つ以上の方法を積極的に活用していたのは，調査対象のわずか３分の１にすぎなかった。約40パーセントは成長のために１つのやり方に頼りっきりになっていた。組織内開発だけでは不十分な部分をM&Aで補うといった具合に，それらの企業が手にしている弓に弦を新たに１本加えたところで，選択可能な経路は１つしか増えない。

企業が利用できる方法がたった１つしかないとなると，自分たちの成功はそのやり方でどこまで必死に頑張れるかにかかっているという発想にならざるをえない。新規のリソース入手に向けて奮闘している企業では，そこへの取り組み方が中途半端だからうまくいかないのだという，ビジネス・リーダーの嘆きをしばしば耳にする。われわれが調査したテレコム企業162社のうちの半分以上で，実行段階での不振こそが問題の原因だとされている。具体的には，「人材やスキルの不足」(67パーセント)，「外部リソースを取り込む能力の欠如」(50パーセント)，といったところである。

しかし，本当に責められるべき問題は，これとは別のところにある。真犯人は，リソースを入手するための正しい経路を選択できないような組織プロセス自体にある。自分たちの慣れ親しんだ勝手知ったる経路や，その時どきで流行している経路などは，短期的にはうまくいくかもしれない。だが，これによって長期的には実行の罠の自己強化サイクルへと陥ることになる。すなわち，新しくリソースを追加しようとするたびに，そもそも誤った取り組みであるにもかかわらず，実行面での改善に継続的に取り組もうとするのである。もちろん，このようなトラップにはまった企業は，間違った取り組みであるにもかかわらず，それを実にきちんと成し遂げることになる。結果として，他社との競争段階になってから深く悩むことになるのである。問題の所在が実行段階にあると見なしている限り，その努力は何ら解決につながらないのである。

その代わりに，エグゼクティブが真剣に取り組むべきは，実行よりも前の段階での重要な作業，すなわち，新規リソース入手にとって最善の方法を選択するための統制のとれたプロセスについてきちんと考えることである。最善の経路を選択する企業は，競合と比べて早く，低コスト，かつ効率的に新規リソースを統合することが可能である。われわれの行ったテレコム業界の調査によると，新規リソースの入手に複数の方法を併用している企業は，提携しか行わない企業と比較して46パーセント，M＆Aしか行わない企業よりも26パーセント，組織内部での開発のみの場合よりも12パーセント，それぞれ５年後の生存確率が高かった。

もちろん，企業によっては〈構築〉・〈借用〉・〈購買〉の決定に多大な時間と労力を投じているところもある。この本では，世界的に名の知れた企業を含めて，われわれが過去に調査した多くの企業の例を多く紹介することになる。しかし，たとえ大手企業であっても間違いはつきものであり，時には，それによってどんなことが生じるのかを十分に検討しないままにいきなり取引に飛びついてみたり，組織の内外から受ける圧力のままに不用意にどれか１つの経路を選んでしまうこともある。このような過ちが引き起こした，失望するような結果に目を向ければ，企業の意思決定にとって原則となる指針がいかに重要なものかが改めてお分かりいただけるであろう。では，そのような原則が，どのようなものなのかについて見てみよう。

3．リソース入手経路を検討する

リソース入手経路のフレームワークでは，すべての調達方法ごとに潜在的な利得とリスクとを比較することが可能になり，それを突き詰めると資源入手の最善の選択ができるということになる。このフレームワークの前提として想定しているのは，策定済みの自社戦略の下ですでにリソース・ギャップも明確化できているということである。ここでは，リソース・ギャップの明確化の作業が，システマティックに構造化されたプランニング活動なのか，それとも単なるアドホックなプロセスなのかの違いは，さほど重要ではない。とはいえ，次の補論「リソース・ギャップの認識」では，リソース・ギャップを明確化する作業が適切に行われないために生じてしまう問題を浮き彫りにしている。議論の出発点として，最初に行った戦略プランニング活動を再検討し，特定されたリソース・ギャップとターゲットとするリソースとが自社の戦略拡張に適ったものであることを確かめるのが望ましい。

コラム

リソース・ギャップの認識

コンピュータ・データの誤りについての古い格言では，「ゴミを入れれば，ゴミしか出てこない（訳者注：どんなに高性能なコンピュータであっても，入力されるのが不完全なデータであれば，不完全な答えしか得られない）」というが，これは必要なリソースを正しく特定する状況にも当てはまる。たとえ正しい経路を辿ったとしても，そもそも誤ったリソースを獲得しようとしていたのであれば，それは全く非生産的な活動である。したがって，自分たちがターゲットとしているのが正しいリソースだということを，まず最初にはっきりさせておく必要がある。

主力の中核的ドメインで華々しい成功を収めた企業などでは特にありがちなのだが，リソースを正しくターゲット化するという初期段階の作業でつまずきやすい。新製品を新規に投入したり，新市場に打って出るような場合，過去の習慣や胸に秘めた期待が必要なリソースを特定する判断を見誤らせる。身に染みついた行動特性や硬直化したプロセス，既存ブランドのパワーは，曇りのない澄んだ目でリソース・ギャップについて吟味する妨げになりうるのである――特に，そのリソース・ギャップの源泉が競合との競争環境や新興の分野・市場にある場合は。

この手の失敗の典型的な事例として，ディーゼル機関車や電気機関車の出現時に，既存の蒸気機関車の製造業者が，コスト競争力に優れた最新鋭の蒸気機関車で対抗しようとしたことが挙げられる。蒸気機関車陣営による懸命の努力の甲斐もなく，蒸気機関車はビジネスの歴史の霧の中へと消えゆき，その後はわずかにおもちゃの列車のロゴに見られる程度である。

もっと最近の例では，ノキアとリサーチ・イン・モーションの両社が，進化する消費者向けスマートフォンに対応しようと奮闘した。２社は，台頭著しいアップル，グーグル，HTC，それにサムスンなどになんとか対抗しようとしたが，社内の既存リソースとスマートフォンとの関連性を過大評価してしまっていた。

結果としてスマートフォン市場では，２社は圧倒的にこれら競合の後塵を拝することになる。

ある種の近視眼によって，企業は，自社の既存の中核的リソースがその時点における競争環境からの要請を常に満たしているわけではないという現実に疎くなってしまっている。この問題はリソース・マネジメント戦略の不整合に起因している。この戦略が整合的にマネジメントされている状況を思い浮かべてほしい。20世紀はじめの蒸気機関車の例では，いくつかの蒸気機関車の製造業者――このうち，もっとも有名なのがシーメンスだろう――は，自社の既存リソースの土台の上にディーゼルや電気関連の専門技術を保有する企業と提携することで，ビジネス上の新たな機会が得られると認識した。シーメンスをはじめとするこれらの企業は，正しいリソースをターゲットとして据えたことで，新領域でのリーダーとなることができた。このリソースは，元の組織では欠如していたものの，将来の組織の存続にとって決定的に重要な役割を果たすと捉えられたのである。これと同様に，スマートフォン市場で，サムスンはアンドロイド・ベースのシステムで主導的地位を確保するために，組織内での自前の開発と焦点を絞った提携とを組み合わせて併用した。

競争条件が従来と異なれば，必要なリソースも根本的に異なってくるということは珍しくない。将来的にも競争力を保持したいと考えているのに，そもそもどんなリソースが必要なのかが理解できていないのであれば，それを入手する経路を選択できるわけがない。自社の目的を達成するのに必要なリソースがどんなものか，自分たちでも確信が持てないのであれば，まずは自社の戦略プランニングの手順に沿って，カギとなるリソース・ギャップをはっきりと特定するべきである。

４．別のリソース入手経路を吟味する

このフレームワークが着目するのは，自社のこれまでの競争優位性を強化したり，新たな競争優位性を確立する場合に，土台となるような戦略的重要性の高いリソースについてである。本書では戦略的重要性という観点でたびたび議

論することになるのだが，それは当初の想定よりも戦略的価値が低いことが判明したリソースに対してどの程度の規模の投資を行うべきかについて考えるのに有用であるからである。

異なる経路（組織内での開発，基本契約，提携，買収）の中から１つを選択するこのフレームワークは，４つの問いから成る。これらの質問は，多様な国・業界でこれまで実施してきた現場でのインタビューや企業との共同研究から導かれたものである。これら４つの基準の妥当性については，グローバルなテレコミュニケーション産業を対象に実施した大規模なサーベイ調査，およびその後に実施した多くの業界のエグゼクティブやMBA，エグゼクティブMBAの学生たちとのディスカッションを通じて検証されている。図１－１のリソース入手フレームワークは，これら４つのカギとなる問いに沿った意思決定の樹形図として表される。

これらの問いは，汎用性が高くあらゆるコンテクストに対応しうるものの，この本の以下の章では，自社が置かれた固有の状況下での意思決定を念頭に置きながら，より細部にも踏み込むことにしたい。この章の残りでは，企業による経路選択の道しるべとなるであろう４つのカギとなる問いについて手短に説明しよう。

問１　内部リソースには関連性があるか？

自社の既存のリソースは，新しい用途でも有用だろうか？　組織内で新規にリソースを開発することは，第三者から調達する場合よりも，速さと効率性の面で優れている場合が多い。だが，この戦略が有効なのは，内部にある資源（知識ベース，業務プロセス，インセンティブ・システム）が自社の必要とするものと類似しており，なおかつ，これから展開しようとしている領域で競合よりも優れている場合に限る。

通常，既存のリソースは，新領域との関連性が低いというのが相場である。たとえば，旧来の出版社で長年重宝されてきた印刷メディア関連のリソースは，デジタル・メディアの事業領域では無用の長物扱いされている――当初，既存の内部スタッフにデジタル分野の仕事のやり方を仕込もうと努力したけれども，買収や提携という手段を通じて外部リソースを導入する必要に迫られ，結局，

［図１－１］意思決定ツリーとしてのリソース入手経路

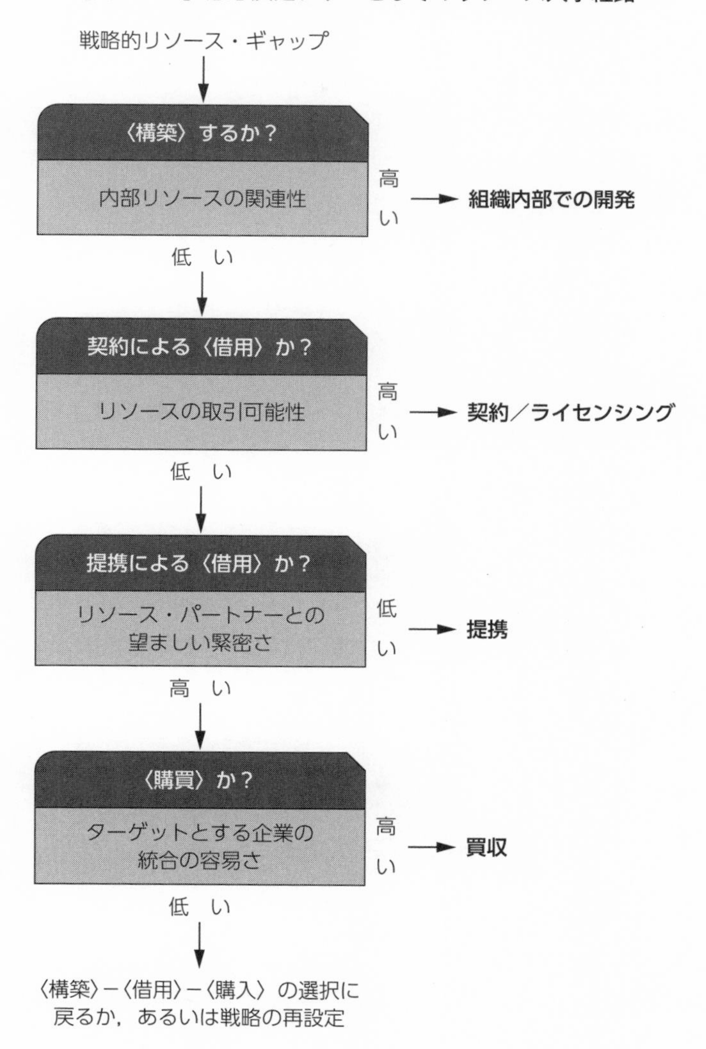

その努力も徒労に帰した。

同様の例として，あるグローバル投資銀行では東ヨーロッパでプライベート・エクイティ事業を立ち上げようと，その可能性について検討した。進出を検討していた地域を担当する部門CEOは，当初，内部リソースをそのまま活用する可能性を探ったものの，当該地域で営業する傘下の銀行には自力でプライベート・エクイティを提供できるだけの十分な専門能力が不足していると判断した。また，プライベート・エクイティに関する専門能力が不足していたのは，親会社も同様であった――そこでは，取引の開始から出口戦略に至るまでの業務全般にわたる深い理解が不可欠である。当該CEOは，内部イノベーションを推進するためにライバル企業の人材をチームごと引き抜こうという算段であった。しかし，この方法は高コストであるばかりでなく，雇い入れた外部チームの専門能力を十分に引き出すことができないリスクも伴う。既存の内部リソースが新規に進出する事業領域との関連性が低いと判断されたことで，その次の段階で外的な選択肢について検討することになった。

この内部リソースの関連性に関する第1の質問には，簡単に答えられるとお考えかもしれない。だが，実は既存のリソースとターゲット・リソースとの現実の距離を驚くほど小さく見積もってしまうということは，実はそう珍しいことでもない。多くの印刷出版企業がそうしたように，ビジネス・リーダーたちは深部での相違点よりも，目につきやすい表面的な類似点に意識を奪われがちである。すなわち，「ウェブ・ページだろうと印刷された新聞だろうと，報告して，執筆して，編集するという点では一緒だろ？」といった具合である。この認識はその通りでもあるのだが，同時に間違いでもある。伝統的な出版業者は，ビジネス・モデルや技術，顧客・収入戦略，さらにはコミュニティ内での交流などで生じている根本的な変化――しかも，その変化は今なお進行中である――を理解できていない。類似した側面だけに目を向けているから，企業は自分たちが知らないことを知らずに済み，だからこそいつまでも内部開発に固執することができるのである。

内部開発を阻害する障害物には，最初は見落とされやすくて，後から顕在化してくるものもたくさんある。最初のオプションとして企業はまずは〈構築〉の経路を選択し，そこで手ひどい失敗を味わった後で初めて外部からの調達を検討しようとする。われわれが調査したテレコム企業のサンプルでは，新規リソースを入手するための好ましい手段として，内部開発を選択する企業が75パーセントに及んだ。だが，内部開発経路の有効性に関しては，多くのエグゼクティブたちが散々な結果に終わったことを認めている。具体的には，「全体の約半数が，内部開発を適切に管理できなかったがゆえに望んでいた新規リソースの創出ができなかった」と述べている。さらに，約３分の２は，「新規に創出したリソースを統合・再配置する際に組織的摩擦を経験した」という。

第２章では，組織内での資源開発を念頭に置きながら，既存リソースの関連性をどのように評価するのか，また，たとえ，選択プロセスの最初の段階であっても，どのような場合には外部調達に直行するのが望ましいのか，という問題について考えよう。

問２　ターゲットとするリソースは取引可能か？

いったん，リソースを外部に求める必要があると判断したならば，外部調達のどの方法を用いるべきかについて検討しなければならない。その方法は，極めて単純で直接的なものから，コスト，複雑性，関与の程度の観点で大掛かりなものまで，さまざまである。(※ここで用いている「取引可能（tradable)」という表現では，双方の契約主体の権利を保護し，なおかつ，リソースの交換手段が明示された基本契約の内容について交渉・明記できる，ということを意味している。)

外部からリソースを調達する場合の最初の選択肢は，契約によって必要なものを入手するというものであり，これは他社が創出したリソースの〈借用〉の最も基本的な形態である。対等契約という方法は，しばしば企業の外部にある新しいリソース群を認識・評価・入手し，それを自社に迅速に取り込むのに役立つ。製薬企業では，通常，他社製品に対して地理的に規定された特定市場で登録・販売する権利をライセンス供与している。化学メーカーの場合，昔から，新規に生み出された分子化合物を自社で手掛けるために契約という手段がとられてきた。同様に，自社で製品化するつもりのない化合物や応用品に関する特許権をアウト・ライセンスすることもある。たとえば，ゴアは，デュポン社のPTFEポリマーを医療用インプラントや防水衣料の用途に用いる権利をライセンス供与している。これら２社の関係は，基本契約によって維持管理されている。

契約は必要なリソースを入手するのに最も簡素な方法である場合が多いもの

の，この点は案外と見過ごされやすい。契約の代わりに，真っ先に検討されるのが提携や買収である。われわれの研究で明らかになったのは，多くの企業で，契約によって当事者以外の第三者との関係を適切にコントロールできる可能性については過少評価される反面で，戦略的コントロールの必要性については過度に重視されているという点である。自社によるコントロールの必要性が過度に重視されてしまうと，リソースが無駄遣いされたり，より深刻な場合には，独立したパートナーから学習する格好の機会を逸しかねない。たしかに，中核的リソースを保護する必要はあろうが，かといってリソースの調達手段が誤っていたら，その中核的リソースの充足が阻害される事態を招きかねない。

信頼は，この課題に対する１つの答えとなりうる。外部の相手が合意にフェアに立ち回ってくれないのではないか，あるいは，自分たちで商業化を統制できなければ収入のかなりの割合を契約相手に持っていかれるのではないか，といった疑心暗鬼に囚われてしまうことは少なくない。われわれが調査したテレコム企業のうち，新規リソースを入手するために契約という手段を積極的に活用していたのは，わずか３分の１にとどまる。具体的には，ターゲットとしているリソースが特に自社ビジネスの中核部分に深く関わっているような場合，70パーセントが契約よりも提携や買収を優先的に選択するという。サプライヤーから入手可能な外部資源を評価するためのシステマティックな努力をしていた企業は，30パーセントにすぎない。このように，ほとんどの企業では，基本契約によるライセンシングの簡素さや便利さといった側面には目もくれず，一足飛びでもっと複雑な外部調達オプションに手を出しているというのが実態である。このような見落としは，しばしば逆効果になる。

提携（アライアンス）や買収を検討する**前に**，まずは基本契約にとっての潜在的に望ましい条件を慎重に検討することが重要であり，これにはかなりのマネジメント面での時間と意識を振り向ける必要がある。契約という手段によって新規リソースを入手する場合，ターゲットとするリソースがどんなものであるのか明確化しておく必要がある。同様に，新規リソースの価値をどのように保護するべきかについて，これに関連する法体系をも含めて理解しておく必要もある。

もちろん，契約という手段が最適ではないこともあろうが，だからといって最初からこの選択肢を素通りして，自社の経路を決定するわけにはいかない。いま一度，東ヨーロッパでプライベート・エクイティのサービスを展開しようとしていたグローバル投資銀行の話に戻ろう。これを主導していたチームが最初に検討した方法は，現地のプライベート・エクイティ企業との契約締結であった。そこでの取り決めでは，ローカルのパートナー企業側は現地の投資先の選定，取引の構造化，モニタリング，出口のスキルなどを担い，もう一方のグローバル投資銀行側が商品提供，ブランド資産，グローバルな調整を担当する，という役割分担になっていた。このような契約では，堅実で地に足の着いたインセンティブ構造によって，パートナーとの戦略的同盟関係を強固にする必要があろう。事実，そこでの同盟関係は決定的に重要であった。というのも，投資の成果，業務手順，倫理的価値観，パートナーの資産評価といった問題を含め，顧客対応については，投資銀行側が単独で行わざるをえなかった可能性があるからである。さらに付言すると，このような内容の協定に忠実に従おうとすると，現地のプライベート・エクイティ企業側は，契約で明記されていなかったタスクを担当する従業員を新規に雇用せねばならなかった。この契約オプションを吟味した結果，多方面での調整を迫られるばかりでなく，パートナー側が一方的に優位な地位に立ったり，両者が十分に責任を果たさない可能性に関する懸念が払しょくされず，両者間の取引コストが法外なものになってしまうと判断された。

第３章では，ターゲットとするリソースの取引可能性をどのように精査するのかという問題を取り扱う。取引可能性という考え方は，典型的には以下のポイントについて考察するのに有用である。すなわち，ターゲットとするリソースを入手するのに，イン・ライセンスやアウト・ライセンスのような基本契約が適しているのはどのような場合だろうか？　さらには，どのような場合に提携や買収のようなより複雑な協定関係について検討すべきだろうか，といった問題についてである。

問３　リソースのパートナーとはどの程度緊密でいるべきか?

ターゲットとするリソースの取引可能性が低いというのであれば，提携や買収というオプションについて検討する必要がある。このような選択の局面での，われわれのメッセージはシンプルである。すなわち，M&Aは最も複雑な経路であるがゆえに，リソース提供者との深い協業によるメリットが，そのコストに見合わない限りはひとまず留保しておくべき，というものである。

提携には，R&Dやマーケティング面でのパートナーシップから，独立型の合弁（ジョイント・ベンチャー）に至るまで，多様な形態が存在する。したがって，一概に提携といっても，比較的シンプルな合意にとどまるものもあれば，多段階契約，株式の持ち合い，細部にわたる権利規定といった複雑な関係のものまで存在する。しかし，いずれの提携においても，その関係の土台にあるのは，競合や補完的関係にある企業，あるいはそれ以外の組織（※大学や公共機関など）といった独立した主体が共通の活動にリソース面でコミットすることで成立している継続的な交流関係である。

製薬企業による特定の薬品の開発・販売という場面では，提携が日常的な手段として活用されている。イン・ライセンスによって分子化合物関連の権利を入手しようとすると，たいていは開発プロセスにも積極的に参画する必要性が生じるため，リスキーである。また，買収の場合ほど強力なコントロールを発揮できるわけではないため，提携ではパートナー企業との間で，明確な意図の下で，特定のプロジェクトに限定したコラボレーションが可能になるという面もある。

もちろん，プロジェクトがあまりにも複雑化してしまうと，パートナーとの交流のレベルが低迷して協業自体が機能不全に陥ることもある。具体的には，前述の東ヨーロッパの銀行部門のケースでは，提携オプションは最初のうちはきっとうまくいくはずだと思われていた。グローバルとローカルのリソースの強み同士を組み合わせ，ローカルのパートナーが事業拡大に向けて一生懸命に努力してもらうための強力なインセンティブも用意することになっていた。だが，相当な熟慮の末に，提携推進チームはこのオプションを断念した。というのも，この戦略でのグローバル投資銀行側の真の狙いは，**自前で**広範なスキルを構築し，投資プロセス全般に対して強いコントロールを握ることだったからである。この投資銀行の判断では，現地のプライベート・エクイティのパートナー企業は新たな競争相手の進出をわざわざ手助けするのは避けたいだろう。それ以上に懸念されたのは，このパートナーが密接な協力関係を利用して将来的に競争面で有利になるような情報をかき集める危険であった。さらに，ほとんどのプライベート・エクイティ企業は，伝統ある古い銀行から厳格な基準によってがんじがらめに統制されることに慣れていないという，二次的な懸念材料もあった。推進チームが懸念していたのは，このような合弁（ジョイント・ベンチャー）の構造の下で，ガバナンスと業務プロセスをめぐってパートナーとの間でコンフリクトが絶えない事態に陥ってしまうことであった。

ビジネスの世界では，パラノイア（偏執症的な極度の心配症）とは何か特別なものではなく，むしろ当然備えておくべき条件である。多くの企業はコラボレーションに対して懐疑的であるが，たいていの場合，それは誤った理由による。上述したように，多くのエグゼクティブたちはコントロールのメリットを過大評価しており，他社と協業すればリソースに対する自分たちのコントロールが弱まってしまうと思い込んでいるのである。

これは過去に行ったテレコミュニケーション企業のエグゼクティブたちとの対話を通じて浮き彫りになったことであるが，その多くが提携を「自分たちのスキル低下に至る道」とか，「知識を共有するというよりは，コア能力のお買い物」と捉え，提携によって提携相手がやがては競合に化けてしまうと否定的に捉えていた。調査したエグゼクティブの80パーセントが，独占権やコントロール，リソースの保護に関心を寄せていた。驚くことではないが，さらに80パーセントが，必要なリソースをコントロールする立場にある企業に独占的にアクセスするための手段として，提携ではなくM&Aという手段を利用したという。さらに，３分の２を超えるエグゼクティブたちが，自分たちの資産を秘蔵しておきたいと考えており，差別化ポジションとユニークなリソースを保護する狙いで，提携ではなくM&Aの方を選択していた。

お分かりのことと思うが，提携をうまく維持し続けることは容易ではない。何人かのアナリストによれば，提携に参画する各々のパートナーの目的に適った提携は，全体の30パーセントに満たないという。ほぼすべての提携というものが時限的な関係であり，それゆえに，エグゼクティブが，過去の提携であっても，提携中も，提携関係終了後でも，手を組む相手が不義理をはたらいて提携を悪用するのではないかと不安に感じてしまうのも無理からぬことである。このような猜疑心を克服できるならば，提携関係を１つのライフサイクルとして捉え，その節目や終了時をも視野に含めて，より積極的に提携関係を管理する必要がある。しかし，ここで述べたようなリスクはたしかに否定できないものの，あまりよく考えないままにむやみやたらと買収という経路に飛びつくのではなく，まずは提携の潜在的な有用性に目を向けてみるべきである。

第４章の議論は，企業間の協業が必要な場合に，提携と買収とでどちらを選択すべきかを考える上で有用である。そこで指摘するのは，提携が最も有効なのは，そこに参画するのが双方ともに比較的少人数・少数の組織部門であり，両者で共同の活動をコーディネートしなければならないような場合である。そこに参画するパートナーの数が限られていれば，パートナー間のインセンティブ調整も容易になる。だが，リソース利用に関する調整や目的のすり合わせ，あるいはその両方において，戦略的なリソースを入手・開発するのに共同活動に**深く**関与してもらう必要があれば，買収という手段を検討する価値はある。買収によって手に入るのはカギとなるリソースばかりでない。そのリソースをうまく活用できたときの価値をも実感することになろう。

問４　ターゲット企業を統合できるか？

M&Aの経路を選択する前に心得ておくべきは，買収の場合，思い浮かべることのできるものの中で最も悲観的で最悪なシナリオよりも，ほぼ例外なく時間とコストを要すということである。そのため，買収が，それ以外に適切な経路がない場合に残された最後の手段だというのは当然ともいえる。だからといって，他の方法を検討してみてそれしか残っていないからという単純な消去法で，買収という手段を選択すべきだなどと言いたいわけではない。

ターゲット・リソースに対する戦略的なコントロールができることを重視しており，なおかつ，コントロールの程度が低いやり方（※すなわち，契約や提携）では欲するものが十分に得られないと判断される場合には，双方の従業員のモチベーションを損なうことなく，ターゲットとするリソースをうまく統合できるかどうか，検討すべきである。上述のプライベート・エクイティ企業の例では，現地に買収候補となる高い能力を有する企業が存在するか，および，買収可能な価格で売却する意志があるか，という２点について，統合推進チームのメンバーは徹底的に突き詰めて検討した。そこで導かれた結論とは，買収が最適だと考えられるということであった。買収によって最速での商品開発が可能になるはずである。競争相手から人材をチームごと引き抜くのとは異なり，買収ではターゲット企業の資産（※評判も含む）をまるごと銀行側に取り込むことになる。〈購買〉という方法によって，現地オペレーションの再構築に関して，かなりの自由度を得ることになる。最終的には，東ヨーロッパ部門は，買収前のデュー・デリジェンス（投資対象企業の価値評価）と買収後の新規の人材・資産の統合に長けたグローバル展開する親会社のサポートからの恩恵を受けると予想された。

しかし，開発チームは，統合に向けて対処しておくべき課題と，ターゲットとするリソースを手元に残すことの意義について，十分に認識していた。買収がうまく機能するのは，取得したリソースによって投資機会が創出され，さらにそのリソースが投資面で好成績を上げられるほどに十分に活用される場合である。さらに言えば，買収する側は，法律，コンプライアンス，リスク・マネジメントといった方面に専門能力を投入し，しかも強固な国内の流通基盤を守ることで，価値を提供する必要もある。手短に述べると，買収の是非について判断する前に，そのチームが買収後の統合まで実行可能か否かについて評価しておかねばならなかったのである。

M&Aを成功裏に完了させることは非常に大変なことである。成功例として語られるものの中にも，実はいろいろな小さな失敗が隠れている。この点について，いくつかの研究が物語るのは，提携と同様に，M&Aでもわずか30パーセントしか本来の目的を達成できていないということである。その最大の理由は，ほとんどの場合，取得した事業には，事前に予想していなかった障害や出費が伴うからである。通常の場合，自社で取り込もうとした有能な人材は，買収された企業ばかりでなくそれとは別のところでもチャンスを模索しているものである。〈購買〉という方法が有している強力なパワーやポテンシャルといったメリットは，同時にそれが抱える厳しい側面によって相殺されかねないほどであり，両者は互角な勝負にある。このような事情ゆえに，買収というオプションについてはよくよく吟味する必要があるのである。

第5章の議論では，それ以前の段階で検討した他の選択肢が実行不能と判断された場合に，どのような状況で買収に取り組むべきかを考えるための一助となるはずである。たとえターゲットとするリソースを取得しても，自分たちの組織に統合できそうにないのであれば，代替的なオプションを再考しなければならない。具体例を挙げると，買収以外の調達方法のより手の込んだ複雑なバージョンを設定して，それらを学習実験と捉えてみる。あるいは，それまでとは別のリソースをターゲットに据え直す可能性を検討する。あるいは，戦略目標それ自体を再考し，現在行っているリソース調査を見直すか断念する，などである。

5．ポートフォリオを管理する

この本の提示するフレームワークを用いることで，ただ単にリソース入手の目的の意思決定ばかりでなく，ダイナミックな視点で取得したリソースの長期的な保有・管理の方法に関する理解が可能になるだろう。この点について，第６章では，既存のリソースやリソース・ギャップ，すでに有効性を喪失したリソースの売却・処分について評価するためのモデルを提示しよう。最後の第７章の議論は，組織がバランスの取れた〈構築〉－〈借用〉－〈購買〉のポートフォリオを組み立て，たしかな選択能力を育む上で有用であろう。このような責任を果たすためには，調達における各々の意思決定のための厳密なアプローチばかりでなく，これらすべての意思決定を組織全体でバランスよく遂行する能力が求められる。そのような方法によって，既存のスキルの土台の上にリソースを自前で構築することと外部にある新規機会の探索とを，うまく組み合わせ続けることができるのである。このバランスの実現は，本書の議論でもたびたび強調するリーダーシップの問題にほかならない。

それでは，新しくリソースを取得するために一歩踏み出そうというときに，最初に向き合わなければならない選択肢について詳しく見ていくことにしよう。

第2章

〈構築〉する場合
──内部開発か，外部調達か──

When to Build：Internal Development Versus External Sourcing

新たにリソースを必要とする場合，ほとんどの企業は当然のことであるかのように，それをまず社内で開発できないものかと検討する。戦略的リソースを模索するということは，突き詰めると，競争力をどのように獲得するかという問題である。たとえば，リソースを保有することは競争優位性と緊密に関係している。差別化された製品分野でトップランナーであり続ける限り，知的資産をコントロールできる能力を保有する企業は，継続的な利益獲得の格好の機会を手元に引き寄せることができる。他社を介さずに自社で単独でやればやるほど，コア・リソースをうまく統合し，コントロールし，保護できる。さらに，取引面でも，第三者の支配下にあるリソースを探し出し，値付けし，統合し，再結合する際の無駄な出費やトラブルを回避できる。

われわれが行ったテレコム業界を対象とした研究では，調査対象のエグゼクティブの70パーセントが，差別化された製品・サービスの開発で，社外からの調達よりも内部開発を好むことが分かった。さらに，それを上回る75%が，内部開発は市場での自社の差別化の維持やユニークなリソースの保護にも有効だと考えていた。

社内の開発チームを活用することには，組織を緊張状態に置いて弛ませないという別のメリットもある。自分たちのスキルや団結心の維持・強化にもつながる。筋肉と同様，R&Dの能力も自分たちで行うほど引き締まっていくものであるが，これを怠った先には衰退というリスクが待ち構えている。

自動車業界のサプライヤーに対するわれわれの調査では，あまりに外部調達に依存しすぎる弊害について，エグゼクティブたちがたびたび不満をこぼしていた。ルーマニアの自動車メーカーであるダチアは，消滅までの30年間（※1999年にルノーがダチアを買収した），ただの一度も自社オリジナルの製品を生み出さないまま，ひたすらフランス・ルノーのモデルのライセンス版を製造し続けた。これとは対照的に，韓国の自動車メーカーである現代（ヒュンダイ）は，当初はフォードとの提携で製品を開発していたものの，そこから自社モデルを開発して市場販売を行うだけの専門能力を身に着けた。

強固な内部開発能力を維持することの重要性について，疑う余地はない。しかし，社内に十分な能力の備えがなく，その不足分を外部リソースで補わざるを得ないという場合もある。この章では，リソース入手経路のフレームワークを用いることで，どんな場合であれば内部のリソースを利用するべきか（また，利用すべきでないか）について，ご理解いただけるだろう。

新規リソースを社内で〈構築〉している企業ならば，通常は自分たちが必要とする専門能力を備えていると信じているものである。内部開発が最も有効となるのは，既存のリソース（※そこには，知識ベース，活動プロセス，およびインセンティブシステムを含まれる）が自社の欲する新規リソースと密接に関連しており，なおかつ進出を目論む先の分野で競合よりも優れている場合である。さらには，既存の組織にとっては，それを受容できるほど，必要なリソースが親和的である必要がある。

だが，現実には，常にこのような望ましい地点にあるとは限らない。内部開発についての見込みを立てる際に，普通，企業は既存のリソース・ベースとの関連性を過大に見積もってしまうものである。また，多くの企業では，組織面でのリソースの適合性を軽視してしまっている（※こうした問題については，以下のコラム「Coca-Cola FEMSAによるメキシコでのコーヒー自動販売機事業への参入」を参照されたい）。誤ったコンテクストの下で内部開発に取り組めば，たとえどれだけ躍起になって取り組んだとしても，失敗から免れることはできない。

コラム

Coca-Cola FEMSAによるメキシコでのコーヒー自動販売機事業への参入

―内部リソースを新規用途に再配置することの困難性―

コカ・コーラFEMSA（Fomento Economico Mexicano S.A. de C.V.）はラテン・アメリカ最大手のボトラーであり，非常に多種のソフトドリンクを供給している。このメキシコ企業の株主の構成比率は，FEMSAが54パーセント，コカ・コーラ社が32パーセント，公的機関が14パーセントとなっている。コカ・コーラFEMSAはイノベーティブさと強力な供給網を誇っており，状況が複雑なラテン・アメリカ市場での迅速な変化への対応能力は，業界でもベンチマークの対象とされているほどである。

成長戦略の一環として新規の飲料カテゴリーへの進出を図るために，2010年，同社は自動販売機でのコーヒー販売への参入を図った。世界的には同様の製品ポートフォリオ展開が好調であったことから，ラテン・アメリカのボトラーも自分たちがソフトドリンク分野で優位に立てるだろうと楽観していた。コカ・コーラFEMSAが競争相手として特に意識したのがスイスに拠点を置くネスレである。同社はメキシコにおけるコーヒーの自動販売機事業で最大手の地位にあった。

トップ自らの強力な後押しもあって，この新事業プロジェクトは資金面での強力なサポートを受けた。コカ・コーラFEMSAは，ネスレの支配的な地位に攻勢をかけるべくコーヒー販売に注力しようと腹を括っていた。にもかかわらず，その新事業は出足からトラブル続きで，最初の成果は惨憺たるものであった。ブラク（Blak）という名の新製品のフレーバーは顧客から著しく不評であった。というのも，コーヒー自動販売機の流通とメンテナンスがお粗末だったからである。さらに，社内では，既存のリソース管理の担当者とブラク導入の担当者とが対立するようになった。そうした事情で，ブラクの売れ行きは芳しくなかったのである。

１つの問題の核心は，リソース・ギャップが当初の想定よりもはるかに広範なものであったことである。コカ・コーラFEMSAにとって，自動販売機でのコーヒー事業は初めて足を踏み入れる分野であった。そこで求められたのは従来とは全く異なる知識ベースであり，業務プロセスから組織に至るまで，それまでとはまるで別物であった。ソフトドリンク事業で用いられたスキルや知識は，コーヒー事業とほとんど関連性を持たなかった。この新事業がつまずいたのは，主力のソフトドリンクでのマインド・セットの下で作られた経営方針による悪影響を受けたせいである。

▶知識面での適合性

コカ･コーラFEMSAは，新事業である自動販売機でのコーヒー販売のバリューチェーン全体に，ソフトドリンク事業の知識やスキルをそのまま適用しようとしていた。この動きは，特に製品開発やサプライチェーン・マネジメントにおいて顕著であった。同社では，この新しい取り組みが，既存のリソース・ベースと非常によくフィットしていると思い込んでいるふしがあった。このような既存リソースとのフィットを，われわれは高い「知識面での適合性」と呼ぶことにしたい（※知識面での適合性についてのより詳しい定義は，本章の後で述べよう）。

製品開発プロセスについても，コーヒーを冷たいソフトドリンク製品と類似のものと捉えてしまったため，まずはコーヒー原液を作るところから着手した。この原液は，自動販売機内でパウダー状のミルクや水と一緒に混ぜ合わせられるものであり，これが従来のコカ・コーラのやり方であった。顧客から寄せられたフレーバーに関する苦情の一因は，ミルク・パウダーの品質保持期間の短さにあった。だが，この点に製品開発チームが気づいたのは，ブラクを発売した後である。フレーバーを改良するために，製品開発チームはいま一度市場調査の段階にまで立ち返って，ネスレのように原液を使用する方式をやめるなど，飲料そのものから抜本的に見直す必要に迫られた。

２つ目の問題の核心は，流通とサプライチェーンであった。コーヒーの自動販売機は，小規模店舗内でソフトドリンクの自動販売機に並置されており，両者は同じようなやり方でメンテナンスが行われていた。だが，ソフトドリンクでは適切であったやり方が，コーヒーでは仇となった。たとえば，コーヒー自動販売機ではミルク・パウダーが劣化していないかの確認作業を頻繁に行う必要があった。これよりも由々しき問題として，新しく開発したマシンが頻繁に故障し，そのまま長期間放置されたままということもあった。配送担当のトラック・ドライバーは，ソフトドリンクの自動販売機のメンテナンスには習熟していたものの，コーヒー用の自動販売機の方はどう整備していいのかが分からず，そんなところに時間を割かれたくないと，何らかのトラブルが生じても見て見ぬふりをしていたのである。しかも，コーヒー向けの生産ラインでは保管場所も十分に確保されていなかった。通常の配送手順・サイクルにとって新製品は迷惑以外の何ものでもなく，担当者のイライラや混乱の種になっていたのである。ほどなくして，コーヒー製品は倉庫内で厄介者扱いされるようになった。

▶組織面での適合性

新事業は，組織的緊張による悪影響にも見舞われた。これを「組織面での不適合」と呼ぶことにしよう（※組織面での適合性についてのより詳しい定義は，本章内で後述する）。コカ・コーラFEMSAがブラクを発売した際に，同社の組織体制はあくまでソフトドリンクのボトリング作業に対して最適化していたわけであって，それは必ずしもコーヒーのような「非ソフトドリンク」にも最適化していたわけではなかった。トラックの荷台のスペースの使い方を差配するトラック・ドライバーの収入は，配送した商品の箱数に応じて決定される仕組みであった。そのため，確実に売れるソフトドリンクのスペースがコーヒーに奪われれば，その分だけ収入が減ってしまうことになる。さらには，コーヒーの配送ドライバーには従来のソフトドリンクの配送ドライバーとは異なるスキルが求められる。具体的には新参のコーヒー製品では，マシンの清掃のほかにも，コーヒーやミルク，砂糖のパウダーを補充したり，小売店のマネジャーに対してコーヒーのコンセプトを説いて売り込んでもらう必要がある。これら一連の作業を配送ドライバーにやってもらうためには従来とは異なる給与算定基準を用意する必要があり，このことがソフトドリンクの配送者との軋轢につながった。結局のところ，エグゼクティブのレベルでも，ブラクの発売に対して十分な関心は向けられていなかったため，戦略プランニングやリサーチ面に十分なリソースが投じられていなかったのである。

この失敗を教訓に，2011年，コカ・コーラFEMSAのコーヒー事業はメキシコシティで試験的プログラムとして再出発した。商品そのものを改良し，内部リソースについてもアップグレードし，外部リソースも選択的に取り入れ，機能を特化した部門も設けた――そこには独立した開発チーム，コーヒー専門のコールセンター，コーヒー事業のみを取り扱う新規のロジスティック・プラットフォームを含む。こうした変更に伴うコスト増大はあったものの，それと引き換えに，リソースやインセンティブ面でのミスマッチが克服され，さらには売上と収益性も格段に向上したのである。

〈構築〉モードの有用性はよく認識されており，そのためにエグゼクティブはたとえほとんど意味がないような場面でもそれを選択しようとする。自社の内部リソースがターゲット・リソースよりもはるかに乏しかったり，競合よりも圧倒的に劣っているようならば，リソースを社外に求め，内部リソースの不足分を外部リソースで賄うのが賢明である。われわれが実施したサーヴェイ調査では，65パーセントのエグゼクティブが「リソースを社内で新規開発する場合に，どうしても克服できない困難が頻繁に生じていた」と報告している。実のところ，その失敗の原因が内部開発をうまく管理する能力の欠如にあると見るエグゼクティブが半数に及んだ。具体的には，「内部プロジェクトでの関連技術や人材を欠くことに気づくのが遅すぎた」というものが挙げられる。

たとえ企業が社外に目を向けようとしても，つい反射的に〈構築〉モードが最有力，もしくはあたかも唯一のオプションであるかのように選択してしまう。その結果，時間，カネ，気運，モラールといった面での潜在的損失が増大してしまうのである。北米の自動車メーカーであるGMとフォードは歴史的にこのようなトラップに陥ってきた。社内の知識が市場の後塵を拝し，別のところにもっと望ましい選択肢が存在したにもかかわらず，両社はほとんどのコンポーネントの開発・生産を傘下の子会社で行ってきた。このように内部開発に過度に偏りすぎたことも，両社が世界の自動車産業におけるリーダーの地位を失った一因である。もっと早いうちから外部調達に舵を切っていれば，今ごろ両社はもう少しましな状態だったはずである。

内部開発に過度に依存すれば，企業は時間が経つほど硬直性と慣性に囚われるようになってしまう。たとえば，1990年代半ばのゲーム業界では，アタリは「アタリ・ジャガー」のソフトウェアから，コアとなるハードウェア，さらにはコントローラーなどのアクセサリーの各々の市場でのトップの地位を維持しようという目論見で内部開発に注力したせいで，ソニーとセガによって市場の隅に追いやられることになった。また，ネットスケープはマイクロソフトの優位性に対抗できるような社外の新しいスキルに背を向けて，社内スキルを「ナビゲーター４」という凡庸なブラウザの開発に集中的に投入したものの，結局，マイクロソフトの「インターネット・エクスプローラー」によって市場での地位を奪われた。同様に，コンパックも1980年代にPCで築き上げた地位を失うことになった。同社はさまざまなドライバーや電子部品を独自に開発しようと努めたものの，最適な市販部品を組み合わせてラップトップを生産するという，競合が採用した柔軟性の高いシステムには太刀打ちできなかったのである。

このような失敗事例ばかりを目の当たりにすれば，なぜどの企業も内部開発ルートにそこまで執着したがるのか？と問うてみたくなる。ここでは自前の新規リソースの開発能力について精査しようという場面で，エグゼクティブの視野を妨げてしまう盲点について紹介しておこう。

１．盲点―なぜ企業は条件反射的に内部開発を選択するのか？

戦略的リソースに関する判断を行う立場にあるエグゼクティブは，まず最初に自分たちが開発せねばならないリソースをきちんと精査しないままに，反射的に社内での開発を選択しがちである。経路間の優劣というものはただひとえにコンテクストによって決定されるものであり，ある経路が別の経路に比べて本質的に優れているといったことなどない。だが，このことがエグゼクティブの頭からスッポリと抜け落ちてしまっているのである。エグゼクティブたちのコンテクストを無視した初期設定の思考様式では，過去の歴史や行動特性の方に意識が向きがちであり，ついつい過去に慣れ親しんだ経路の方に近づこうとする。そのために，長い間，有機的成長の志向性が組織内に浸透した企業では，社内プロジェクトの成否は，専らそこに十分な資金を投入して懸命に努力できるかという点にかかっていると信じ込まれており，エグゼクティブたちは必要なリソースを社外に求めることには消極的になってしまい，実行の罠（⇒第１章）に陥ってしまう。エグゼクティブたちをこうした罠へと誘い込む力として，次の４つを挙げることができる。すなわち，①内部開発への過剰な自信，②職能ごとの予算・権限の増大を志向するインセンティブ構造，③新規の外部開発に関する認識不足，④社外からの調達スキルの欠如である。

①　自信過剰

エグゼクティブたちは，ライバル企業と比べて自社のスキルがいかに優れているか，根拠のない自信を抱きがちである。もちろん，内部リソースを当てにしてしまうだけの非常に説得力のある理由もあろう。すなわち，新規リソースを入手しようという局面では，何も知らない外部人材よりも，その企業の事業内容に精通している利害関係者の方が優れているものだ，という理由である。そこで問題なのは，どんな場合でも内部人材の方が優れていると思い込んでしまう場合である。

われわれの学生グループによる研究プロジェクトがインディアナ州の点火コイルの製造業者の調査に入った。その学生たちは高品質なヨーロッパのプラントでの勤務経験もあり，内部監査で発覚したインディアナの設備の品質問題を解決するのに自分たちが一役買えることを期待していた。当該チームによると，点火コイルの開発・製造に深刻な問題があり，それを部品として用いる自動車に対しても重大な品質問題を引き起こす可能性が指摘されていた。品質と効率性に関しての，工場のマネジャーと労働者による自己評価を５点尺度で尋ねると，回答の平均値は約4.8であった（※「５」はグローバル・レベルで最高水準に該当する）。その会社の従業員は過剰なまでに自己評価が高く，実態として自分たちがどれだけ立ち遅れた存在であるか，まるで理解していなかったのだ。

②　ステークホルダーのインセンティブの不整合

巷では内部開発と外部調達とが競合し合うという固定観念でありふれている。社内リソースを最大限利用し尽くすことが本当に望ましいのかという問題などそっちのけにされたまま，R&Dや情報テクノロジー（IT），マーケティングといったあらゆる職能部門で，リーダーの仕事とは「継続すること自体を継続させること」だと考えられている。すなわち，研究者にはただひたすら研究させ，商品開発に従事する者には商品を開発させ，マーケターにはマーケティングを……といった具合である。職能部門のリーダーがこのようなマインド・セットでいると，これまで以上に社内リソースを活用せねばという方針に傾くことになる。このような人たちは，自分たちの会社が競争環境の変化の先頭を走り続けることよりも，職能部門のリソースや人員の頭数を増やす――そして，それによって自分たちの権力を拡大する――ということを暗黙的に目的化しているのかもしれない。したがって，このようなリーダーは，外部リソースを導入することで配下の人員やそこから生み出されるリソース，自分の権力・権限についての周囲から認められている価値が低下しかねないため，外部リソースには一切目もくれようとしない。こうした内部リソースに固執してしまう代償については後ほどより詳しく議論したい。

製薬企業のシェリング・プラウは，同社の大ヒット商品である「クラリチン」以降，それに比肩する成功商品を自力で生み出すことができなかったことで，独立性を失った――そのような製品開発の失敗の大部分は，社内の研究所が外部の代わりとなる製品を排除しようと抵抗したことに起因している。自社開発の後継薬だけでは「クラリチン」の抜けた穴を埋め切れないことが判明した時点で，シェリング・プラウは経営陣を外部から迎え入れて刷新することになった。それ以降の失地回復の努力の中で，コレステロール抑制薬で競合していたメルクと提携したものの，大した売上にはつながらなかった。開発中のものから市場投入済みのものまで見渡しても，大ヒットが期待されるようなめぼしい製品はなく，とうとうシェリング・プラウは企業としての独立性の維持を断念し，2009年にメルクによって買収されたのである。

興味深いことに，実はもう一方のメルクも，シェリング・プラウと同様に内部開発を強力に志向してきた歴史を持つ。2000年代のはじめに，同社は新薬候補の開発のパイプラインが非常に短くなっていることを認識した。社外の力を借りて内部開発を補完することへの研究所の抵抗を経営陣がしっかりと抑え込んだことで，ようやく新薬候補のパイプラインを再編することが可能になったのである。メルクは積極的なライセンシング，提携，小規模な買収にまで調達戦略を拡張した（⇒第３章）。自力で何とか道を切り拓こうとしつこく粘りすぎたシェリング・プラウとは対照的に，メルクは自社の外側にも探索の目を向けたのである。

③ 視野の狭さ

たとえそうするつもりなどなかったとしても，事業活動はついつい内向きになりがちである。そうなると，世界が自分たちの身の回りで完結しているかのような感覚に囚われてしまうものである。サプライヤーや競合，市場機会といった諸条件が固定的であれば，リーダーは既存の社内リソースを使うことに慣れきってしまう。そのようにして狭まった視野の外側で，技術・市場の発展によって新しく生じる外部調達の機会があることにエグゼクティブたちはすっかり無頓着である。

たとえば，1960年代から1970代にかけての日本でのリーン生産方式の勃興を，北米やヨーロッパの自動車メーカーは見過ごしてしまった。直近では，中国における環境技術やアフリカにおける金融サービス関連のリソースの発展が挙げられよう。先進国の多くの企業は，自分たちの知る世界がすべてだという感覚が支配的で近視眼的になってしまっており，新たに外部機会をもたらしてくれる新興市場のことなどまるで眼中にないのである。

われわれのテレコム企業に関するケース・スタディは，上述したインセンティブの不整合とここで挙げた視野狭窄の症状とがたびたび同時に生じることを示唆する。ある企業では，新規にデータ・コミュニケーション事業を立ち上げようと奮闘していた。同社の上級幹部が，主力であった音声ビジネスに従事する技術者たちの新規のデータ・ビジネスへの抵抗について語ってくれた。「長年にわたって，ほとんどの研究投資は，主力の回路技術に投じられてきました。しかし，インターネットの発展は，このロジックとはまるで相容れないものでした。ここでの深刻な問題とは，われわれがインテリジェント・ネットワークに移行する際に，すでに身に着けていた知識が目隠しとして作用してしまうことです。わが社のエンジニアにとってのバックグランドである回路技術に縛られずにこの新興ビジネスに適応する，ということは大変なことなんです。」

企業が新興の事業領域で必要なリソースを入手しようという場面で直面する課題はほぼ共通している。IBMでは，1980年代から90年代にかけて，新技術や市場機会をすっかり取りこぼしてしまうという失態が恒常化していた。29の有望技術や事業を取り上げて，同社がいかなる経緯で価値を獲得し損なったかについてまとめた内部レポートの中で指摘されている失敗の理由は，今後に向けても十分に参考になるものである。その理由とは，実行時の効率や短期的結果を過剰に重視すること，その時点で目の前にある市場や既存製品に気を取られてしまうこと，成熟ビジネスで用いられてきた評価手続きや成果測定尺度を成長機会の見積もりにも適用してしまう傾向，である。

IBMの場合，ここで指摘された要素は成熟市場では十分に有用であったにもかかわらず，新規事業の探索・開拓能力にとってはむしろ足かせとなってしまったのである。この問題は，1980年代から90年代にかけて同社で支配的であったエートスによって，さらに深刻化する。あるエグゼクティブがわれわれに対しても実際にやって見せてくれたのだが，そのエートスとは，「われわれの得意とするところです」というものである。長年にわたって，IBMは内部の力による開発に賭けてきたのである。このことが，傑出した地位にあったIBMを数あるコンピュータ企業の中の１つという平凡な地位にまで引きずり下ろし，同社が1990年代初頭に非常に厳しい苦境に陥ることになった１つの理由である。同社をもう一度発展軌道に戻すためには，一方で新事業を創出してその有効性を実験する方法を学びつつ，もう一方でリソースを入手するための選択肢を増やす以外にやりようがなかった。同社は社内での製品開発を継続したことで新製品や新規事業を生み出す能力を活性化させつつ，それと並行して，リソース基盤を強化するためにライセンスや提携，買収という方法も模索したのである。

④　外部からの調達スキルの欠如

最後に，ただ単に多くの企業が社外からの調達機会を把握するのに必要な能力を身に着けていないだけであることが挙げられる。伝統的に有機的成長ばかりに注力してきた企業が，外部リソースを探し出して活用するための能力を磨き上げることはまずないだろう。

たとえば，われわれの調査によると，48パーセントのエグゼクティブが，「外部のパートナーから学ぶのに必要なスキルを欠く」という単純な理由で，社外からではなく内部開発の方を選択するという。調査対象企業のうち，「契約や提携，あるいは買収という手段を通じた第三者からのリソース調達を体系的に検討・評価している」と回答したのは，わずか30パーセントにすぎない。あるテレコム企業のエグゼクティブの指摘によると，同社では外部リソースを見つけ出したり取得したりするための方法が整備されていないがゆえに，内部開発に過剰に依存せざるを得ないのだという。

2．内部リソースには関連性があるか？

上述したような内部開発につきまとう盲点を克服するためには，何よりもまず自社の内部リソースを適用してリソース・ギャップを埋めることができるくらいの関連性がどの程度あるのかについて，曇りのない素朴な目で精査することである。リソースの〈構築〉という経路を選択する企業は，自社の保有する能力が絶好のタイミングで，しかも低コストで，リソース・ギャップを埋めてくれるものと思い込んでいる。だが，リソースの関連性を評価するのは並大抵のことではない。というのも，典型的には技術面でのノウハウばかりを重視したりと，企業はしばしばごく限定的にしか使えない尺度をさまざまなものに対して杓子定規に適用しようとするからだ。ここでわれわれが論じている関連性とは，企業のリソースの非常に多様な側面を視野に入れる必要がある。具体的には，技術的知識，市場開拓能力，組織体制や価値観などである。

このようにリソースの関連性を多面的に捉えようとすれば，普通ははっきりと白黒をつけることが難しく，どうしても評価・判断結果にはグレーゾーンが残らざるをえない。これは複数の企業の開発責任者から聞いたことであるが，内部開発よりも社外からのリソース調達の方が明らかに望ましいと判断できるようなことは滅多にないという。たとえその通りだとしても，エグゼクティブは，自社の知識ベースや組織とターゲットとするリソースとを両にらみしながら，内部開発と外部調達の優劣を評価することで，グレーの評価結果から具体的判断を導く必要があるのである。

自社の内部リソースの関連性を精査するために，ここでは特に２つの面に着目する（図２－１）。１つ目は知識面での適合性である。これは自社の既存リソースの強みばかりでなく，自社の既存の知識ベースがターゲットとするリソースとどれくらい親和的であるか――すなわち，新規リソースに既存リソースをどの程度適用・活用できるかという視点である。もう１つは，組織面での適合性であり，これは，自社が過去に作り出してきたシステムや価値観が，ターゲットとするリソースを創出するのに必要なものと，どの程度相性が良いかという視点である。エグゼクティブの多くは知識面での適合性の重要性については認識しているけれども，組織面での適合性まで真剣に考慮に入れることは稀である。われわれが調査した大手テレコム企業のほとんどは，新規のデータ・コミュニケーション事業の開発に必要な技術的スキルは有していたものの，他方で組織構造やインセンティブ制度，文化的価値，コントロール・システムといった組織的コンテクストが新規のリソース開発を阻害する可能性についてはまるで認識していなかったのである。

［図２－１］内部開発と外部調達の選択

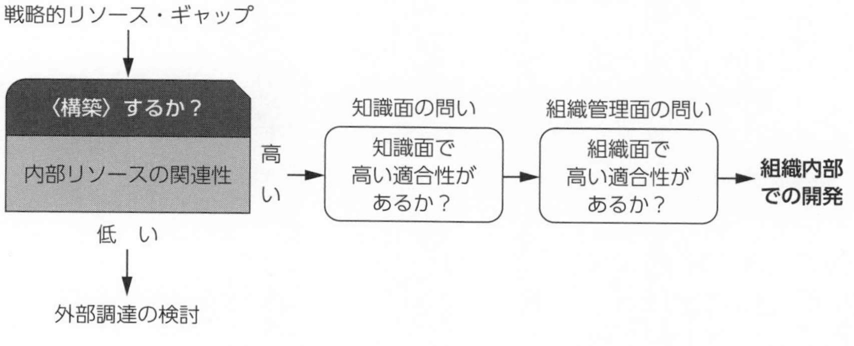

戦略的リソース・ギャップ
↓
〈構築〉するか？
内部リソースの関連性
高い → 知識面の問い：知識面で高い適合性があるか？ → 組織管理面の問い：組織面で高い適合性があるか？ → **組織内部での開発**
低い
↓
外部調達の検討

知識の面の問い―ターゲット・リソースは既存の知識ベースと適合的か？

ターゲットとするリソースを迅速かつ効率的に創出するためには，果たして自社の職能面での諸能力（※たとえばR&Dやマーケティングに関するスキル，および生産工程など）をそこに適用できるだけの関連性があるのか，その有無について見極める必要がある。知識面での適合性には，①ターゲットとするリソースとの近接性と②他社に対する強みが含まれている。

① リソースの近接性

第1のステップは，自社の既存の知識ベースとターゲット・リソースとの近接性について精査することである。両者の近接性が高ければ，社内でリソースを開発できよう。反対に，ターゲット・リソースが自社の既存の知識ベースとはマッチしないのならば，社外に目を向ける必要がある。なぜならば，近接性が不十分であったり社内の支援能力を欠けば，内部開発が難航すると予想されるからである。

有機的成長を追求するためには，ターゲット・リソースと関連性の高いバックグランドを有する人材を外部から雇い入れるばかりでなく，既存の内部人材にトレーニングを施す必要もあるだろう。もし既存リソースがターゲット・リソースとは全く別物であれば，そのようなトレーニングが1つの課題となる。既存の内部人材は新しく人的ネットワークを築き直すことで新知識を吸収し，自身のスキルを適応させ，これまでほとんど馴染みのなかった情報を集めてくる必要がある。われわれのインタビューの中であるエグゼクティブが強調したのは，非常に前向きな姿勢の人ですらそれが一筋縄ではいかないということである。「テレコム企業における伝統的な『音声』部門から来たマネジャーがたっぷりのリソースと時間をかけて新しくデータ・コミュニケーション関連の能力を習得しようとしていたのですが，そんな時でも，そのマネジャーのマインド・セットはどこか別のところのままでした。彼がマネジャーになれたのは，前職の音声関連分野でうまくやったからで，彼が連絡を取り合う相手は，いまだに音声方面の人ばかりですよ。」

この発言が示唆しているのは，ここで挙げられた人物のように社内でトレーニングを受けてデータ事業に移ってきたマネジャーには，外部からやってきた人材と同じ水準の成績を残して昇進することが難しいということである。「こうした人には，データの世界にどっぷり浸かって，自分でスタートアップを立ち上げ，市場やプレーヤーのことを熟知しているような人と同じ感覚でデータ・ビジネスをうまく切り回すなんてことは無理なんですよ。」

これと同様に，社内での取り組みをサポートできる外部人材を評価・育成することも容易ではない。あるエグゼクティブがわれわれに対して語ったことであるが，「消費財を扱う企業から雇い入れたマーケティング人材は，テレコム企業のビジネスの複雑さなんて，まるで分かっちゃいないということを思い知りました。連中にとっては馴染み深い消費財を，この会社が売っているわけでもないし，われわれとしてもテレコムというコンテクストの下でどうやって売ればいいのかなんてことを連中に教え込めるほどのマーケティングの知識を持ち合わせていないのですから。」

ある印刷メディア大手におけるデジタル・トランスフォーメーション担当の責任者によると，ターゲットとする製品が同社のコア製品と近かったり，ターゲットする事業に関する相応の専門知識と規模を有している場合には，有機的成長の方が好まれる。だが，オンライン商品の場合，デジタル関連のリソースと過去から受け継いだリソースとの間には相当な隔たりがあり，両者を橋渡しするためには早急にパートナーシップを締結するか買収を行うしかないことが判明した。同社はまず外部リソースを確保した後で，それを補完するための相互トレーニングや新規採用といった手法を組み合わせた社内努力によって，デジタル関連スキルのアップグレードを図った。

② リソースの強み

ターゲット・リソースの領域において，自社がどの程度の強みを有するかを把握しておくことも決定的に重要である。自社の強みは他社と互角，あるいはそれ以上だろうか？　相手が競合であれ潜在的なリソースの提供者であれ，他社と比較して，必要なリソースを，より迅速に，より低コストで，より高いクオリティで開発できるだろうか？　仮に自社の既存の知識ベースが必要なリソースと密接に関連していたとしても，それが競合や新興イノベーターよりも見劣りするようであれば，十分に競争に耐えうるだけのリソースを開発することなど到底不可能である。

グローバル展開している消費財メーカーの上級幹部は，たとえ高度な内部スキルを有していても，それだけでは不十分なこともあると警戒しているという。「本当に問うべきは，どの程度まで自社をストレッチし，リソースを適応させることができるか，という点です。ここで念頭にあるのは，既存リソースの変革によって新規の能力を構築する場合に要する時間，努力，エネルギー，およびカネが，単純に買収の場合よりも高くつく可能性です……新規の市場セグメントに進出しようという場合に，隣接した商品領域で用いられている関連性の高い能力やリソースだけでは間に合わない可能性もありますからね。」

社内のリソース・ベースが不完全，ないしは時代遅れであるということは，それが周囲よりも劣っていることを意味する。継続的な投資を怠ったり，知識が徐々に衰えたり，ターゲットとするリソースの領域を突然変更したりと，あらゆることが原因となってリソース不足という事態を招きかねない。もしそうなってしまったら，よりラディカルに外部からの調達という選択肢に訴える必要も出てくるだろう。リソース不足という事態に陥らないためには，単に最先端の知識にキャッチアップし続けるばかりでなく，それと並行して各種の支援的なシステム・能力についても補強していく必要がある。そのような支援的能力として，たとえば消費者からの認知度やブランドの視認性を高めるためのマーケティングのスキルなどが挙げられる。

データ・ビジネスのてこ入れを図る目的でアメリカのデータ・ネットワーキング企業３社を買収した，ヨーロッパを代表するテレコム企業の開発責任者が，そこで直面した変革の難しさについて言及している。「わが社はデータ環境についての理解が遅れていました。われわれが買収に乗り出さねばならなかったのは，単に優れた技術が欲しかったからだけではありません。データ関連のスキルを丸ごと手に入れるためなんです。市場について熟知し，データ環境にどっぷり浸かって，ネットワークに関する知識を持ち，われわれが必要としているのがどんなタイプの人なのかをきちんと理解しているような人たちと手を組む必要があったんです。」

いま一度繰り返すと，内部リソースの強みは過大評価されがちである。同業の競合や，場合によっては業界という伝統的な括りの外にある企業をもベンチマークにしながら，自社のリソースについて慎重に評価しなければならない。業界外部の検討候補としては，その業界を破壊しかねないような目覚ましい革新を果たした企業が挙げられる。たとえば，クラウド・コンピューティングのベンダーは，いまや技術革新とビジネス・モデルのイノベーションの台風の目となっており，こうした変革はハードウェアとソフトウェアというコンピュータ産業における伝統的区分によって分類されるセクターの両方との関連性が非常に高い。

組織管理面の問い―ターゲットとされるリソースは現在の組織とフィットしているか？

企業内で新しく立ち上げたプロジェクトが，技術・事業の両面で関連性の高いスキルを有していたとしても，苦戦してしまうことは少なくない。プロジェクトが既存の組織の内部で深刻なコンフリクトを引き起こしてしまうと，それは最終的には失敗してしまうことになる。新しい内部リソースは自社の組織プロセスにうまくフィットしていなければならない。さもなければ，因習的な古い仕事のやり方や文化，業務手順に固執する人たち全員を敵に回すことになろう。このような抵抗が最も熾烈になるのは，ターゲット・リソースが現有の自社リソースを過去の遺物にしかねない脅威だと認識された場合である。

現行システムとの適合性

われわれが実施したインタビューで大半のエグゼクティブたちが口を揃えたのは，内部開発に最適な条件とは，新規に必要とされる能力が既存の組織にほとんど変化を迫らない場合であるという。反対に，ターゲットとするリソースと組織モデルとの親和性が低い企業では，わざわざ自社の業務システムの側を適応させようと悪戦苦闘するよりも，外部システムを取り込むことを検討すべきである。そうした企業ならば外部リソースやそれに連なる業務システムを容易に統合できるはずである。これは，市場からの圧力によって組織内の切迫感が高まって，従業員をはじめとする利害関係者がリソースを外部から買ってくることに賛同しているような状況であればなおさらである。

たとえば，インドのITコンサルティング企業であるインフォシスは，医療セクターへのサービス展開を図った際に，新しいソフトウェア技術についてはライセンス供与を受けた。新サービスで必要な技術スキルは既存事業で用いてきたものと似てはいたものの，医療コンサルティングでは実質的に全く異なる組織構造を採る必要があったため，インフォシスは外部から調達するという道を選択したのである。ライセンス合意によって，同社は新規の市場セグメントでたちまち頭角を現した。さらに言えば，もし従来までのやり方を新サービスの方に適用するという方法を採ったならば，組織的なコンフリクトが生じていたはずだ。同社はそれを回避したのである。

組織面での不適合にうまく折り合いをつけることの他にも，リソースを外部から調達してくるもう１つのメリットとして，新規の市場セグメント（※そこでは，従来とは異なる組織的な対応が必要になる）に進出する際の，販売チャネルやブランド面での混乱を回避できることを指摘できる。たとえば，ユナイテッド・テクノロジーズ・グループ傘下のキャリア社は，中核として位置づけたヨーロッパの高級品市場向けの環境負荷の低い冷蔵システムだけは社内で開発し，それ以外のローエンド市場向けの冷蔵システムには外部の従来型技術を用いている。具体的には，2009年，キャリアによるスウェーデン・メーカーのグリーン＆クール社の買収を挙げることができる。グリーン＆クールは事業内容に見合った技術を有し，しかもすでに当該市場で事業展開を行っていた。明らかにキャリアは自前のスキルですべての製品ラインアップに十分に対応できたはずなのに，あえてそうせずにおくことで，自社の中核的なプレミアム・ブランドを維持しながら，新しい市場セグメントへの進出を試みる際の潜在的なカニバリゼーションと販売チャネルの混乱をめぐる組織内のコンフリクトを回避する道を模索したのである。

だからといって，**どんな場合でも**コンフリクトを回避すべきだというわけではない。たしかに，コンフリクト解消に真正面から取り組むべき場面もあるだろう。それによって，組織内のコンフリクトがより強力なリソースを〈構築〉したり，時代遅れのモデルにしがみついたりする罠を回避するのに有用な洞察をもたらしてくれることもある。組織内の不協和をうまく制御できる限り，社内での論争には外部調達からでは決して得られない利点もある。われわれはそのような側面があることを否定するわけではないものの，それを必要以上に評価すべきではない。というのも，どんなに生産的な側面があったとしても，コンフリクトをうまく取り扱うためには，相当な時間と労力を費やさなければならないからである。

社内での競争

既存の技術やビジネス・モデルを形成するのに長い時間をかけ，また，そこに莫大な投資を行ってきた企業では特にありがちなことなのだが，まるで見当違いなことに，新規のリソース開発を減らそうとするエグゼクティブもいる。なぜそんなことをしてしまうのか？　その狙いは，内部競争を回避することで既存リソースの価値を維持し，それによって自身のパワーを維持することにある。テレコム業界では，社内の音声ネットワーキングの陣営が，データ・ネットワーキングのグループにパワーを譲るまいと抵抗した。テレコム業界への調査では，一部の企業で次のような発言があった。「このような内部競争のせいで，データ技術への投資とリソース配分は，ずっと後回しにされてきたんです。」

これと同様に，メディア企業においても，既存の印刷メディア関連のスキルをデジタル分野に再投入することに対する社内の抵抗は日常的なものであった。あるメディア企業は印刷版とオンライン版の両方を抱えており，あるとき双方のニュース編集室を統合することになった。その企業のエグゼクティブが語ったことだが，印刷媒体畑出身のジャーナリストたちは，オンライン記事では自身の署名を削除したという。というのも，質，信頼性，啓蒙性の点で一段劣っているにもかかわらず，オンライン版が自分たちの伝統的なスキルを脅かす存在だと見なしていたのである。印刷部門とデジタル部門との間に存在した文化・競争面での亀裂が，組織全体へのスキルの浸透を阻んでいた。

ここで挙げたような社内の反発が最も先鋭化するのは，ターゲットとされる能力がその企業の既存能力と競合したり，置き換わってしまうような関係にある場合である。理論上は，ターゲットとする能力は組織の既存能力の近場に設定されるだろう。だが，現実には，頭が凝り固まっている人ほど自身のパワーを保持せんがために新規能力の利用を頑なに拒もうとする。このような事態が生じる可能性が最も高くなるのは，落ち目に見える古い能力よりも新規能力の方が周囲の関心を惹きつけ，その価値を認められる場合である。業界を問わず，既得権益を握る人たちが，自ら進んでリソースを手離し，それを新しい活動に振り向けるといったことは期待しにくい。職能横断的な調整活動は，時間，関心，リソース，およびコントロールをめぐる社内競争によって阻害されてしまうのである。

自社の事業が新規リソースを開発できるか否かということ以前に，非常に厄介で組織にとっても有害な社内の障害を取り除いておく必要がある。それがステークホルダーの生活を脅かしてしまう性格のリソースであれば，特にそうである。そのためには自社の既存の組織の基礎部分にある文化，価値観，あるいは仕事上の習慣を変えたり，最近転職してきたばかりの従業員の新しい働き方を組織に取り込んだりする必要もあるかもしれない。

これは，コンピュータ企業から別の保守的な企業に転職して間もない，とあるエグゼクティブがわれわれに語ってくれたことであるが，彼が新しく移った先の企業は外部から来た人間を歓迎しようとか，組織に溶け込んでもらおうという姿勢に乏しかったという。この企業のスキルのアップグレードにとって，このような態度が最大の障害になると彼は見ていた。「私がここに招かれたのは，マーケティング部門を立ち上げるためでした。この会社が求めていたことと照らすと，自分以上の適任者はいなかったでしょう。けれども，今に至るまで，何か１つでもきちんとやり遂げたという手応えが全くないんですよね。このことが最大の障害です……私はずっとよそ者扱いされている感覚でした。何かやろうとする度に，いちいち闘わないといけないんですから。部長連中からは万全なサポートを得ていたにもかかわらず，ですよ。」

社内の頭の凝り固まったチームが，通常，競争を回避しようとするのは，自分たちを守るためである。だが，組織の末端レベルまで変化が行き届かない限り，組織全体の変革は難しい。もし既存の文化を推進することで社内プロジェクトの競争力を高めることができるというのなら，それは悪いことばかりではないだろう。しかし，それが難しいのに，そうしようと悪あがきすれば，結局は時間，カネ，および他にあり得た事業機会を無駄にしてしまう。以下で議論するように，外部リソースを模索することは，組織内部の抵抗をうまく回避するための有力な手段である。

実行面での課題

余剰リソースが手元にふんだんにあって，リソース面で何の不安もなく新規プロジェクトに取り組めるのならば，それは非常に恵まれていると考えるべきである。しかし，現実には，新規の社内プロジェクトを走らせる前に，先に配置していた人的・財務的リソースを，あらかじめその任から外しておく必要があろう。通常，新規プロジェクトは既存の活動に混乱をもたらすものである。

企業の個別部門や人員をプロジェクトに最適化することで，そこに過度な負荷がかかってしまうというのであれば，すでに着手済のプロジェクトの重大な活動を犠牲にせずに，そのまま邁進させるやり方を模索すべきである。

ここで，新規のタスクのために優先順位が低いプロジェクトを廃止できるか否か，という問題について考えてみたい。過去に重視されていたタスクがその有効期限を過ぎた後でもしぶとく残り続けているということは多くの会社でありがちである。そのような場合，事業領域によっては廃止されるものもあろう。あるいは，たとえかつては組織内の専門能力のおかげで競争優位を確立していた事業部門であっても，もはやその栄華が過去のものとなってしまえば，外部のサービス・プロバイダに移管されてしまうこともあろう。このとき，過去の優先順位に囚われてはならない。本当に取り組むべきタスクについて慎重に分け入って選別すれば，既存活動から離れて新プロジェクトに生産的に取り組むことができるような人材を抽出できるはずである。たとえば，多くの製薬企業では，価値の高い新興領域であるバイオや精神医学領域の製品に集中するために，旧来の生産・開発部門を売却している。

さらに，社内で適切な人材を発掘して結びつけ，さらにはそうした人々による多様な役割を管理するという課題についても考える必要がある。その場合に，複数部門が関与するプロジェクトの場合，メンバー間の協業を妨げるカベなど一切存在しないなどとは決して思わないことである。そうした活動には積極的に踏み込んだ管理・調整が必要である。たとえば，コラボレーションがうまく図られるように，インセンティブを調整する必要もあろう。われわれがテレコム業界を対象に行った調査では，「部門間でベストプラクティスや能力に関する情報の共有化が促進されるように，インセンティブを整備することで，積極的に内部ネットワークを活性化させた」と回答したのは，わずか40パーセントにすぎなかった。「部門をまたぐようなジョブ・ローテーションや活発な内部労働市場が用意されている」と回答したのは，全企業のうちわずか３分の１にすぎず，「他部門のスタッフや部門であっても，社内リソースを容易に利用できる」と認識していたのは３分の１にとどまる。

こうした課題に取り組むのに，実際に企業で用いられてきたアプローチについて，いくつか紹介しておこう。ジョンソン＆ジョンソンでは，社内ベンチャーを創設することによって，効率的なリソースの流動化とイノベーションの促進を図った。その社内ベンチャーの役割とは，200を超える部門間でR&Dや商品化での連携を強化することにあった。また，われわれが調査を行った大手出版社によるデジタル・トランスフォーメーションの取り組みでは，同社中枢部が音頭をとってビジネス・ユニットの垣根を超えてリソースを結合することで，全社的規模でのイノベーションが推進された。

3．リソース調達戦略へのインプリケーション

もしどんなに手を尽くしても，社内で何の制約も受けない自由なプロジェクト・チームを立ち上げることができないというのであれば，外部からの調達という選択肢を検討してみるべきである。**図2－2**はリソース入手経路に沿った決定について整理したものである。そこでは知識と組織管理，それぞれに関する問いに対する答えによって，社内と社外のどちらからターゲット・リソースを調達すべきかの判断が分かれる。このうち内部開発が適しているのは，ターゲットとするリソースが自社の既存リソースと組織の両面で親和的である場合である。本書ではこれを「**緊密な**プロジェクト」と呼ぶことにしよう。これ以外の内部リソースと組織の両面でのフィットのパターンでは，早い段階から外部リソースを探索することが望ましい。もし外部リソースを利用できるのならば，ターゲット・リソースの入手にはなおのこと好都合である。きちんと選別され，適切に管理されるというのであれば，外部リソースは知識面でのギャップと組織的な制約を克服するための学習機会をもたらしてくれよう。

図2－2において，左上と右下のセルの場合，対応ははっきりしている。これに対して，右上と左下のセルは複雑であるけれども，それでも内部能力を〈構築〉するチャンスはある。これら4つのケースについて以下で詳しく見ていくことにしよう。

緊密なプロジェクト

左上の「緊密なプロジェクト」では，リソースの関連性は両方の軸（※既存の知識ベースと組織面でのフィット）で高い。たとえば，イーライ・リリーは，

［図２－２］内部リソースの関連性とリソース調達のオプション

組織管理面の問い：ターゲットリソースは組織とフィットしているか？

知識面の問い：ターゲット・リソースは知識面でフィットしているか？

	高い	低い
高い	内部リソースの関連性 ：高い 緊密なプロジェクト ⇒内部開発	内部リソースの関連性 ：部分的 宿なしプロジェクト ⇒外部調達を検討せよ 代替案：内部の探索的環境を検討せよ
低い	内部リソースの関連性 ：部分的 リソースを欠くプロジェクト ⇒外部調達を検討せよ 代替案：内部の探索的環境を検討せよ	内部リソースの関連性 ：低い 無関連のプロジェクト ⇒外部調達を検討せよ

過去に「プロザック」の開発で用いたスキルをベースにして「ジプレキサ」という薬品を既存の研究所で開発した。そこでのリソースの適合性は高かったと判断できる。というのも，開発と臨床の両段階で，新薬は既存の中枢神経系の治療薬関連の技術的専門能力を利用して開発されたからである。また，そこでの組織面での適合性は高い。というのも，この新薬の市場は従来の薬品と類似しており，規制やマーケティングの手法をそのまま適用でき，しかも評価技術についても熟知しているものであった。

無関連のプロジェクト

プロジェクトが右下にあれば，それは社外からの調達のサインとなる。このようなプロジェクトが生じるのは，関連性の高い知識ベースが社内に乏しく，プロジェクトが社内で不協和を引き起こすような場合である。「無関連のプロジェクト」では，慢性的に外部からの調達に頼らざるを得ないかもしれない。だが，もしターゲットとするリソースの戦略的重要性が高ければ，長期的な眼でリソース基盤を強化しながら組織面での適合性を高めていくために，あえて外部活動に軸足を置くというやり方もあろう。

現実には，あらゆる「無関連プロジェクト」が学習機会となる。たとえば，アボット・ラボラトリーズは，最近，インドにおける製薬事業の拡大方針を定めた。その際に，同社は必要とされるマーケティングや規制関連の業務システムを自前で整備することをやめるという判断を行った。というのも，アボットは同領域におけるグローバルな強みを有す――これは北米，ヨーロッパ，およびその他の地域で〈構築〉されたものである――にもかかわらず，インドというコンテクストの下でいかにして薬品を開発して市場開拓するかについての知識を欠いていたからである。さらに，組織面での適合性についても低かった。というのも，同市場で求められるマーケティングや規制関連の業務システム，各種のインセンティブが，先進国市場のみならず，中国のような新興国市場ともかなり異なっていたからである。このような分析結果を受けて，アボットはインドの後発薬事業を買収することにした。そこでのアボットの目論見は，急速な市場浸透に加えて，この買収によって後発薬のビジネスについて学習し，同社のグローバルな知識ベースと組織的能力を強化することであった。

宿なしプロジェクト

右上のセルのプロジェクトは強力な関連性の高い知識を社内に有しているものの，組織的コンテクストではターゲット・リソースとの適合性に乏しい。このような場合には，迷わず社外に目を向けて，代わりになるものを探すのが有効である。

もし容易に利用できそうな解が外部に存在しないのであれば，内部開発の変異型を考え直すべきである。言い換えると，これは社内に独立性の高い探索的環境を創出することであり，そうすることで組織的な障壁を回避しながら内部開発に取り組むことが可能になる。そこでは，社内の支配的文化をはじめとするさまざまな組織的圧力の影響が及ばないような組織的コンテクストの下で，新規リソースを試用することができる。具体例を挙げると，1990年代の終わり頃，スウェーデンのテリア社は同社の主流組織から見て辺縁的なIP電話を開発するテリア・ライト（Telia Light）というベンチャーを創設した。（※社内の探索活動を取り巻く環境に関しては，次節でより詳しく取り扱うことにする。）

自社のリソース不足を外部からの調達によって十分に満たせると見込まれる場合でも，あえて外部調達と並行してこのアプローチを進めるというやり方もありうる。外部との関係性は，それが適切な機会であれば，新規に開発された内部リソースに対する組織的な障壁を減じることに一役買うだろう。たとえば，VOIP（voice over Internet protocol）事業を開発しようとした既存のテレコム事業者のほとんどは，外部リソースの方ばかりに目が向いていた。というのも，社内でVOIP関連の能力を自前で開発すれば，それが間違いなく既得権を脅かし，知識ベースや文化，組織の面でコンフリクトの発生源となってしまう。そのため，どう見ても既存のテレコム事業者のほとんどは内部開発に及び腰であった。こうした事情を考慮すると，社外に探索の目を向けることは，ターゲットとする能力を〈借用〉したり〈購買〉しながら，異なるスキルの人材をクリティカル・マスの水準まで増やすための1つの方法として位置づけることができよう。これらのスキルや専門性による文化面での変革が，時間とともにジワジワと組織全体に浸透していくのである。

リソースを欠くプロジェクト

左下に該当するプロジェクトの場合，知識ベースは脆弱であるが，その反面で日常業務のルーティンや文化的な価値観との相性は非常に良い。このような「リソースを欠くプロジェクト」では，最初から外部を探索するのが有効である。〈借用〉や〈購買〉という手段を通じて外部から調達することで，ただ単に目先のリソースの必要性を満たすばかりでなく，新しい職能的なスキルについて学習したり，それを迅速に取り込むことも可能である。もう1つ別の置き換え可能な組織を作っておくことで，同一領域における将来的な内部開発の実現も視野に入れながら，組織内への知識の取り込みが促進される。

半導体企業のAMDが基幹事業であるコンピューターのプロセッサにグラフィック・プロセッサを追加的に統合しようとした当初，同社は内部の開発プロジェクトで対処しようとしていた。当該プロジェクトはAMDの組織的なコンテクストや価値観と十分に親和的であった。だが，そこで必要な技術・市場関連のスキルについては既存の知識ベースと大きく異なっていた。そのため，

AMDは外部に目を向け，カナダのグラフィック・プロセッサ企業で，そのセグメントの有力企業であったATIテクノロジーズを買収した。AMDはATIをAMDグラフィック・プロダクト・グループの中に組み込んだ。この買収によってAMDが内部に能力を〈構築〉したのち，同社はグラフィック・プロセッサの商品からATIブランドを削除したのである。

社内コンピテンシーを強化するための昔ながらの手法には依らずに，現在の顧客や将来の潜在的顧客から何らかの洞察を得る独自の術を会得している企業もある。デンマークの玩具メーカーであるレゴは，「リードユーザー」に製品の共同開発者となってもらうことで，ある種のオープン・イノベーションに取り組んでいる。また，イノセンティブ（InnoCentive）はこれよりも広範なステークホルダーとのオープン・イノベーションに取り組んでいる。2006年から(※それ以前は，イーライ・リリーの一部として)，イノセンティブは，クラウド・ソーシングによる課題解決に取り組もうとリストに登録した20万を超える「ソルバー（solver：問題を解く人）」のために，P&GやNASEといった顧客にスポンサーになってもらった。イノセンティブは，顧客の求める基準に最も適したソルバーに対して解決法への謝礼を支払う。たとえ自社が必要とするリソースにピタリとマッチする解を外部で見つけることができなくても，その問題は一般の人々によって解決してもらえるかもしれないのである。

4．組織内部の探索環境

内からの変革ルート

ここまで議論してきたように，「リソースを欠くプロジェクト」や「宿なしプロジェクト」のようにターゲット・リソースを開発するための関連性の高いスキルや組織を欠くときには，社内の探索的環境によって生み出される情報が前途有望なプロジェクトに付きまとう不確実性を解消するのに一役買うばかりでなく，場合によってはブレークスルーにつながる可能性もある。このような環境下では，現在進行中の活動内容とは全く異なる実験的なプロジェクトを試みたり，組織のメインストリームから外れたところで新規リソースを開発するための独立部門を創設することが可能である。社内の探索的環境の具体例として，小規模なスカンク・ワークス・プロジェクトと大規模な半自律的なユニットを挙げることができる。多くの場合，これらの探索的環境が適しているのは，戦略的に重要なリソースを入手したくても外部にめぼしいものが見当たらないような場合である。

ヨーロッパでオンライン事業を展開するある企業のゼネラル・マネージャーが次のように語っている。「私どもでは，労働市場や他社から新規リソースを入手できそうにないならば，とりあえず社内で試行してみることにしています。実際に試行し，失敗し，そして学ぶのです。われわれは**非常に緩やかな枠組み**の中で活動を洗練させていくことで，自分たちの手で戦略を切り開いているのです。」

社内の探索的環境が特に有効なのは「宿なしプロジェクト」の場合である。というのも，「宿なしプロジェクト」では，関連する内部知識を活用してターゲット・リソースを創出することが，組織内の緊張によって阻害されるからである。以下では，このアプローチの２つの代表パターンについて見ておきたい。

スカンク・ワークス・プロジェクトとは，稼働中の事業部門内に設けられる小規模な活動である。このプロジェクトは，新規の商品・サービス，業務プロセス，ビジネス・モデル，あるいはその他のイノベーションを実験的に創出することを目的とし，１人ないしは複数名のメンバーによって構成される。スカンク・ワークス・プロジェクトは，メンバーによるフルタイム勤務に上乗せして実施される。スカンク・ワークス・プロジェクトが企業の公式的な技術戦略の一部と見なされる場合もあるが，会社の目を盗んで，他のプロジェクトのリソースを転用しながら，時間外の深夜や週末に行われる場合もある。

スカンク・ワークス・プロジェクトには過去にさまざまなレベルでの失敗例や成功例がある。フリトレーのエグゼクティブであるアーク・ウエストの評伝によると，1960年代の初頭，あるコーン・チップスに対する彼の熱意を上層部が理解しなかったため，彼は水面下で他の予算を流用して新規の製品ラインの研究を進め，それが「ドリトス」の原型となったという。スカンク・ワークスの潜在的な創造性に着目して，従業員に対し勤務時間の一定割合を各人の自発的な実験に割くことを積極的に推奨するような企業も増えている。正式に認められたのか，それとも監視の目をうまくかいくぐったのかはさておいて，スカンク・ワークスというやり方では，失敗してもすぐにやめられるような小規模の実験や，投資拡大へとつながる可能性を秘めたプロジェクトもありうる。

1980年代，日本におけるGEと横川メディカル・システムズとの合弁によって開発された移動式MRI（磁気共鳴映像）システムは，この合弁に従事していたあるエンジニアが別のプロジェクトから予算と時間を流用して開発されたものであった。この行動はアメリカ本社の指示とは真反対のものであった。だが，それが製品として日の目を見たときに，同社はエンジニアたちを解雇するどころか，そのデザインを重要なイノベーションとして受け容れている。なお，可動式システムがGEの製品ラインに加わったことで，可動式画像分野で競合していたダイアソニックスはMRI市場からの撤退を余儀なくされている。

次に挙げるように，公式的な技術戦略の一部としてのスカンク・ワークスの成功例も少なくない。

- ３Mでは，従業員に対して通常業務の一部としてイノベーションの探索を行うことが推奨されている。このような取り組みは同社の製品ラインの継続的刷新に寄与している。
- グーグルでは，独自のアイデアを探求することに20パーセントの時間を割くことを要請している。同社の新製品のうちの少なくとも半数は（※そこにはGmailやGoogleニュース，オルカット，およびアドセンスなどのサービスも含まれる），このようなスカンク・ワークスの時間中に生み出されたと見られている。
- シェルの「ゲーム・チェンジャー」イノベーション・モデルでは，シェルの既存ビジネスを破壊するような変革を引き起こしうるプロジェクトに対して，同社従業員が通常の業務スケジュールの中から時間を捻出することを後押ししている。そこでのプロジェクトは，従来にない抽出技術のほか，石油に基盤を置くビジネス・モデルを抜本的に変えてしまいかねない新しい深海掘削技術や水素燃料電池の流通モデルなど，多岐にわたる。もし，これらのプロジェクトが成功したならば，同社はそれをコア・ビジネスの中に組み込む算段である。さらに，もし，いずれかのプロジェクトが十分な成功を収めて十分に大きな市場を創出するならば，シェルはこのベンチャーを全く新しい部門として編入するという選択肢を手にする。

半自律的ユニット（semi-autonomous unit）とは独立した事業部門として設けられた，スカンク・ワークスよりも大規模な新規事業であり，通常，既存事業部からリソースを引き出す権限が与えられている。スカンク・ワークスのように公式・非公式どちらの形態も採りうるのではなく，半自律的ユニットはほぼ常に公式の裁可を要す。だが，組織のコア部分から離れたところで実験が可能であるという点では，スカンク・ワークスと共通している。このように自由度を確保することで，型破りなやり方でのイノベーションの努力が既存の活動内容や組織的圧力によって台無しにされるリスクを低減できるのである。半自律的ユニットの失敗は珍しいことではないが，仮に失敗しても廃止したり売却することが容易である。その反対に，うまくいった場合には，その成果を企業が取り込むことができる。さらに，成功の中でも特に重大なものならば，その企業の針路を変えることすらある。

半自律的ユニットは，さまざまな脅威から新規事業を保護してくれる安全な退避先となりうる。既存企業では新規リソースを開発しようとして社内の組織的コンフリクトに直面した場合に，半自律的ユニットが活用されることがある。たとえば，あるヨーロッパ企業がアメリカでデータ・ビジネスを始めることになった。アメリカでは，求めるタイプの人材の気を引くことも，より魅力的な企業環境（※そこには，本国市場よりも気前の良い給与体系を含む）を提示することも，本国よりも容易に行うことができた。本国では，ほんの一部のシニア・マネジャーだけがストック・オプションを提示されており，仮に本国でそのような駆け引きをやろうものなら，従業員や労働組合との間で深刻なコンフリクトが生じかねなかった。新規事業部門を社内のそれ以外の部分と隔離するために，アメリカで展開していた子会社では親会社の名称の使用を控えるようにしていた。

また，1970年代のヒューレット・パッカードは，PC用のレーザー・プリンタとインクジェット・プリンタの試験段階で，プリンタ技術基盤を有する企業の買収を検討していた。慎重にターゲットを検討した結果，HPはそれらが保有する技術の強みに価格が見合っておらず，高額すぎると判断した。とはいえ，同社は新しいプリンタ事業を社内で〈構築〉すべきとは考えていなかった。というのも，プリンタのビジネス・モデルは，同社の既存事業との間に深刻なコンフリクトを引き起こすことが予想されたからである。すなわち，新規の設計の時間軸や基準が，それまでに慣れ親しんだ評価法や新規プロジェクトへのリソース提供の方法と相容れないばかりでなく，プリンタの販売チャネルもすでに展開していたミニ・コンピュータとは全く異なっていた。

要するに，PC向けプリンタ事業は，離陸前から既存の事業部門によってその存在を脅かされていたのである。そのため，HPは，同社の本拠地であるカリフォルニアから地理的に遠く離れたアイダホ州とワシントン州に半自律的ユニットを置くことになったのである。

ただし，その新規事業をHPが完全に放ったらかしにしていたわけではなかった。その事業で主導権を握ったのは，取締役会で直接報告する立場にあり，そのユニットの成長に必要なリソースは何でも用意できるほどの，非常に影響力の強い上級幹部であった。同社は，新規にプリンタを開発するためのエレクトロニクスや製造に関するスキルを保有してはいたものの，それ以外のカギとなるリソース（※トナー技術がその典型である）を欠いていた。そのため，発足から間もないよちよち歩き状態のプリンタ部門は，トナー技術でグローバルなリーダー企業であるキヤノンとの集中的なパートナーシップを結んだ。プリンタ事業の成功が明らかになると，HPは徐々に事業の軸足をプリンタ周辺へとシフトし，最終的にはかつてのコア事業であった科学計測機器事業を売却したのである。

これと似たところで，IBMが新しくPC事業を発足させた際にも，わざわざニューヨークの本社から遠く離れたフロリダに半自律的なビジネス・ユニットを設置した。同社は強力なリソースを保有しており，特にエレクトロニクスや生産面では，PCとの関連性の高いスキルを強みとしていた。こうしたスキルを保有するのだから，同社は新型コンピュータを競合よりもずっと効率的に生産できるはずであった。だが，PC事業は組織面での適合性が低かったのである。IBMが販売していたのは，専ら事業者向けの「重い鉄の塊」のメインフレーム・コンピュータであった。一般消費者向け製品という性格の強いPCでは，これとは全く異なるビジネス・モデルが求められる（※1980年代の終わりまでは，PCはビジネス向けではあまり売れていなかった）。すなわち，高価なIBMのメインフレームと比較して，廉価なPCでは従来とは異なる販売チャネルが必要であった。だが，PC事業がひとたび社内の反対派を黙らせるほどの大成功を収めると，IBMは同事業を本体に取り込んだのである。

さらにもう１つ別の例を挙げておこう。といっても，これは新事業そのものに関してではなく，新事業を設立したり買収したりする際の公式的なメカニズムに関するものである。ペプシコは，最近，ペプシコ・ニュー・ベンチャーと呼ばれる半自律的ユニットを立ち上げている。そこで与えられた使命とは，同社の伝統的な中核事業の枠組みに囚われずに，高成長領域を開拓することである――たとえば，より健康に配慮したジュースやシリアル・バー，低脂肪の乳製品などが挙げられる。ペプシコは，その部門を新事業創出に専念させようとしている。過去にメインストリームの組織で行われたこうした製品開発の努力は，リソースを欠いたことと，新事業の面倒を見るマネジメント側の余力不足のせいで，失敗に終わっていた。このような事業育成活動に加えて，ペプシコ・ニュー・ベンチャーは有望な市場セグメントにおける買収ターゲットの選定や買収実務の支援活動にも取り組んでいる。ペプシコは，それらの中からある程度の規模に成長するプロジェクトが生まれてくれば，事業として独立させるか，あるいは既存ユニットに取り込むことになる。

一般的な高リスク，ないしは投機的な取り組みと同様に，半自律的ユニットも失敗すれば高いコストが伴うこともある。ゼネラル・モーターズは1980年代に自動車の生産・販売の新しい方法を実験する目的でサターン部門を創設した。当初，同部門は，優れたデザインも市場からの反応も上々であった。だが，サターンで実現していたイノベーションをGM本体に取り込もうという試みは，伝統的なステークホルダー（※すなわち，企業の首脳陣，販売員，ディーラー，およびサプライヤー）からの強力な内的・外的圧力によって阻まれた。結局のところ，サターンを半自律的ユニットにさせたのと同一の組織的圧力が，この実験によって得られた果実を取り込むGMの能力を阻害したのである。

強力だがあまり利用されない戦略

理想を言えば，社内の探索的環境によって，自社の既存知識がテコ入れされ，新たなリソースが創出され，自社で生み出したものを自分でコントロールできる，というのが望ましい。このような環境での探索活動では十分ではない分を，契約や提携，買収によって補完することも可能である。きちんと選択的かつ効率的に利用すれば，社内の探索的環境は新規リソースの〈構築〉を内部から支えることで，知識の不足を克服することに寄与する。

内部の探索的環境下での取り組みが失敗したり，半自律的ユニットの成果を取り込むことが困難な場合もあるだろうが——それはしばしば，組織の中では「非嫡子」のきょうだいとして見なされる——だからといって，あまりに多くの企業が内部探索の潜在力を無視していることについては理解に苦しむ。われわれが実施したテレコム業界の研究では，何らかの形で社内の探索的環境を活用していたのは，回答者のわずか３分の１程度にすぎなかった。おそらく，それでも多い方だろう。だが，1990年代から2000年代にかけては，破壊的な技術変化が広がりを見せた時期であり，それによって，組織内で旧来のモデルと新モデルとが衝突するような大規模なコンフリクトが生じた。仮に革新を実現するための十分な時間があれば——また，それに加えて組織内部の抵抗からイノベーションを保護してくれるような緩衝となる時間があれば——それに越したことはない。

実態として，ほとんどの事業で社内の探索的環境というオプションは十分に活用されていない。というのも，スカンク・ワークスや半自律的ユニットは，とても自分たちの手では運営・管理できないとリーダーが考えていたり，あるいは組織末端に位置する現業部門のスタッフに対する戦略的コントロールを失うことをリーダーが恐れているからだ。企業はコアの事業活動から流用できる時間・予算の制限を適切に設定した上で，これらの環境を徹底的に管理する必要があるのはたしかである。だが，ゲーム・チェンジを引き起こすようなイノベーションの影響に抗うことは困難である。会社を数十年単位で変革していったHPのプリンタ事業のような成功は，内部の探索的環境なくしては到底成し遂げることができなかった。あるいは，これよりもずっとスケールが小さくはなるものの，製品・サービスを新たに追加するといった成功もある。戦略的には有望な「宿なしプロジェクト」と「リソースを欠くプロジェクト」の両方の場合において，内部開発と外部調達とを組み合わせたハイブリッド型の開発を追求するには，内部の探索的環境がうってつけなのである。

５．評価ツールと要約

表２－１の問いは，この章のカギとなるアイデアを反映したものであり，自社の現在の知識ベースと組織がリソース・ギャップを埋めるほどの関連性を有しているか否かについて検討する際に有用である。もし現有のリソースの特性とそぐわない経路を選択しようとしているのであれば，ここでの回答結果が警告を発するはずである。

ほとんどの答えが「Yes」であれば（※すなわち，ターゲットとするリソースが自社の既存の知識ベースと組織の両方にフィットする場合），内部開発を選択すべきである。しかし，ほとんどの回答が「No」であるならば，内部開発という茨の道に足を踏み出す前に，社外から調達するオプションを検討すべきである。

当然ながら，社内と社外のどちらから調達すべきかの決定は，一度きりで完結するわけではない。抜け目ない企業であれば，新事業を育成するために定期的にこれらの質問に立ち返ることになる。ゼネラル・エレクトリックがCTスキャナ事業に参入した際には，同社の技術を補完するために早期参入者から技術のライセンス供与を受けた。GEは，この新市場で十分に成長するには，従来のX線写真技術では難しいと判断した。そこで同社が知識ベースを拡大した後も社内でのCT機器の開発を継続し，それによって大成功を収めた。

多くのエグゼクティブたちは，きちんとやり遂げさえすればいかなる内部プロジェクトもうまく機能するものと信じ込んでいる。その結果，従業員によりハードで長時間の仕事を押し付けてしまうことになる。だが，必要なリソースが自社の知識ベースをはるかに超えていたり，組織を破壊しかねないほど内部プロジェクトが複雑化してしまうこともあるのだ。そうした複雑化したプロジェクトを抱えるリーダーに対して，複雑なプロジェクトを管理するための最

［表２－１］

内部リソースの関連性

知識面の問い：ターゲット・リソースとの知識的適合性		No	Yes
リソースの近接性	自社の既存の知識ベース・スキルはターゲット・リソースと似ているか？		
	ターゲット・リソースを支援するのに必要な補完的リソースを持っているかあるいはアクセスできるか？		
	ターゲット・リソースを開発するのに必要な人材を訓練したり雇い入れることが可能か？		
リソースの強み	ターゲット・リソースをより低コスト開発できるか？　あるいは，他社よりも高い品質で開発できるか？		
組織管理面の問い：ターゲット・リソースとの組織面での適合性			
現行システムとの適合性	ターゲット・リソースはインセンティブや文化面において現行の業務システムと適合的か？		
	ターゲット・リソースと過去から受け継いだリソースとの間に文化的分断を引き起こすようなリスクは低いか？		
内部競争	ターゲット・リソースが深刻なコンフリクトを引き起こすことなく過去から引き継いだリソースと共存できるか？		
実行面の課題	ターゲット・リソースの内部開発に用いるのに，リソース面での余剰があるか？　もしくはリソースを解放できるか？		
	新規のリソース開発プロジェクトを実行するために，内部リソースを結び付け統合することができるか？		
知識面・組織面での適合性に関する個別の質問に答えよ。 もし，ほとんどの回答が「Yes」であれば，内部開発（すなわち，〈構築〉モード）を検討すると良い。 もし，ほとんどが「No」であれば，外部からの調達オプションを検討するべきである。			

先端の手法を教えてほしいといった依頼を受けることは，筆者にとっても珍しいことではない。もちろん，内部プロジェクトをコーディネートしたり，管理したり，最終的には内部プロジェクトを取り込むための効果的な手法は多く存在する。しかし，いくらこうした手法に頼ったところで，そもそも選んだ経路が誤っているのならば，それを成功に導くことなど到底不可能なのだ。つまり，多くのこうしたプロジェクトは，〈構築〉モードには適していないのである。ここで根本的に問うべきは，実行面ではなく，選択面の能力なのである――すなわち，何を実行するか，その手法が成功という合理的な機会につながってい

るかという意味で，プロジェクトに十分に適した調達モードを選択することである。

社内での開発が最も適しているのは，関連性の高い内部知識ベースを自社で保有しており，なおかつそれが組織的にも適合している場合である。これらの要素を掛け合わせることで，「緊密なプロジェクト」を生じせしめる――そこに投じられる内部の努力には，必要な人員と資金的なリソースを含む。もし社内の知識ベースを欠いていたり，ターゲット・リソースと自社組織との間の相性が悪ければ，目を社外に向けるべきである。

事実，もし社内の開発プロジェクトが行き詰まってしまうようであれば，たいていは外部探索が理に適っているものである。そうは言っても，外部に有効な解が常に存在するわけではない。（※ターゲットとするリソースが勃興中の知識分野やビジネス・モデルのものであれば，なおさらである。）このような場合，いま一度社内での開発に目を向けてみると良い――特に，狙いを定めている機会が，組織にとって高い潜在的価値を有するような場合には。知識・組織の障壁を回避するための一つの方法として，社内の探索的環境を創出するメリットについては軽視すべきではない。

この章では，リソース入手経路の第１のステップに注目して，ターゲットとするリソースを社内で開発すべきか，それとも社外に目を向けるべきかについての判断に際して検討すべき問いを提示した。次の第３章では，このフレームワークの次のステップについて詳細に説明する。そこでは，外部から調達するオプションのうち，基本契約とそれよりも複雑な提携関係のどちらを選択すべきかについての決定に関するものである。

第3章

契約による〈借用〉の場合
──基本契約か，提携か──

When to Borrow via Contract：Basic Contract Versus Alliance

リソースを外部に求めると判断したら，次は外部からの調達モードのうち，基本契約，提携，および買収のいずれを選択すべきかを，考えなければならない。これら3つの選択肢を前にすると，多くの企業はいきなり買収を選択しがちである。ターゲット企業が自社の欲しているリソースを保有するのであれば，買収によって自分のものにしてしまうことこそが競争優位に欠かせないと見なすこともあろう。だが，基本契約や提携といった方法を通じてリソースを〈借用〉することも適切な，場合によってはより優れた，経路になりうる。

これらの〈借用〉オプションを地味であるからという理由で無視してしまうことは危険である。基本契約と提携を適切に用いるならば，買収の場合よりも条件面で柔軟に，しかも低リスク・低コストで，第三者のリソースにアクセスできる。すでに述べたとおり，M&Aは高コストで複雑化せざるをえず，あくまで最後の手段と位置付けるべきである。リソースのコントロールを過度に重視して，むやみに買収に走れば，時間とカネを浪費しかねない。さらに，独立した契約相手から学習する機会を逸したり，極端な場合には中核的リソースを刷新する能力を低下させてしまう。この章では，基本契約と，それよりも込み入った外部リソースの入手方法（※すなわち，提携や買収）との間のトレード・オフについて考えていきたい。

外部調達で最初に検討すべき，最も直接的なオプションは基本契約である。基本契約とは，個別リソースの交換に関する記述内容について取り交わす対等な合意である。基本契約は，契約によってリソース売買に関する特定の権利を付与するものであり，ライセンシング契約で与えられる権利はこれよりも限定されている。基本契約以外の，より複雑な調達モード（※後の章で取り上げる提携と買収）も契約に基づいてはいるけれども，この章で取り扱う契約関係は比較的簡素な条件のものに限定しよう。議論を簡潔にするために，以下では基本契約のことを単純に**契約**（contracts/contracting）と呼ぶことにしたい。

優れた契約戦略の下では，自社にとって価値あるリソースを第三者から自由に買ってくるといったことも可能である。その場合には，組織を丸ごと取得して自分たちの組織に統合するコストや提携関係を維持するための複雑なマネジメント上の負担はない。契約戦略が最も有効に機能するのは，新しい知識を自社にうまく吸収できるような強力な内部能力と組み合わせた場合である。

生命科学領域では，1990年代の初め以降，ライセンスやそれ以外の基本契約が成長戦略のカギを握るようになった。すでに述べたように，製薬業界では，他社で開発された薬品を特定の地理的市場で認可を受けて販売する権利についてライセンスを受けることが1つのパターンとして定着している。さらに，製薬企業は，社内のR&Dのパイプラインを補完するために，外部のイノベーターによって開発された化合物の中から自社で欲するものを見つけてくることもある。とりわけ，ノバルティス，グラクソ・スミス・クライン，メルク，サノフィ・アベンティスは，この手法をかなり積極的に実践している。（※コラム「メルクの外部戦略」を参照されたい）巨大製薬企業のすべてのパイプラインのうち，中間段階の薬剤候補の約50パーセントを外部調達が占める。テレコム業界では，企業間コンソーシアム（※そこには，アップル，マイクロソフト，リサーチ・イン・モーションが含まれる）が，2011年にカナダのベンダーであるノーテル・ネットワークの破産時に保有していた6000もの特許を買い上げたことがトップ・ニュースになった。これよりもはるかに複雑な提携（※ならびに，完全買収）と比較すると，このような取引形態の方が安上がりなのかもしれない。

コラム

メルクの外部戦略

─外部からの調達を活用することによる製薬のパイプラインのテコ入れ─

2000年代，製薬企業のメルクは，社内の製品パイプライン強化策の一環として，新薬開発における外部調達を推進するようになった。その取り組みの成功は，集中的なライセンシングの意義について如実に物語っている。

メルクは過去に自社の研究所内で多くのブレークスルーとなる製品を開発してきた実績があり，その内部の薬剤開発能力は古くから高く評価されてきた。代表的商品として，心臓病薬の「メバコール」と「ゾコー」，HIV／エイズ薬の「エファビレンツ」，骨粗しょう症薬の「フォサマックス」，それに「ガーダシル」といったワクチンが挙げられる。だが，2002年，メルクが自社の医薬品のパイプラインを検証したところ，懸念すべき重大な事態が明らかになった。その年にアメリカで承認を受けた新薬はわずか１件のみで，審査中のものも１つしかなかった。さらに，臨床試験中のもののうちフェーズ３が７件，フェーズ２が５件，フェーズ１（※人体を対象に実施される臨床試験の最初の段階）は４件にすぎなかった。より小規模な企業であれば，臨床試験中の新薬リストは盤石な基盤を持つ証になるのだろうが，かといって，特に間違いなく新薬候補のいくつかは治験をパスできないものも含まれていることを考慮すると，メルクのようなグローバルなリーダー企業のように数十億ドルもの開発費用を負担できるわけではない。

この検証結果を受けて，同社は従来の内部開発偏重の発想を改めることになった。2002年のパイプラインでは，２件を除いて，残りのすべての新薬候補がメルク内部の研究所で開発されたものであった。開発候補の数を増やすためにメルクは内部開発への偏った投資を見直し，徐々に外部調達に軸足を移していったのである。その結果，2006年には，パイプラインは劇的に充実するようになった。この年，フェーズ１に該当する候補薬が28件（※そのうち，外部からが５），フェーズ２が18件（※同１），フェーズ３が４件（※同１），FDAによる審査段階のものが５件（※同１）という内容であった。メルクが内部開発をテコ入れしたことは確かである。だが，それと同時に，内部開発を補完するために，同社は

12件以上のライセンスやその他の外部機会を見出したのである。

メルクによるライセンス活用法には２つの特徴がある。第１は，個々のライセンスでは，特殊なガン，精神疾患，心臓血管といった分野の薬品のように，既存の製品ラインを補完すると同時に，既存の技術ベースではカバーしない製品をターゲットとしていた点である。第２は，新薬の開発者とのライセンス交渉は，共同開発の契約に焦点が絞られた点である。このような関係はしばしば内部プロジェクトを強化し，その中には買収へと発展したライセンスもある。

メルクの戦略的成功で特筆すべきは，ライセンシングを内部開発やその他の調達形態に対する代替手段ではなく，有力な補完的手段として位置付けた点である。2011年には，その５年前を相当上回る額の資金をR&Dに投じるなど，メルクは，内部研究所への大規模な投資を継続した。だが，産業を問わず，純粋に内部プロジェクトだけを頼りに競争上の課題に適切に対応できるような企業などほとんどない。そのため，外部調達も活用することで，内部のスキル・能力を補完・充実させる能力を磨く必要があるのである。

破産したノーテルの特許をめぐる取引は例外的なものであって，必ずしも常にこの手のやり方が用いられているわけではない。リソースを外部から調達する場合に，どのモードを選択すべきか，本書が提示するアプローチはシンプルである。すなわち，「最も統合的でカネのかかるような外部調達モードは，他のモードがどれもうまく機能しなかった場合のために最後までとっておけ」というものである。技術ライセンシングのように簡素な契約が適しているのなら，それよりも複雑なモードをわざわざ選択する理由などない。あるテレコム企業のエグゼクティブがわれわれに対して次のように語ってくれた。「とにかく可能な限り一番安上がりな方法にしなければなりません。とすれば，基本契約かワンショットの取引ということになりますよね。」

リソースを提供してくれるパートナーとの関係維持に要するコストは，その関係性の強さに伴って増大するものである。そのようなコストは単純に資金的な支出ばかりとはかぎらない。たとえば，パートナーとの関係が深まるにつれ，通常はかなりの時間や意識をそこに振り向ける必要があり，これによって現在の活動の方のマネジメントが手薄になる可能性がある。さらには，基本契約と比較すると，提携の場合には（※リソースの流出や模倣など）知的所有権の喪失という看過できないリスクも伴う。

基本契約と提携は，リソース〈借用〉の異なる２つの形態である。このうち，特に本章で取り上げる基本契約の具体例として，次のようなものが挙げられる。

- 他社から技術や製品のライセンシングを受けること。
- 他社の保有する資産を使用する際のロイヤリティ契約。
- 自社製品を販売する権利の他社へのアウト・ライセンス。たとえば，リソースを完全利用できる権利（※実質的な全面購入）のほか，これよりも簡素なもの（※特定の製品や市場を限定的に使用するなど）がある。

このように基本契約は最も簡潔な形態であるため，契約の当事者は契約条件に対して専ら受け身になる。すなわち，自社の保有する知的所有権の利用を発注者に対して許諾した受託者が，そこに記された内容以上のことを求められることはない。そこでの契約条件は，初期の支払い，ロイヤリティ，およびその他規定されたことのもろもろを単純に集約しただけである。発注者側は，契約が締結された時点で存在する技術のみに確実にアクセスできるのである。

他方，戦略的提携は，〈借用〉の中でもずっと積極的な形態である。通常，そこにはライセンスやその他の形態の契約も含まれるのだが，基本契約からさらに踏み込んだ提携関係に発展することは十分ありうる。たとえば，共同開発の提携では，目指すべき知的所有権をどのように開発するのかについても取り決める。ゆえにライセンスを供与する側（licensor）にとっては，提携ではない場合に比べ，より割の良い目標達成時の報奨金とロイヤリティを得る権利を得ることができるのである。

リソースを求める側の企業は，基本契約において有利な条件をはっきりさせる必要がある。多くのエグゼクティブはこれをお見合いパーティーにたとえる。リソースを求める側から見ると，利用可能な外部リソースやその実際の市場価値，あるいは同様のリソースを別のところから調達できる見込みなどについてはほとんど分からないため，新規にリソースを調達する目的で契約オプションを選択する場合にはデュー・デリジェンスを実行する必要がある。そうは言うけれども，これらの問題にはうまく対応できることが多いし，そこから得られる便益も大きい。

先進国の企業は歴史的に新興市場での基本契約の締結には及び腰であった。この点に関して，新興市場にはいまだ解決されていない問題が残っていることも事実ではあるけれども，特許や著作権は法規に基づいて管理されており，専売契約もだんだんと浸透しつつある。この傾向は，こうした保護によって恩恵を受けやすい技術や市場に関する専門性を現地企業が高めるほど顕著になる。このような変化が広まることで，多くの新興市場において，安心してリソースに関する契約交渉に臨むことができるようになっていくのである。

この章では，買収ではなく契約というオプションを利用する場合に有利／不利になる基準について述べたい。だが，その前に，経営者が契約を利用することを阻害するいくつかの認識的・行動的なバイアスについて指摘しておきたい。

1．盲点―なぜ企業は基本契約を見過ごすのか？

なぜ多くの企業は，契約には目もくれずに，一足飛びに提携や買収を目指してしまうのだろうか？　われわれの調査や経験から浮かび上がったいくつかの盲点について指摘できる。具体的には，①エグゼクティブが囚われるコントロールに対する強迫観念，②M&Aを戦略的な近道と捉える誤り，③契約の取り決め内容によって生じる摩擦の誇張，および④過去の契約での失敗からの誤った学習，である。

①　コントロールをめぐる強迫観念

企業が複雑性の高い調達モードに直行したがる理由の１つは，リソース・パートナーをコントロールしたり，競合を締め出すことを必要以上に重視しているためである。ライセンス取引を行えばとても見過ごすことができないほどの規模の収入や知的所有権を放棄せざるをえない，と信じられている。特に過去に内部開発を重視してきて，それゆえにコントロールの手綱を握ることが当然だという感覚の企業などは顕著であるが，多くの企業が戦略的観点からコントロールの必要性を過剰に重視してしまっている。その結果，本来であれば利益をもたらしてくれるかもしれない第三者との関係が視野の外に追いやられてしまうのである。

特定製品に関するライセンスのような方法で収入源を他社と共有することは，M&Aに支払うコスト（※そこには，買収時の価値評価や統合を含む）よりも高くつくと信じ込んでいる企業は多いが，その認識が誤っていることも少なくない。外部との調整の方法について網羅的に習熟した企業は，ライセンシングを無視したりそれを慎重に検討しないまま買収に走ろうとする企業に対して優位性を有す。

リージョナル・ジェットの分野で，ボンバルディアは，ブラジルの競合であるエンブラエルとの価格競争で悪戦苦闘してきた。というのも，エンブラエルに比べ，ボンバルディアはその前身企業のときからずっと汎用部品ですら契約を通じた外部調達に消極的だったからである。ボンバルディアは部品を内製したりサプライヤーを買収したりするのにかかるコストを過小評価していた。契約以外の方法で見過ごされていたコスト（※たとえば，工場設備刷新のコスト，複雑な内部プロジェクトや買収＝統合プログラムの管理に付随するコストが挙げられる）は，当初想定していたメリットをすべて打ち消すには十分すぎるものであった。また，第２章でも述べたように，北アメリカの自動車企業は，外部サプライヤーからかなりの低コストかつ高品質での調達が可能であったにもかかわらず，部品の開発・製造ではボンバルディアと同様の罠に陥ってしまっていた。

②　近道志向

エグゼクティブたちがリソースやリソース・パートナーに対する コントロールにご執心になると，魅力的な近道としてついついM&Aに引きつけられることになる。たしかに，周到に計画され適切に遂行される買収であれば，競合企業に対して数年分のアドバンテージを得ることもあろう。ここで特に強調すべきは，リソース供給者に対するコントロールも手にすることができる点である。

とはいえ，買収に失敗はつきものである。俊敏さがカギを握るような，変化の目まぐるしい環境に対応するには，M&Aでは遅すぎるということもありうる。買収によって企業は筋肉質になるけれども，それによって柔軟性を欠いてしまい，極端な場合にはリソースの必要性が高まっているのに，それを能力面で満たせなかったり，成長追求に不可欠な順応性が制限されかねない。

銀行業界では，保険商品の販売によって収入拡大を図る動きが見られた。銀行が顧客と通常の契約を交わす際の，個々の直接またはオンラインでの対話は，保険商品・サービスを組み合わせて販売するための潜在的機会となる。保険商品に関連した能力や保険市場で必要となる規模を早急に確保するために，多くの銀行がM&Aを活用したけれども，ほとんどは失敗に終わっている。事実，シティ・グループ，ING，およびその他も，最近になって保険部門を売却している。

このような失敗を経て，保険が複雑な専門商品であることが認識されたことで，契約や合弁（ジョイント・ベンチャー）への関心が高まることになった。銀行は，銀行とパートナーとが折半で保有する保険会社や第三者の保険会社から調達した保険商品を，両者間での取り決めに沿って販売するようになった。そこでは特に，保険会社側はリスク管理に対して責任を負い，銀行側は保険商品を顧客に対して販売することに責任を負う。両パートナーは，ブランディングや金融商品の組み合わせ販売の面で協力し，収入と利益・損失を分け合う。

Amazon.comとトイザらスとの提携についても，一見すると魅力的に見えた近道に入り込んでしまった例と言える。この２社が手を組み，2000年，オンラインでの玩具販売の事業を共同で立ち上げた。Amazon.comはこの経験を通じて玩具ビジネスについて学び，自社のオンライン事業の仕組みに適用できる機会と捉えていた。他方で，トイザらス側の認識はもっと単純で，既存の玩具や子供向け商品のビジネスの新規チャネルを開拓し，ライバル企業をe-コマースの谷底に突き落とすのに具合の良い近道がないものかと模索していた。

実際には，この提携によってトイザらスよりもAmazon.comの方がはるかに多くの利益を得たと言える。Amazonは，この提携関係を足掛かりにして，自社のオンライン・ビジネスを拡張するようなプラットフォームを構築したが，図らずもトイザらスにとって，このことは厄介な競合の出現を意味していた。事実，Amazonは，自社で販売する目的でトイザらスの競合他社製品を購入したり，他の小売店によるAmazon.comのサイトでの玩具やベビー用品の販売することを許容するなど，この関係から学び取った知識による優越的立場を不当に利用したとして，2004年にトイザらス側はAmazonを訴えている。この訴訟は2009年に最終的な結論が出て，トイザらス側に5100万ドルが支払われることになった。だがこれは，市場で競合が強力な地位を確立するのを手助けしたことによる，トイザらスの機会損失を取り戻すには，あまりに少ないものであった。

振り返ると，トイザらスは自らが選んだ近道をあまりに安易に捉えすぎたせいで，同社にとって死活的に重要なリソースに対する脅威を見落としてしまったのである。仮に同社が，Amazon.comへの不本意な知識流出という事態を招いたような深い提携関係ではなく，基本契約の方を選択していたならば，状況はもう少しましなものになっていたはずである。すなわち，より簡素な形態の契約にとどめておけば，トイザらスは販売チャネルに活動を集中でき，調達・商品管理に関する知識がAmazon.comに流出することも防げたはずである。もし，最終的に，この関係が戦略的な性格を色濃く有することにトイザらスが気づくことができたならば，オンライン・ビジネスでより強力な地位を確保できるような提携内容に変更したはずである。基本的なやり取りだけで済ませられる程度の簡素な関係ならば，基本契約による取り決めで，知識の喪失と組織的トラウマの両方を回避できたことだろう。

③　摩擦に対する過度な懸念

第三者から重要なリソースを手に入れようとする場合，多くのエグゼクティブたちは取引相手との深刻な摩擦を懸念するあまり，知識に乏しく保護もされていない契約市場に足を踏み入れることには慎重になりがちである。(※少なくとも短期的には，摩擦やコストを回避するための１つの例外的な戦略として，好き勝手に流用して使用できるような**法的に保護されていない**リソースを探すことが挙げられる。この点に関して，詳しくはコラム「タダのリソース」を参照されたい。)

もちろん，現実には摩擦はつきものである。単純にリソースのための市場というものが存在するわけではなく，たとえ存在したとしても十分に整備されているわけではない。契約相手は各々の利害に基づいて日和見的に行動するかもしれない。とりわけ，基本契約であらゆる状況をカバーしようとして合意内容が複雑化しすぎるような場合には，その傾向が強い。その結果，企業は外部の契約相手を信頼しなくなることがままある。事実，発注者側（contractee）は，受託者側（contractor）が売っているものやライセンスされているリソースが他の地域・製品市場でどの程度価値を持つかについて，正確な知識を欠くだろう。情報が乏しかったり，売り手を見つけることが困難であれば，パートナーを探索するためのコストは高くつくことになろう。

たとえ企業が有望なパートナーを見つけ出してきたとしても，そのパートナーが必ずしもリソースを販売したりライセンスすることに乗り気でないこともありうる。その場合，そのパートナーはライセンスせずに，そのリソースから得られる利益を自社で占有しようとするかもしれない。あるいは，もし契約以外の取引オプションの方がステークホルダーにとってのメリットが多いと見込まれるならば，そのパートナーは契約によるリソース販売を嫌がるかもしれない。売り手としては，たとえ対象となるリソースだけを切り分けることが容易であっても，そのリソースに限定せずに会社全体をまるごと売却することを希望することもありうる。2011年の夏，Googleがモトローラの保有する電話機関連の特許のポートフォリオのライセンスを申し出たが，これがモトローラ・モビリティというビジネス・ユニットを丸ごと買い取る案件にまで発展した。そこでは，ライセンスの場合よりもはるかに多くのリターンを見込んだ，モトローラ側のアクティビスト株主による圧力が部分的に影響している。

実際にライセンシングで生じる摩擦そのものについてはさておくとして，よりやりがちなことなのだが，そこで起こりうる抵抗を過大に見積もってしまえば，ライセンスを有効活用する機会を逸してしまいかねない。市場での摩擦を克服する１つのやり方として，企業によっては，外部のリソースやリソース・パートナーをシステマティックに分析・評価し，潜在的な提供者との間で時間をかけてリソース開発に取り組みながら関係性を強化していくことが挙げられる。インテルやシスコ，アストラ・ゼネカといった有力企業では，そのような分析作業を組織内の特定部門が担っている。システマティックに外部のリソース環境を分析することができれば，有望なパートナー候補の手元のプールを増やすことに寄与し，それゆえに視野も広がることになる。それによって，同時にリソース移転にどの程度のサポートを必要とするのかについての理解を深めることにもなる。このような面での知見は契約内容にも反映されることになる。（※リソースを模索している企業には，リソースの分析と並行して，ターゲット・リソースに関連した領域の内的能力を強化することをお奨めする。自社が基本的な知識を備えている自信は，契約面での摩擦を克服・回避するのに寄与する。）

さらに言えば，仮に不測の事態が生じても，簡素な基本契約であってもうまく対応できる可能性がある。たとえば，1950年代，カナディアはノース・アメリカン・アヴィエーションからF-86セーバーの，ロッキードからはP-80/T-33のライセンスを，それぞれ受けた。当初，カナディアはその技術を使いこなすのに苦労したものの，ライセンス供与側の専門知識と自前スキルの両方を活用することで，最終的には商業プロジェクトとして大成功を収めたのである。

コラム

タダのリソース
―コピーに伴うコストと便益―

特許や商標などの，法的な保護をなんら受けておらず，所有権の所在が曖昧になっている資産があるとする。こうしたリソースは，コピーや，加工・修正，利用が可能な状態になっている――その創作者や所有者がそれを許しているのか，それともそれが明示的に規定されているのかはさておくとして，ともかく権利としてプロテクトされていないままの状態にあるとする。もしわれわれが法的保護の及ばないところにある，おあつらえ向きのリソースを見つけたら，それをコピーして，自分たちのニーズや戦略に都合よく利用したいという誘惑に駆られることだろう。

だが，模倣については公明正大に行わなければならない。このように慎重になる必要があるのにはきちんとした根拠がある。法制度が脆弱な環境では，契約相手や競合に限らず自社までもが，あわよくばそれをうまく利用できまいかと考えたがるものである。だが，このような日和見主義的行動は，短期的には有利になるかもしれないが，長い目で見ると，将来的なパートナー候補にそっぽを向かれて，自社との契約や協力関係を拒絶されるなどして不利にはたらきかねない。ゆえに，法律の条文を超えて自社の行動を律することは，頼れるパートナーとしての評価を獲得することにつながり，理に適っていると言えるのである。

④　過去の失敗に対する誤った解釈

最後に，エグゼクティブたちの契約に関する盲点が生み出されるのは，このモードを誤った状況で選択し，そこでの失敗から間違った教訓を導いてしまった場合である。すなわち，不適切な経路を選択したせいで失敗したと認識するのではなく，基本契約の選択自体に背を向けてしまうのである。当然ながら，本来，そこで必要な合理的な対応とは，潜在的な価値を備えた調達モードを頭から否定することではなく，どんな場合に契約を利用すべきで，どんな場合に契約を回避すべきなのかを学ぶことである。

仮に，提携の方が適した条件の下で基本契約を用いようとすれば，間違いなくその企業にとって深刻な問題が生じるはずである。われわれの研究プロジェクトで浮き彫りになったのは，複雑性の高い新規プロジェクトにライセンシングで対応してきた航空宇宙産業の企業が，組織内に後継プロジェクトを発足させる段になってからその弊害に見舞われるという，共通したパターンであった。その失敗の本当の理由は，技術に関する背景的な知識を欠いていたことにあり，ライセンス契約自体にあるわけではない。同様のケースとして，製薬企業では，製品の分子構造について評価するための十分な組織能力を有していなければ，ライセンスを受けた製品をベースにした製品展開が困難である。というのも，ライセンス製品が多岐にわたる開発活動にとってのプラットフォームとして機能するからである。さらにもう１つ別の例を挙げると，1990年代に，フォードは，同社の初期のSUV（Sport-utility vehicles）のデザインと，SUVのためにライセンスしたファイアストン製タイヤとの間のミスマッチに悩まされた。このミスマッチが車の安定走行に悪影響を及ぼし，何件かの横転事故を引き起こした。企業同士がより緊密な提携を行っていれば，SUVとタイヤとの適合性は高まっていたはずである。

このように契約よりも提携の方が適しているケースをいくつか挙げたけれども，契約の潜在的問題が強調されすぎる反面で，より複雑な外部との関係を構築・維持するためのコストは過小評価されやすい。十分に実行可能なオプションをやみくもに放棄してはならない。自社が必要としているリソースが契約上の取り決めによって取引可能になっているのか，それとも，それよりも複雑なモードを必要とするのかについては，慎重に見極める必要がある。図３－１は，ここでの意思決定のカギとなるステップについて整理したものである。

［図３－１］基本契約か，提携か？

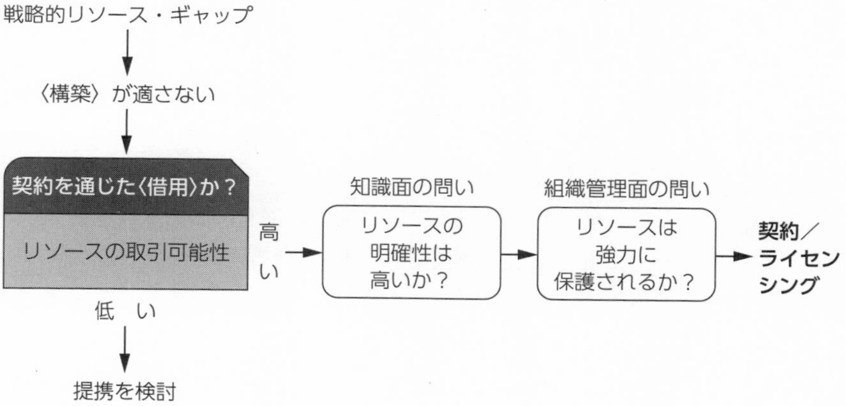

戦略的リソース・ギャップ
↓
〈構築〉が適さない
↓
契約を通じた〈借用〉か？
リソースの取引可能性
高い → 知識面の問い：リソースの明確性は高いか？ → 組織管理面の問い：リソースは強力に保護されるか？ → 契約／ライセンシング
低い
↓
提携を検討

2．ターゲットとするリソースは取引可能か？

企業が契約を通じてリソースを入手する場合，ターゲットとするリソースは事実上取引可能なものと見なされている。そこでの決定的に重要なタスクは，ターゲット・リソースがどの程度取引可能であるかをきちんと精査することである。ここで言う取引可能性とは，自社が何を必要としているかについて明確に定義でき，なおかつこの契約によって各々のパートナーの保有するリソースの価値が保護されると判断できることを意味する。たとえば，有力な製薬企業が地理的ライセンスについて交渉するといったことは日常的に行われている。

具体的には，すでに臨床試験を完了させた薬剤を，当該開発企業が事業展開していない国々において販売することを他社に許可するといったものである。このような場合，リソースは取引可能である。というのも，技術的特性はしっかり理解されており，市場の境界も明確に定義されており，薬剤が販売・使用される期間も明確で，潜在的な市場規模と関連するロイヤリティのレートも正確に見積もることができる。もし双方の契約当事者がその薬剤の現在・将来の価値を理解していると納得できているのであれば，すでにリソースをかなり明確に特定できており，なおかつ自分たちのリソースの価値を保護する合理的手段も確保していることになる。もし双方が条件面で折り合えるのならば，当該リソースは取引可能である。

リソースを確定する作業は，厳密な科学的方法に基づくものではない。企業はしばしばリソースを狭く捉えてしまい，リソース移転を支援するのに必要なリソース提供者との関係性にまで関心を向けることはほとんどない。ライセンスのような契約による取り決めでは，契約条件に対して契約当事者が完全な受け身に徹することはまずなく，典型的には相互の理解を深めたり，状況変化に適切に対応していくことが必要である。一見すると似通ったリソースの使用について交渉しているような相手であっても，抱える課題は企業によって異なるのである。ターゲット・リソース周辺に豊富な知識を有する企業，あるいは契約に関して非常に厚みのある経験を有する企業は，そうでない企業の場合とは異なり，リソース利用に対する障壁が少ないはずだ。

知識の面の問い—ターゲット・リソースを明確に定義できるか？

基本契約は，ターゲットとするリソースを明確に定義できて初めて有効に機能する。その契約の当事者は，以下の３つの要素についての理解を共有する必要がある。すなわち，①現在のリソースの特性，②将来のリソースの価値，③リソース交換に必要な業務上の関係，である。このような観点でリソースを明確化することで，高い透明性の下での当事者間の合意が可能になり，さらにはその有効な管理も実現する。

①　現在のターゲット・リソースの特性

特許やその他の所有権に関する契約をきちんと機能させるためには，リソースを明確化しておく必要がある。たとえば，製薬企業は特定の治療分野や境界を定めた地理的範囲の中で，薬剤に関する権利をイン・ライセンス，アウト・ライセンスする。ブリストル・マイヤーズ・スクイブが「スタチン」市場への参入を狙った際に，日本の製薬企業である三共からアメリカにおける「プラバコール」の販売権のライセンスを受けた。同製品は臨床試験もパスして，市場についても範囲と規模の両面で明確に定義でき，当該化学物質に関する知的所有権も明確であった。これらの条件を総合すると，このリソースは取引可能だと判断できる。これにより，同社にとっての課題は複数年の販売契約をめぐっての交渉に絞り込まれた。

とはいえ，あらゆる特許がそこまで明確に形式化できるとは限らない。テレコミュニケーション分野では，特許といえども知的所有権を必ずしも明確に規定しているわけではない。たとえば，スマートフォンは，音声，データ，動画の送受信のためのハードウェアとソフトウェアについてのIT技術が束となったものである。このような複雑性ゆえに，開発活動では積極的なコーディネーションが必要であり，場合によっては数千もの潜在的な特許関連の申し立てが生じる可能性もある。

所定のリソースの価値について，契約の片方の当事者だけが，もう片方よりもよく知っているという場合には，リソースの明確性が曖昧になりうる。たとえば，一部の薬剤には，臨床試験の設計やコストにも影響を及ぼす独自の性質がある。特許の基底をなすような基盤技術を開発した企業は，当該技術について潜在的なパートナーよりもはるかに深い知識を有する。このような知識のギャップのせいで相対的に不利になる側が，契約交渉に消極的になってしまうことも十分ありうる。ドイツの自動車・産業技術関連企業であるボッシュは，空調技術を入手するために日本企業のデンソーとの基本契約の締結を検討したものの，それを断念した。というのも，ターゲットとするリソースに関して，デンソーの方がはるかに深い知識を有していたからである。当事者間の知識面での顕著なギャップは，特に専門化されたリソースで多く見られるものであり，身近でありきたりのリソースであったり，双方の当事者が似通った経験を積んでいるような場合には，そのようなギャップは生じにくい。

② ターゲット・リソースの将来価値

リソースの価値は絶えず多くの要因によって左右され，決して一定ではない。契約が最も有効に機能するのは，リソースの将来価値についての理解が当事者間で共有されている場合である。契約に際しては，支払い条件，終了の権利，その他の不測の事態に関する条件について定めておく必要がある。市場や技術の発展についての不透明性ゆえに，新しいリソースの将来価値について見当がつかないようであれば，当事者双方は，とりあえず先に契約内容について合意しておいて，その後で双方が納得できるような形で実行しようとする。だが，このような高い不確実性の下では，契約内容そのものが曖昧になりかねない。

市場や技術に起因する不確実性は，あらゆる文脈で生じうるものである。かつてのスウェーデンの製薬企業アストラは，アストラの持つ抗潰瘍薬「プリロセック」のアメリカ市場での展開を念頭に，メルク（アメリカ）との簡素なライセンスについて検討した。アメリカ向けには追加的な臨床試験や新しい医薬品マーケティング・モデルが必要であり，この契約がどれほど複雑なものになるか，ただちに両社は察した。さまざまな不確実性を抽出してライセンス額に反映することの難しさを念頭に，両社は当初のライセンス契約の方針を改め，提携へと切り替えたのである。これと同様に，新興国市場における医療保険の発展も非常に不確実性が高い。先進国と新興国市場の保険会社の双方は，市場横断的な統合に関する簡素な取り決めが，たとえ不可能ではなくとも，一筋縄ではいかないことを認識した。それまで，両社は極めて短期間の契約しか行ったことがなかったのである。もう１つ別の例を挙げると，2000年代のはじめ，ワールプール社と中国企業であるハイアールによる，相互の市場での事業拡大を目論んだライセンス交渉は決裂した。というのも，市場がどんなふうに発展していくのか，まるで予測が困難だったからである。結局，ワールプールは，中国企業であるハイセンス・ケロンとの提携を通じて，中国での事業拡大を図ることになった。

③　リソース・パートナーとの業務上の関係

契約条件についての難しさが顕在化するのは，ターゲットとするリソースを交換し統合する際に，双方による大がかりなコーディネーションを必要とするような場合である。われわれがインタビューを実施したテレコム企業のエグゼクティブたちは，買い手の立場で，**契約相手と密接な業務上の関係を維持する必要がある**場合には基本契約は避けることにしていると強調した。このような状況の下では，3分の2のエグゼクティブが，必要とされるコラボレーションのレベルに応じて提携もしくは買収という方法を選択したという。二者間の知識移転において相互の人材が協力し合って業務に臨み，継続的基盤についての情報を共有し，製品開発やマーケティングといった企業内のさまざまな職能とのコーディネーションが必要であるようなとき，そこでは常に複雑な学習が生じている。

ゆえに，リソース・パートナーとの間で必要となる業務上の関係がどのようなものであるかを明らかにした上で，以下のような観点から多面的に問うてみる必要がある。

- その契約では，単にリソース・技術の移転のみについて明記すればよいのか，それともそれを補完するようなマーケティングや支援的活動についても明記する必要があるか？
- 契約交渉の後，自社の努力だけで最新の情報を入手できるか，それともリソースの供給者からの継続的な支援が必要か？
- 契約相手との窓口に立ってやり取りしたり，知識移転が確実に行われていることを確認できる人材が内部にいるか？　あるいは，もし取引されるリソースが自社の現在の知識ベースの範疇外のものであれば，リソース移転を支援してくれるような外部エキスパートを必要とするか？
- リソース・パートナーがリソースの効率的移転を遂行するのに役立つ情報をまとめるための，（※時間と人員の両面で）十分な処理能力を有しているか？
- カギを握るステークホルダーが地理的に分散している場合に生じうる追加的コストや潜在的摩擦に対処することができるか？

ターゲットとするリソースが自社の既存の知識ベースに近ければ近いほど，リソースの定義やその将来価値，リソース移転に必要な業務上の関係性について明らかにしやすくなる。こうした側面に対して深い理解があれば，契約上のパートナーとして自分たちがふさわしいことが確かなものになる。あるテレコム企業の上級幹部は次のように述べている。「オープンな市場で技術をうまく調達するためには，組織内部に最低限の能力を備えることで，有能かつ魅力的な買い手としての地位を確立しておかなければなりません。」

ターゲット・リソースを明確化し，しっかりと吟味し，その価値を評価し，さらには，契約を締結したら，次の段階では，今後のリソース提供者との取引が現在の自社組織とうまくフィットするように，内部知識を活用していく必要がある。

組織管理の面の問い―リソースの価値を保護することができるか？

リソースを明確化できていることそれ自体だけで，基本契約の効力を十分に担保しているわけではない。契約によってリソースの価値を手に入れるばかりではなく，取引されるリソースの価値を保護する必要もある。契約では，現在の合意内容から派生して，以下に挙げるような現在・将来のリソースに対する特許や著作権に関連する条件についても明記することもできる。

- 現在・将来の収入の分配比率を確定させる。
- 契約終了の条件を明確にする。
- ターゲット・リソースの利用に関して，その他多くの要素について明記する。

だが，実際には，このような法的メカニズムは役に立たないことが多い。以下に挙げるように，①日和見主義的パートナーや，②リソースの漏洩，③契約遂行スキルの欠如によって，契約当事者の双方がリスクに晒される可能性があるからである。

①　日和見主義的パートナー

契約は，当事者が契約上の権利を行使することで初めてうまく機能する。契約がリソースの価値を保護できるような効力を備えるためには，（ⅰ）明確性，（ⅱ）信頼，および（ⅲ）法の３つの条件が求められる。すなわち，（ⅰ）リソースが明確に定義されていること，（ⅱ）予期せぬ機会に際して誠実に取引し，フェアではないやり方で優位に立とうとしないような信頼に足るパートナーであること，および（ⅲ）契約の条件に関して異議が噴出した場合に適切に裁定できるような法的セーフガード，である。

契約条件についてどれだけ練りに練って検討したところで，将来的に生起しうるあらゆる状況を特定することはできない。契約の交渉・管理業務に従事する人物は，われわれに対して「すべての契約は不完全なものです」と語っている。さらに，（※透明性は高まっているとはいえ）法制度が不安定な新興市場で成長する企業にとっては，法的な申し立てによって契約上の問題を解決することはまず不可能である。たとえば，インドの司法制度は非常にのんびりしており，契約をめぐる紛争についての判決が出るまでに数年を要するのが普通である。このことが，そもそもインドでは契約が避けられる事態を引き起こしている。

契約では，売り手と買い手の双方がそれぞれに価値の保護を求める。売り手側は，買い手に移転されるリソースや知識の価値を保護したいと考えており，もしその価値が保護されなければ，売り手は契約を拒むか取引自体が意味をなさないような法外な価格を吹っ掛けるかもしれない。他方，買い手側からすれば，取引される価値は，契約で明記されたリソースに限定されるのではなく，売り手側によるリソース移転をきちんとアシストしてくれるような支援チームまでにまで及ぶ。契約手続きに際しては，買い手は自社のビジネスの戦略的に重要性を持つ部分まで売り手側に対して開示させられることが少なくない。リソースの価値がしっかりと保護されなければ，買い手は契約に失望することになる。

このような懸念は，多くの産業で共通して見られることである。幾人かのエグゼクティブたちによると，容易に入手可能な既製技術を購入しようという場合には，決まっていつも特許や知的所有権の問題がつきまとうという。特に多くが心配しているのは，技術取引では，目に見えない側面までコントロールすることはできないという点である。もし自社でコントロールできなければ，技術の提供者に依存せざるをえない。あるテレコム企業のエグゼクティブは次のように語ってくれた。「われわれが他所から技術を買ってくる場合，特許の問題についてはとにかくしっかりと取り組みます。自分たちで技術をコントロールしなければなりません。知的所有権を握っておく必要があるんです。」このように所有権について微に入り細を穿つように細々とした部分にまで目を向けようとすれば，契約に要する費用が高くつくかもしれない。だが，そうするからこそ，将来的な収入まで自分たちの手でコントロールできるのである。

知的所有権以外でも，技術をライセンス・アウトする場合に，ライセンスを受ける側が新製品の開発に失敗すると，（※特に，開発の初期段階では）提供者側は相手から丸見えの状態になる。ライセンスを供与する側（licensor）にとっての最終的な成功――その事業の見通し，将来価値，および名声――は，買い手がライセンス供与された技術を使って開発にうまくつなげることができるか否かにかかっている。そのため，ライセンス供与側は，ライセンス供与を受ける側（licensee）が必要な投資をしているか，そのリソースを精力的に活用しているか，といった点についての確証を欲しがる。たとえば，バイオテクノロジー企業は，かなり早い段階で自分たちの手元の薬剤の権利を販売することが少なくない。そうすることで，薬剤が当局から承認されるまでの一連の開発工程を少しでも前進させるべく，リソースやスキルの面で深みを有す巨大な製薬企業に自分たちの希望を託すのである。しかし，もし製薬企業側がその薬剤開発プロジェクトに対する関心を失ったり，投資を渋ったりしたら，ライセンスした薬剤の開発は頓挫してしまうことになり，これはライセンスを供与する側にとっては歓迎できない事態である。特にライセンス供与側のプロジェクトの中で当該医薬品の存在感が大きいほど，損害は大きくなる。

② リソースの漏洩

契約相手から都合よく巻き上げられるリスクに加えて，われわれがインタビューを行った多くのエグゼクティブたちが契約に基づく取引に関して心配していたのは，もし，コントロールが十分に効かないところで交換が行われると，自分たちの保有する価値ある知的資産を契約相手に握られてしまうことであった。あるエグゼクティブが暗に語ってくれたことだが，契約が終了したとたんに，リソース提供者が自社の顧客を横取りし始めて，やがては競合として立ちはだかるようになることを非常に警戒しているという。

販売契約の相手についてもこれと似た不安が付きまとう。すなわち，抜け目のない買い手であれば必要な知識をどんどん吸収していって，将来的には売り手の価値が低下していってしまう。ある技術の売り手がわれわれに語ってくれたのは，売り手側としては単に自分たちの持つスキルや知識の価値を買い手側のパートナーに認めてもらいたかっただけなのに，それにとどまらずに詳細なマニュアルまで提供しなければならず，忸怩たる思いをしたという。航空宇宙産業では，ライセンスを提供する側にある下請業者の中には，ライセンスを受ける側に対して自分たちの技術の細部までを詳らかにするのを拒否するところもある。このような，ライセンスに後ろ向きの姿勢であれば，その潜在的な受け手まで失望させることになり，その結果として契約によるリソース取引のための市場が不活性化してしまう可能性もある。

同様に，個々の売り手は，自社製品を顧客ごとにカスタマイズすることを拒絶するかもしれない。たとえば，南アフリカのテレコム・サービス業に対するソフトウェアの潜在的サプライヤーは，MTNのようなテレコム企業向けに特化したソフトウェアの開発には乗り気でなかった。というのも，開発後もそのソフトウェアを継続的に改良していくための長期的コストを賄えるかという点で不安があったからである。

③　契約遂行スキルの欠如

最後に，ターゲットとするリソースを得るためには，契約プロセスをきちんと遂行できる能力について精査する必要がある。そこで考えるべきポイントの1つは，法的スキルの有効性である。小規模な企業であれば，これは典型的には外部の弁護士を雇うことを意味する。これに対して大規模な企業であれば，社内にターゲット領域に関するスキルを備えた強力な法務部門を置いていると思われる。しかし，たとえ大企業であっても，契約が長年培ってきた専門能力の範囲外のこととなれば，外部の弁護士に頼らざるを得ないであろう。同様に，企業はコンサルタントを招き入れる必要もあるかもしれない。その目的とは，最初の段階では，それぞれ異なる制度的環境下にあった当事者間の信頼関係を構築するために，その次の段階では，技術的支援，管理上の必要性，契約期間を通した異文化間の理解促進，といった観点で，知識のフローをうまくマネジメントするためである。

契約遂行スキルが脆弱であると，交渉中に当事者間の関係や契約条件が悪化するなど，致命的な状況を招く可能性がある。このような悪影響は時間が経つほど顕在化していくものである。契約期間を通じて知識のフローが何の問題もなく円滑に進むものだと楽観的に構えるべきではない。当事者間の固有の関係性に特化した知識マネジメントの仕組みをうまく構築できなければ，知識の移転はいともたやすく滞ってしまう。ゆえに，法務チームはリソース領域に関して十分な見識を有しておかねばならない。そうした場合のみ，潜在的に生じうる移転や企業間関係がらみのあらゆる問題をきちんと織り込んで契約をまとめることができるのである。このような対応が決定的に重要になるのは，過去に業務上のかかわりが一切なかった相手と初めてリソースを取引するような場合である。

契約相手から学ぶ必要が高いほど，そこでの関係は強固である必要がある――それは相手企業との人的なつながりはもちろんのことであるが，それだけではなく自社内の人材同士のつながりについても同様である。われわれが実施したテレコム企業の研究では，回答者の55パーセントが「自分たちの企業では，自社の既存能力と外部から持ち込んだ能力とをいざ融合させようという段階になってから，組織内で深刻な摩擦を経験した」と答えている。すなわち，「ここで開発されたのではない（not invented here）」という理由で，新規リソースを拒絶してしまうのというのである。

マネジメント上の仕組みの欠如に加え，成功を妨げるもう１つの要因は，相手企業にライセンシングの経験がほとんどないこと，あるいはリソース移転をアシストするための関連人材を欠くことである。この点に関して，サプライヤー側に**適切なスキルを備えた**人材が存在し，その人からきちんとケアしてもらえるか，あらかじめ確かめておく必要がある。そこで手厚いサポートを必要とするならば，特にライセンシングの実績に乏しい相手と初めて手を組むような場合には，ライセンスが本当に最善の経路であるのかについてもう一度考え直したくなるかもしれない。もし自社か相手方のいずれかが関連する契約遂行スキルを欠くようであれば，基本契約の中身や条件にあまり依存しないような外部機会を模索する方が理に適っている可能性が高い。

３．リソース調達戦略へのインプリケーション

図３－２はリソース入手経路のフレームワークのうち，特に契約に関する部分の議論を要約したものである。ここで提示した知識とガバナンスに関する問いに答えることは，ターゲット・リソースを入手する目的の下で，契約と，それよりもっと複雑なオプションである提携や買収との選択状況において有用である。

タテ軸のリソースの明確性とヨコ軸のリソース保護という，リソースの取引可能性を的確に捉える２つの軸を組み合わせることで，この図は４つに分割できる。そこでの取引可能性の４つのレベルごとに，以下に述べるような４つの調達オプションが対応している。第２章における内部開発経路と同様，左上と

［図３－２］リソースの取引可能性とリソース調達オプション

組織管理面の問い：リソースは保護されるか？

知識面の問い：リソースは明確か？

	高い	低い
高い	リソースの取引可能性：高い モジュラー的合意 ⇒契約せよ	リソースの取引可能性：部分的 保護のない合意 ⇒提携を検討せよ 代替案：〈複雑な契約〉を検討せよ
低い	リソースの取引可能性：部分的 相互に織りなされた合意 ⇒提携を検討せよ 代替案：〈複雑な契約〉を検討せよ	リソースの取引可能性：低い 連携を要する合意 ⇒提携を検討せよ

右下のパネルは，右上と左下のパネルよりも直接的なものである。

モジュラー的合意

契約が最も適しているのは，リソースの価値と必要とされる支援的関係が明確になっており，なおかつ双方の当事者が無防備なままに契約を締結せずに済む場合である。図の左上のこのようなリソースの明確性と価値の保護の両方が高いケースを，「**モジュラー的合意**」と呼ぶことにする。過去20年間ほどで，イーライ・リリーは200を超えるライセンシングに合意した。そこでの契約は，化合物や製品，薬剤投与技術やそのための機器，開発や生産プロセス，ソフトウェア，および地理的市場に関するものであった。

連携を要する合意

右下のセルのように，言葉で明文化できず，現在・将来のリソース保護も困難であれば，契約書の文面に基づいて対等な取引を有効に管理することは不可能である。そのような場合，提携などより複雑な組織間関係をとるオプションの方が，ターゲット・リソースを確実に手に入れるのに適していることがほとんどである。それでもなお，これ以外のやり方をご希望だというのであれば，ご自身のリスクでどうぞ！　たとえば，2007年，レイセオンの法務部門は，英国における国境監視を目的としたITシステムを構築するために，別の５社を含む契約ベースのパートナーシップを締結した。６億5,000万￡の国境関連の委託プロジェクトでは，この事業に参画したパートナーに課せられたコミットメントに上限が設定されていなかったばかりでなく，プロジェクト自体も大きな不確実性を孕んでいた。深刻な調整上の問題のせいで，このプロジェクトは発足から３年もの間，何らめぼしい成果を上げることができずにいた。2010年，最終的に，英国政府はこのプロジェクトを凍結したのである。

保護のない合意

リソースが明確であるにもかかわらず，その価値を保護する方法が十分でなければ，基本契約が失敗してもおかしくない。明らかに信頼に足るような契約相手でも，新しい需要や事業機会に直面すれば，たとえ契約期間中であったとしても，契約内容について再解釈したいという誘惑に駆られるものである。このリスクは，取引条件を遵守することが困難であるような場合，あるいはスタッフがその取引条件についてきちんと理解できていないような場合には，特に高まる。たとえば，アメリカのオンライン・サービス企業数社は，取引相手であるソフトウェアの提供者が長期的な取引関係になると信じていた取引を打ち切った。それによって判明したのは，不幸なことに，曖昧な文言のせいで契約内容は再解釈の余地を大いに残していたということであった。

歴史的に，中国やインド，さらにはその他の新興市場で事業を展開している多くの欧米の多国籍企業は，現地企業と契約を行い，リソース保護の問題にも向き合ってきた。契約において，リソースは明確に定義されており，またその価値の保護には特に力が入れられたものの，事前の予測が及ばないところで，現地の契約相手の手に落ちたリソースもあった。つまり，そのリソースは契約の効力が届かないところにあり，ライセンス供与側によるコントロールが効かなかったのである。

このような紛争が生じた場合，現地裁判所の努力による調停はしばしば失敗に終わるか，あるいは無駄とも思えるほど長い時間を要する。すでに述べたように，こうした部分への懸念が現実化する可能性が残る限り，商業面での多くの新興市場の影響度合いが高まるほど，知的資産の法的保護に対する関心も高まることになる。ゆえに，新興市場における契約では，事案ごとにリソース保護に関して精査する必要がある。

リソースを非常に重視しているにもかかわらず，基本契約によって十分に保護されないままになっているようであれば，提携や買収といったオプションを検討するべきである。だが，その前に，より厳密な契約オプションである〈**複雑な契約**〉について，少し詳しく述べておきたい。

契約期間中に生じうる具体的状況を想定して，契約内容をより複雑に組み立てるという方法もある。こうした契約は典型的には**人質条項**を含む。これは，意図的に不正を働いたり，あるいはたとえ意図していなくても成果が予定（目標）を下回るような場合には，その契約の相手が結果的に損害を受けるような条件である。人質条項は多岐にわたり，たとえばペナルティ項目や資産横断的投資，当事者双方による相互投資を求める担保市場契約などが挙げられる。ここで挙げたうちの後の２つのメカニズムは，相手に害を与えた側も，そのことによって害を被るという点で，誠実さが強く反映されるような仕組みのインセンティブになっている。株式には事業による残余所得を受け取る権利が付随するため，人質条項において株式の購入は一般的なものとなっており，これは契約の当事者による貢献度を測定することが困難であるような場合に適しているかもしれない。

CMEグループ（※同社はシカゴ商品取引所を所有している）とブラジル商品・先物取引所との間の契約は，人質条項の典型例である。両社が，2007年に商品取引所で取り扱うモノについての共同マーケティングに踏み出した際，双方の株式10パーセントの相互投資を実施した。そこでの開発活動については比較的明確化できてはいたものの，両社にとっての悩みは自分たちが現在開発に取り組んでいることによる成果の所有権について明確化できないことであった。これと同様に，シスコが行う多くの提携では，パートナーによる日和見主義的行動を予防し，また現在継続中の開発やリソース移転をうまくコーディネートする権利を与える目的で，なるべくシスコの側が少数持株比率しか得ないようにしているという。

相互に織りなされた合意

所有権は明確であるけれども，当事者ごとのリソースが複雑に絡み合っているような場合，しばしば相互に織りなされた合意が生じる。リソースを有効に保護できるにもかかわらず，基本契約はリソース取引の指針としては限定的な役割しか果たさない。たとえば，新薬やソフトウェアのように，２社あるいはそれよりも多くの企業がそれぞれ明確化されたリソースを持ち寄って新製品を開発するような場合には，当然，リソースが複雑に絡み合いながら結びつくといったことが日常的に生じている。このような新製品（※およびその背後の技術）の開発は，事前の段階では明確ではなくとも，開発作業を進めるうちに輪郭が浮かび上がってくる性格のものである。したがって，リソースがどのように発展していくのかについて当事者が予測できなければ，あらかじめ対等な取引を管理するような基本契約として記述することは困難なのである。

「相互に織りなされたプロジェクト」は，通常は基本契約というよりも，提携や買収オプションの方を選択する導入路としての役割を果たす。典型的には，相互に織りなされたプロジェクトを通じてより基礎的なリソースを入手する方法や，新製品の継続的利用を管理するためのより有効な方法が判明することで，提携・買収へと発展していく。たとえば，シーメンスでは，テレコム産業への事業拡張に必要なデジタル技術については，当初，ライセンス供与を受けることを検討した。だが，すぐに，そこで必要なリソースを保有している小企業との間で具体的な計画について交渉するのに十分な技術および市場機会に関する知識がシーメンスにはないという結論に到達した。契約上，自社を保護できることはわかっていた——それは，契約相手の候補企業よりも，シーメンスの規模が大きいからに過ぎないのだが——ものの，基本契約を利用して技術のフローをうまく管理する自社能力についてシーメンスは懐疑的であった。そこで，ライセンスの代替策として，シーメンスは，今後見えてくるであろう新技術の応用や将来の発展の可能性を視野に入れ，共同開発や市場実験に自由に参加できるようにと，デジタル技術を有するこれらの小規模企業数社を買収したのである。

「相互に織りなされたプロジェクト」のセルに該当する場合，いきなり提携や買収に飛びつく前に，まずはリソースの明確性の欠如を修正する手段として，〈複雑な契約〉によってカギとなる状況について規定することができるか否かを重視すべきである。〈複雑な契約〉では，予測不能なリソース開発上の不測の事態について特定できる場合がある。契約内容は，リソースの価値や市場の成長能力にも影響を及ぼしうる将来状況とも関係している。たとえば，契約では，不確実であった将来価値がはっきりしてきた場合の種々の目標達成報奨金を用意しているかもしれない。そのような条項は医薬品のライセンシング，特定用途向け集積回路（ASICs），およびエンターテインメント産業での開発プロジェクトでは当たり前のものとなっている。たとえば，小説が映画化される場合，通常，そこでの取引では，プロジェクトが制作完成に近づくにつれ，著者には達成度に応じて累進的に支払われるような構造になっている。

契約では保護されないために人質条項を設定する場合であれ，相互に織りなされた関係におけるカギとなる状況であれ，たとえどんなにうまくいったところで，〈複雑な契約〉によって完璧な保護が得られるわけでもなければ，知識を明確化できるわけでもない。しかし，契約当事者に豊富な知識と信頼関係という土台があれば，このような〈複雑な契約〉は，契約が行き詰まりそうになっても，そこにもう一度命を吹き込むことになるかもしれない。

同時に，〈複雑な契約〉では特定リソースのコンテクストごとに最適化した，強力な契約スキルも必要である。個別の関係性を具体的に想定し，そこに最適化した条項をめぐって交渉できる能力が求められる。ただし，それよりも重要なことは，契約にサインをした後も，その関係についてしっかりとモニター（監視）を継続することである。そこには，自分と相手方が契約条項に適切に従っているかを確かめること，および，それが合理的であればだが，予期せぬ事象が生じた場合に契約条項を修正することをも含む。

4．評価ツールとサマリー

表3－1の問いは，ターゲットとするリソースを入手するために，どんな場合に基本契約を利用する／しないかについての判断に役立つはずである。ほとんどの回答が「Yes」であれば，ターゲットとするリソースは明確に定義でき，さらに契約の合意内容によってきちんと保護される。しかし，ほとんどの回答が「No」であれば，提携や買収といった，その他の調達オプションに目を転ずる必要がある。もちろん，双方のパートナーシップによって契約条件を補完したり，契約相手の関心をしっかりとつなぎとめるために相手側の株式をある程度保有するという判断もありうる。

内部開発やその他のリソース調達モードを補完するという点で，基本契約は価値の高いオプションである。しかし，土地勘のない技術や市場を迅速に入手する手段として契約を利用しようと考えている企業にとっては，異なる複数の調達モードを組み合わせることで最善の結果が得られることも少なくないということを強調しておきたい。たとえば，グラスファイバー製造のオーウェンス・コーニングは，風力発電タービンの羽根の製造業者向けに販売する画期的素材の基盤部分では，内部技術とライセンスを受けた技術とを組み合わせて用いている。われわれが実施したテレコム業界の調査では，基本契約を通じて新規リソースを入手した企業の62パーセントが，リソース入手と並行してリソースに関連したバックグラウンドを有する人材を雇用していた。そのような企業では，既存の内部スキルをテコ入れする目的で，契約という手段を活用しているのである。

契約は，誤った状況で用いれば重大なリスクになりかねないけれども，リソースの明確化と保護がきちんとできれば，非常に強力なツールとなる。たとえそれが外部の請負業者，あるいはその他のタイプの基本契約を通じて手に入

［表３－１］

リソースの取引可能性

知識面の問い：リソースの明確性		No	Yes
リソースの性質	必要とするリソースの特徴を明確に表現できるか？		
	ターゲット・リソースを組織的なコンテクストから切り分けることができるか？		
リソースの将来価値	リソースの将来価値を厳密に確定できるか？		
支援的関係性	パートナー企業からの必要な支援・学習は限定的か？		
知識の距離	ターゲット・リソースの領域に内的スキル・知識を有しているか？		
組織管理面の問い：リソースの保護			
パートナーの日和見主義	想定外の出来事が生じた場合であっても，潜在的パートナー企業がフェアに行動すると信頼できるか？		
	パートナー企業との紛争が生じた場合に，関連する法制度が自分たちの利害を保護しうるか？		
リソースの流出	自分たちが契約期間中に流出を防ぎたいと考える独自の知識を，パートナー企業側が学習してしまうことを防止できるか？		
	パートナー企業は契約期間中に流出を防ぎたいと考える知識を，自分たちに流出してしまうことを防止できるか？		
契約遂行スキル	自社およびパートナー企業は，契約上の関係をうまく管理できるだけのスキルと関連人材を保有しているか？		
ターゲット・リソースについての明確性・潜在的保護に関する個別の質問に答えよ。 もし，ほとんどの回答が「Yes」であれば，契約による取り決め（すなわち，〈借用〉モード）を検討するとよい。 もし，ほとんどが「No」であれば，提携や買収という，契約以外の外部からの調達オプションを検討するべきである。			

れた契約の従業員であれ，ライセンスであれ，リースされたものであれ，〈借用〉されたリソースは新市場や新技術に入っていくための加速車線を提供してくれる。生産性の低い従業員や資産を削減することで，その有効性はさらに増幅されることになる。変動の激しい環境下において，状況の変化によって必要なリソースまでが変化するような局面では，企業が対等な契約をうまく活用することで，事業を拡張したり，迅速に契約を行ったりするための柔軟性を手にするのである。

第4章

提携による〈借用〉の場合

―提携か，買収か―

When to Borrow via Alliance：Alliance Versus Acquisition

対等な契約を通じて必要なリソースを手当てできないというのであれば，より複雑な外部関係について検討する必要がある。この章では，提携と全面的な買収を取り上げ，両者のいずれを選択すべきかという問題に焦点を当てる。提携には，比較的簡素なもの（※R&Dおよびマーケティング面でのパートナーシップ）から，かなり複雑になってしまう可能性があるもの（※独立した企業間の合弁（ジョイント・ベンチャー））まで，多くの形態がある。そのため，提携の形態と同様に，提携をつかさどる契約にも複雑性のスペクトルがあり，このうち複雑性が高いものとしては多段階契約，株式の持ち合い，権利面での複雑なアレンジが挙げられる。しかし，ここで挙げたいずれの提携でも，リソースへのコミットが必要な共通の活動という基盤の上で，期間を設けて互いに独立した当事者同士が継続的に交流するという点で違いはない。

前章で扱った，提携の中でも最も簡素な形態の契約では，リソース移転の方向が，出し手から受け手への一方向に固定されていた。これに対して，本章で扱う提携では当事者間の協調的関係の下でリソースや活動を高度に組み合わせることが可能である。そこでは，すべての当事者が提携による利益を享受できるというのが理想である。たとえば，約25年前，ウォール街の企業はあらゆる活動領域で激しく競争の火花を散らしていたけれども，これらの企業がコンソーシアムを組んで電子取引のための共有ネットワークを共同で開発するという業界初の取り組みに合意した。この提携がすべての当事者に対して桁外れの価値をもたらすことが確実視されていたため，それを成し遂げるために，それまで何かと反目し合ってきた各々の敵愾心はひとまず鞘に収めることになった。仮にこの取り組みに基本契約で対処しようとしたならば（⇒第３章），企業間のイノベーティブな取引ネットワークを構築できるだけの調整はままならなかったはずだ。

それゆえに，提携のパートナーとしては，直接的な競争相手ばかりでなく，それ以外の組織――たとえば政府機関，学術機関，技術開発者，サービス・プロバイダーなど――とも交渉可能である。提携を通じて，企業は先の読めない市場のリスクをメンバー間で分散でき，各々の当事者の知的所有権を保護でき，複雑化しがちな継続的な交流を秩序ある枠組みの中で促進することができる。提携には自社の知識基盤をパートナーにさらけ出すというリスクはあるものの，積極的に協業を行う場合には，権利の保護やインセンティブ面での調整の仕組み（※契約について述べた第３章を参照）を明示的に適用すれば，対等な契約よりもはるかに安全である場合が多い。提携が最もうまく機能するのは，共通の活動に従事する双方のユニットが比較的小人数によって編成された小規模なものであり，なおかつそこに従事するユニット数も少ない場合である。このとき，パートナー間のインセンティブ調整も容易になろう。

これとは対照的に，戦略的リソースの入手・開発に緊密なやり取りが必要であれば，通常は提携ではなく買収を検討する方が望ましい。買収では，単にリソースを入手する**ばかりでなく**そのリソースを最大限活用するという意味で，二兎を同時に追うことが可能である。繰り返すと，買収についての本書のメッセージはシンプルである。すなわち，M&Aは最も複雑な調達オプションであるがゆえに，リソース提供者を完全に取得することが割に合わなければ避けるべきである。

提携をめぐってはパラドックスが伴う。１つには，提携には買収と比べて安上がりで柔軟性が高いという魅力的な側面がある。事実，提携は，新しく生じたリソース・ギャップを埋めたり，地理的に遠く離れた土地勘のない市場にアクセスする能力を獲得する方法としては低リスクである点に定評がある。その反面で，提携によって当事者同士が市場で鉢合わせする重複部分が拡大すれば，将来的には完全な敵対関係に陥ってしまうのではないかということがエグゼクティブたちの心配の種にもなっている。こうした理由から，多くのエグゼクティブたちは提携を敬遠している。さらに，これは前章でも述べたことで提携以外のモードにも言えることだが，その企業が過去の提携で失敗した経験を持ち，その原因を提携モード自体に備わる限界のせいだと捉えてしまうと，提携オプションの選択に後ろ向きになったり，条件反射的に拒絶するようになる。

提携のパラドックスに加えて，提携におけるパートナー間の関係が恒久的ではなく時限的なものである点にも，有利・不利の両面がある。提携の期間中，当事者企業は，買収と同様のリソース強化によるメリットを享受できる（※ただし，その方法は限定的である）けれども，だからといって完全所有ではどうしても避けられない長期的なしがらみ，負債，コミットメントといったものまで背負いこむ必要はない。とはいえ，提携では，当事者間の関係性が時限的なものであることを勿怪（もっけ）の幸いと悪用したり，不義理をはたらくこともあり，それによる損害を契約条項で十分にコントロールすることは難しい。提携関係が終了するまで，当事者が何らかの損害が発生していたことを認識していなかったということもありうる。

このように，提携ではそこに参加する当事者が一定水準の信頼を持ち合わせていることが不可欠である。とはいえ，そこでの当事者が合意内容を忠実に遵守するためには，信頼だけでは不十分である。「信頼せよ，されど確かめよ」とは，ソビエトとのミサイル交渉に臨む際のロナルド・レーガンの有名な言葉である。ビジネスの提携交渉でミサイルが俎上に載せられることはまずないだろうが，それでもなお警戒を怠るべきではない。提携の継続期間を通じて，インセンティブや目標管理，終了についての取り決めを含む，先を見据えた構造的な仕組みをあらかじめ用意した上で，維持管理のための踏み込んだ努力が欠かせない。

特段驚くことではないが，提携が当事者の当初の想定を上回るほど複雑化してしまうことは珍しくない。その複雑さは後になるほど増してくるため，長期間にわたって提携の維持管理面で気を抜くわけにはいかない。複数のアナリストによると，当事者の目的と照らした場合の，提携の成功率は半分にも満たないという。われわれが調査したエグゼクティブたちの80パーセントは，提携においては独占権，コントロール，およびリソース保護に対して関心を示していた。また，３分の２以上が「自社の差別化を維持したり，ユニークなリソースを保護したい場合には，提携ではなくM&Aの方を選択する」と回答している。ある大手テレコム企業では，多くのエグゼクティブたちが提携に対して非常にネガティブな捉え方をしていた。その企業のリーダーは，提携のことを「知識を共有するというよりは，いずれコア・コンピタンスをよそから買ってくるしかなくなる，欠陥のあるアプローチ」と表現していた。ヨーロッパのテレコム大手の，ある経営者が次のように語ってくれた。「たいていの人が提携に対して抱いているイメージとは，『奴らがすぐ後ろからついてきているのに，そんな商売敵と手を組むなんて，自分たちのビジネスの縄張りに進んで招き入れるようなものだ』といったところでしょう。」

１．盲点―なぜエグゼクティブたちは提携に懐疑的なのか？

どんな場合にも提携が最適な選択肢だなどと言うつもりはないが，企業が提携に対して懐疑的になっている場合，その多くは誤解による。だが，提携のパートナーと成果を分け合ったりコントロールを共有することへの抵抗には，根深い問題が存在する。

①　分け前を配分することへの抵抗感

企業が提携を避けたがる理由の１つは，自分たちの事業活動の果実を他社と分け合いたくないからである。ある出版社のエグゼクティブは，提携に対して抱く複雑な気持ちをわれわれに打ち明けてくれた。「合弁によって，（新規サービスに必要なリソース開発の）リスクを低減することはできますよ。だけど，減ってしまうのは，リスクだけではなくてその見返りもなんですよ。」この見方に対しては，問題点を２つ指摘できる。第１に，ほかの調達モードと比べて提携が本質的にリスキーだというわけではない。第２に，提携相手と力を合わせることで非常に望ましい展開になった場合の見返りは，誤った調達モードを選択して失敗した場合に独り占めできる最小の果実よりも，はるかに大きい。言い換えるならば，たとえ半斤のパンでも，何もないよりかはましだということである。

どう見積もっても提携に係るコストが本来目指していた機会価値を上回ってしまうこともあり，そうした場合にはいったん振り出しに戻って交渉をやり直すか，提携関係を破棄することも必要である。あるいは，片方のパートナーにとってこの機会の戦略的価値があまりにも高ければ，買収によって必要なリソースをコントロールしたり保護しなければならない。

②　コントロール共有の敬遠

組織内のけっこうな数の人――特に上級幹部，企業の開発部門のスタッフ，業務リーダーといった立場にある人――は，提携に対して強硬に抵抗するはずだ。というのも，その企業が握っておくべきとされる戦略的コントロールと，各人が保有するパワーを手離してしまうことを恐れているからである。それ以外にも，パワーを行使できるような立場にない人であっても，虎の子のリソースをよそ者に「差し出す」ことに落胆するはずである。このような事情のため，最先端のリソースを創出するためには第三者と非常に高度な協働を行う必要がある，といった発想は端（はな）から頭にない。

提携パートナーと密接に協業していると，市場競争上の重複を意識せざるをえなくなろう。多くのエグゼクティブたちにとって，自ら進んでコア能力を外部の者にさらけ出すこと，つまり，双方のパートナー同士の「学習合戦」に自発的に身を投じるリスクを冒すことは，感覚的にはなかなか理解しにくい。われわれがインタビューを実施したエグゼクティブたちは，特に提携の経験に乏しい人ほど，自社のドアを外部に開放することにすっかり後ろ向きの態度であった。サーヴェイ調査を実施したテレコム企業のうち「提携先のパートナーから新しい能力を吸収した」と考えていたのは30パーセントにすぎず，「提携のパートナーとの間でジョブ・ローテーションや情報の共有を推奨している」という回答に至ってはわずか18パーセントにとどまった。

提携関係が特に自社の中核的ドメインにも及ぶような場合であれば，エグゼクティブたちはコントロールを喪失することを警戒し，提携に消極的になる。提携関係が時限的なものであると，社外へのリソース流出につながりかねず，提携は非コアのリソースを入手する場合でしか使えない手段という烙印を押されてしまうかもしれない。しかし，提携の機会については，より広い視野の下で，より繊細な視点で考えるべきである。提携は高度に戦略的なリソースを開発するには有効であろう。特に，自社単独では開発できなかったり，通常ならば入手困難なリソースを保有する世界クラスのパートナーと組むような場合ならば，提携の有効性は高い。さらに言えば，日々目まぐるしく変化する環境下では，リソースの戦略的価値が急に変化するかもしれないのである。しかも，いつか自社にとって戦略的価値を持つようになるかもしれない開発中のリソースの開発を最後までやり遂げるのに必要な要素を自社ですべてコントロールしようというのは，決して現実的な戦略とは言えない。

もちろん，企業のリーダーが自社戦略の重要性を語るべきときはいつかはやってくる。もし提携が正しい道だというのなら，ニンジンとムチとを織り交ぜたマネジメントを行うことで，組織の人々が抱く偏見や恐れを和らげる必要があろう。全社戦略との兼ね合いの下で必要なリソースについてすでに調整ができていれば，組織首脳部からのサポートも受けやすいはずである。

提携の失敗という過去の苦い経験のせいであれ，なんとしてでもコントロールを握りたいという本能的な願望であれ，提携に対して後ろ向きの姿勢を決め込んでいては，本来ならば有益であるはずの提携機会ですら最初から放棄していることになる。たとえば，南アジア，東南アジア，およびサハラ以南のアフリカ諸国の企業は，パートナーシップ締結を受け付けようとしない傾向がある。というのも，そうした企業は，限定的なリソース，具体的には自分たちの手元にある能力の高い人材や顧客基盤，政治とのコネクション，サプライ・チェーンといった，カギとなる稀少な資産などに対するコントロールに執着するあまり，それを失うことを恐れているからである。

パラドキシカルであるが，新興市場のようなリソースの制約が大きい環境下では，提携によるコントロール喪失の不安が特に高まるけれども，同時に，新しくリソースを創出するためのパートナーシップの価値も高まる。不安に苛まれつつも，目的を慎重に見定めて提携を行えば，相当な価値が創出されることもある。たとえば，南アフリカのテレコム企業（MTNセルラー）と，同国の銀行（スタンダード銀行）とが組んで，MTNマネー・サービスを創設した際に，もともとは双方ともそれほど乗り気ではなかったけれども，それを乗り越えて強力なパートナーシップを築いた。これによって顧客は自分の携帯電話端末上の操作で資金移動ができるようになった。このパートナーシップは，同盟関係にある双方に対して，市場ならびにサービスの両面での範囲の拡張という戦略的成功をもたらしたのである。

この章の以下の議論では，所定のリソースの入手にとって提携と買収のどちらが望ましいのかの判断を念頭に，リソース入手経路のフレームワークに沿って考えていきたい。**図４－１**を見ればお分かりだと思うが，どんな場合に提携を用いるべきかを判断するのに，「ターゲットとするリソースが，戦略的な重要性を持つものか，それとも通常業務向けのものか」という視点はあまり重要では**ない**。ここでカギとなる問いは，①パートナーとの共同活動の範囲が十分に絞り込まれており，②各々のパートナーの目的は両立可能かというものである。もし①と②が共に成立しているならば，――完全な買収を除いて――自社が単独で取り組む場合よりもはるかに大きな成功と価値をもたらすだろう。

［図４－１］提携か，買収か？

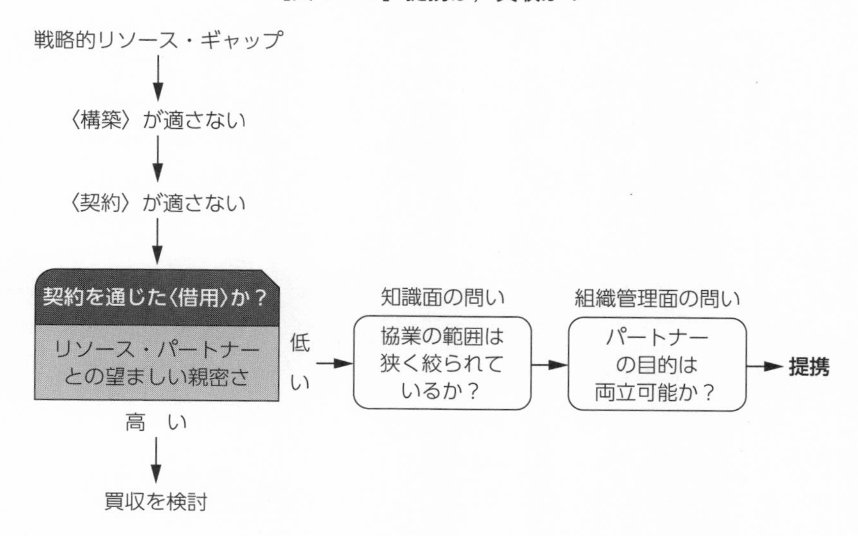

2．リソース・パートナーとどの程度緊密でいるべきか？

提携か買収かという選択では，パートナーにはどこまで深く協業に関与してもらうかを評価する必要がある。相手方のパートナーの関与度が高いほど，自社サイドでの実質的コントロールを強める必要があるはずで，それを確実にするとなれば買収しかない。だが，もし協業の範囲がかなり絞り込まれたものならば，提携を検討すべきである。ここで言う，協業の範囲が**狭く絞り込まれて**いるというのは，協業による活動範囲が限定的で，また調整パターンも簡潔であるような場合である。

協業の範囲が絞り込まれ，なおかつパートナーの目的が自社の目的と両立可能であるような場合には，パートナーによる大掛かりな関与の必要性は小さい。反対に，協業の対象範囲が広かったり，自社とパートナーの目的が折り合わないような場合には，パートナーにはずっと深く関与してもらう必要があるはずだ。パートナーに深く関与してもらう必要性が高いほど，統合の必要性も高まる。そのような場合，提携ではなくM&Aの方を検討すべきである。

知識の面での問い—協業の範囲はどの程度絞り込まれているか？

提携の成功する見込みが最も高いのは，その範囲が狭く絞り込まれている場合である。提携の範囲が広がるほど，そこから得られる果実も少なくなるだろう。提携のための調整コストは協業の範囲が拡大するほど増大し，しまいには途方もない額にまで膨らみかねない。たとえば，われわれが実施したテレコム業界を対象とする調査では，過去に提携に従事した経験を有するエグゼクティブの65パーセントが，コストの高さとパートナーとの調整時の緊張の大きさを指摘している。もし協業の範囲を限定することで緊張を抑えることができれば，企業の協調戦略が成功する可能性も高まるはずだ。

①　限定的な活動範囲

提携に参加する企業の中で，その活動に関与する職能部門や活動（※たとえば，R&Dや生産，マーケティング，規定管理といった部門スタッフから成る単一の小集団）の範囲が限られており，しかも，そのような各々の職能部門の中でも，提携に関与する人員がほんの一握りにすぎないのであれば，その提携の維持管理は容易であろう。接触機会が限られれば，R&Dや生産設備，スタッフ，調整活動などのへの重複投資を回避できるため，提携に係る直接・間接的なコストをコントロールしやすくなる。提携において協調する範囲を明確化できるのであれば，たとえその成果について正確に予測できなくとも，協業を検討してみる価値は十分にある。現在，多くの製薬企業が，リサーチや製造といった機能に特化した第三者組織との協調関係の下で，臨床試験や生産機能という部分に限定してアウトソースを行っている。

しかし，もし提携にパートナーの組織内のたくさんの職能部門・活動が巻き込まれるようであれば，協業に係るコストが高騰してしまい，一般にはコスト面で分が悪いはずの買収の方が有力な選択肢として浮上する。しかも，買収の方が有利だというのは，コストの観点からばかりではない。複雑かつ戦略的重要性の高いリソースの開発プロジェクトでは，自社でリソースをコントロールし，なおかつそのリソースを保護するという観点でも，買収の方が優れている。たとえば，いくつもの症状やその治療に対応した薬品の製造は大変複雑で決して容易ではないため，協業のコストが高くつき，アウトソースするにも非常にリスクが高い（※言うまでもなく，知的資産を外部に晒してしまうことになる）。そのような薬品の生産能力を保有しない企業にとって，製造機能に特化した企業を買収するメリットは大きいのである。

②　シンプルな調整パターン

コーディネーションが簡素であれば，提携の維持管理は容易である。提携によっては，たとえば一方のパートナーがR&Dの部分に，もう一方は販売の部分に，それぞれ責任を負うといった具合に，**垂直的供給関係**として構造化されているものもある。このようなモデルでは，リソースのコーディネーションは連続的なものである。すなわち，一方のパートナーによる活動のアウトプットが，別のパートナーにとってのインプットになる。このように，パートナーごとにタスクが切り分けられてそれぞれのタスクに専念できれば，たまに転移価格をめぐる要請があるくらいで，簡素なコーディネーションで十分に間に合うのである。このタイプの提携では，両パートナーが互いのリソースにアクセスし合うことになるが，だからといって相手方の知識すべてが転移されるわけではない。たとえば，GEとフランスのスネクマは，1974年以降，CFMと呼ばれる航空機エンジン関連の合弁を非常に長い期間にわたって維持してきた。CFMの提携の大部分は，２つのパートナーによる独立した活動に軸足を置いている。この合弁では，双方が従事する活動内容は明確に切り分けられ，しかもそれぞれが高度に専門的であるため，実際にやり取りし合う機会は非常に少なく，せいぜい技術・マーケティング面での活動のコーディネーションくらいのものである。

組織管理の面での問い—目的がパートナーと両立可能か？

提携に関して考慮すべき第２の問題は，自社とその潜在的パートナーの目的が両立可能か，というものである。提携を統治するという観点では，協調，競争，および関係の終了は，いずれも棚上げにはできない，極めて重要な課題である。パートナー同士が互いに相手を踏み台にすることで短期的価値を最大化させようと目論んでいる場合には，パートナー間で戦略的な目的を調整できなければ，提携はほぼ間違いなく頓挫する。だが，①競争面での重複が限定的であり，②有用なリソース面で双方が互いに貢献し合い，③相互の学習機会が対称的で，④提携の継続期間中にそれを維持管理できるスキルを保有しているのであれば，双方の目的は自ずと折り合いがついていくものである。以下では，①～④について詳しく見ていくことにしよう。

①　競争面での重複の少なさ

現在ならびに将来の予想される市場条件の下で，事業活動の面での重複の程度が少ないほど，パートナー間で目的を両立させやすくなる。競争が熾烈であれば，提携の当事者は，「協調的競争（collaborative competition）」という矛盾を含んだ表現で形容される，提携パートナーに対する猜疑心をきれいさっぱりとは払拭しきれないような複雑な関係をうまく管理することが求められる。

提携相手との競争上の重複が顕著である場合に問題となるのは，その相手が利益を得ることを外敵による侵略だとみなしてしまうことである。前述した薬品関連の合弁であるアストラ・メルクでは，幸いにしてほとんど重複が存在しなかった。アストラ側が目指したことは，自社の製品イノベーションをメルクの規制やマーケティング関連のスキルと組み合わせることだけであり，アメリカにまで事業を拡大することまでは視野に入っていなかった。また，前述した，もともと熾烈な競争関係にあったライバル同士が手を組んだウォール街の電子取引コンソーシアムですら，プロジェクトの目標があらかじめきちんと共有されていたため，所有権の価値を損なうリスクについて心配する必要はなかった。この提携は，そこに参加するすべての船を等しく浮き上がらせる上げ潮だったのである。

だが，ここに見たケースのように，あらゆる提携がうまく運ぶわけではない。フォードとフォルクスワーゲン（VW）によるポルトガルでの合弁であるオートヨーロッパの事例は，競争面での重複が大きければどのような事態を招くかを示唆している。1992年，これら２つの自動車メーカーが，当時，ヨーロッパでは勃興中のセグメントであったミニバンを共同生産する提携を結んだ。両社は，そこで生産された自動車をそれぞれのブランドと流通網で販売するという目論見であった。また，製品開発と生産設備に関する先行投資を両社で負担すると取り決めていた。しかし，３つのブランド（※うち２つはVWのもの）でまったく同じ自動車を同一の地理的市場向けに販売するという事業は，主にマーケティングとサプライ・チェーンに関する戦略面での深刻な軋轢を引き起こした。

フォルクスワーゲンは，特にブランド面でヨーロッパにおいて強力な地盤を有することから，当該市場で圧倒的なシェアを握った。それが原因で，両パートナー間の緊張が高まってしまい，1999年にフォードが離脱し，VWはこの合弁を引き取ることになった。その結果，VWがヨーロッパ地域におけるフォードにとっての供給業者となった。このような状況の中で，VWがこの合弁の所有権を利用してフォード側に対して不当に競争上の不利益を負わせたとして，フォードはVWを告発した。事実，VWはこの提携を通じて市場での競争上の地位を強化させているのである。

もしVWとフォードの競争面での重複が限定的なものであれば，両社間の緊張がこれほどまで高まることもなかっただろう。なお，これとは対照的に，ルノーと日産の提携では，それぞれの軸足を置く地域が異なり，競争面での重複が限定的であったことから，提携は円滑に運用された。

フォルクスワーゲンとフォードの例は，あまりにも月並みでありふれたものである。ほとんどの提携はいずれ終わりを迎えるものであるが，実はその多くが決して円満とは言えない終わり方をしている。大成功を収めた合弁企業であっても，一方のパートナーがもう一方から株式を買い取るという終わり方をすることも珍しくはない。したがって，連携を維持するための調整努力や，提携関係を段階的に縮小するなどの終え方，別のパートナーを買い取るというオプションも頭に置いておく必要がある。VWとフォードのケースで見たように，関係終了時に軟着陸させることは至難の業なのである。

②　リソース面での貢献のバランス

すべての提携当事者がそれぞれにカギとなるリソースを供出するような場合，提携は有効に機能する。パートナーシップの１つのパターンとしては，似通ったリソースを集約することで規模の経済の実現を目指すものが挙げられる。たとえば，米国でSUVを生産する目的で，1988年に富士重工といすゞ自動車との間で設立されたスバル－いすゞ自動車ベンチャー（SIA）などはこのタイプの方法に該当する。だが，リソース面でのバランスという点では，それぞれのパートナーが保有する高度に差別化されたリソースを補完的に組み合わせるというパターンもある。たとえば，サムスン－コーニング間の長期間にわたるベンチャーは，コーニングのCRT技術とサムスンのテレビ生産技術を互いに持ち寄ることで始まった。このベンチャーは，数多くの製品ラインに関与してきたサムスンの製造技術とコーニングの先端素材とを再結合することで発展した。

これと同様に，「これが重要な活動なのだ」という感覚を当事者同士で共有していることも提携に寄与しうる。もし，提携相手が提携を軽視して自社都合を優先するようであれば，必要な活動に真剣に取り組むこともないだろう。組織規模のアンバランスも，この提携関係の内部力学に影響を及ぼしうる。規模に顕著な差がある企業同士の提携の場合，小規模な企業はこの提携に依存しがちであるのに対して，規模の大きな企業はこの提携と直接競合するような別の活動にも触手を伸ばすことも少なくない。具体例として，2011年に，アミリン製薬が，パートナーであるイーライ・リリーを告発したケースを挙げることができる。アミリンがそのような行動に及んだ背景には，アミリンとイーライ・リリーが手を組んで，ある薬品の市販化にこぎつけたものの，別のところでイーライ・リリーが他の製薬企業とも組んで，その商品と競合する懸念がある薬品の共同開発に着手したという事情があった。

③　学習機会の対称性

すでに言及したように，エグゼクティブたちが警戒するのは，提携を皮切りにして，一方のパートナーがもう一方を踏み台にして優位に立つような学習合戦の深みにはまり込んでいく展開である。このリスクについてもきちんと評価する必要がある。提携において学習というものは十分に予想されることであるが，それが皮算用に含まれているのであれば，その機会についてはパートナー間で適切にバランスを図らなければならない。

たとえば，企業家精神旺盛な若い企業と大企業とのパートナーシップにおいて，双方の学習能力の不均衡が常態化すると，企業家側は一方的に利用されているような感覚に囚われてしまう。この小規模な企業は，すでに盤石な事業基盤を有しているパートナーに対して最先端の技術を提供しているものの，このパートナーの販売・マーケティングなどの面の組織能力――これらはまさに新興企業が成長するために不可欠なものである――にアクセスし，それらを取り込むことができなければ，結局は窮地に立たされてしまう。これに比べて，大企業側が新興企業から新技術を吸い上げることははるかにたやすいことである。

このようなバランスを欠いた関係は，最初のうちこそ魅力的に見えるけれども，真綿で首を締められるように次第に状況が悪くなっていく，ある種の悪魔の取引である。この点に関して，われわれの調査で明らかになったポイントを紹介すると，業界への新規参入企業は有力企業と手を組むことで市場参入の加速帯に乗ることができるものの，次の成長段階に入ると障壁にぶつかることになる。

学習能力面での不均衡ばかりでなく，リソース・パートナーが学習したりリソースを獲得する速さの面での不均衡もまた，大企業との間で締結する提携で考慮に入れる必要がある。この問題が最も顕著になるのは，市場参入を目論む多国籍企業と現地パートナーとの提携の場合である。次のコラム「ハーモニーが不協和音に変わるとき」は，その典型例である。

コラム

ハーモニーが不協和音に変わるとき
―ヒーロー・ホンダのジョイント・ベンチャー―

ほとんどの提携の土台にあるのは，リソース面での相互補完的な貢献のあり方について交わされる約束である。典型的には，技術に強みを持つ企業であれば，その相手でなければ手に入れることができないような市場関連の知識，商業的リソース，特定の顧客セグメントへのアクセスを実現してくれるパートナーを求めるはずだ。しかし，ここで紹介するホンダ（日本）とヒーロー（インド）の事例のように，外国企業（※この場合ではホンダ）の側が，外国企業を締め出す規制を回避しながら現地の市場関連の知識へのアクセスを狙うという目的で，現地企業と手を組むこともあろう。

このように，外国企業による進出先市場への入場切符を確保する目的で交わされる政略結婚として提携が結ばれることもある。もちろん，そこで外国企業の側にそれとは異なる目的があったり，多大な価値を長期的に仲良く分け合う可能性も否定しないが，たいていは水面下の利害の不整合は顕著になる一方であろう。

1984年，ホンダとヒーローは，二輪車（※インドにおける消費者の主要な移動手段）を製造するヒーロー・ホンダ・モーターズという合弁を立ち上げた。インドが海外からの投資を誘致するために事業活動の自由化に舵を切る以前，ホンダはインドでビジネスを展開するための現地パートナーを必要としていた。ホンダはまた，当該市場に関する知識，認知度の高い現地ブランド，生産設備，および販売網も欲していた。他方，そのパートナーであるヒーローはホンダの技術，とりわけ非常に高性能で知られる二輪エンジンにアクセスしたがっており，両社はエンジン技術のライセンス合意に向けて交渉した。ヒーロー・ホンダの提携は順調に成長し，ついには二輪車生産で世界最大手の地位にまで上り詰めた。

しかし，提携関係を続けるほど，両社の緊張は高まっていった。ヒーロー側は，ホンダがエンジン技術をなかなか共有してくれないことにいら立ちを募らせた。この合弁向けにホンダはエンジンを提供していたものの，ヒーローがこの提携に期待していたのは，そのようなエンジンを自前で設計・製造する方法を学び取ることであった。だが，時間が経過するにつれて，ヒーローは，協業による学習の実利のほとんどは，販売・販売能力，およびインド市場に関する知識という形でほとんどホンダ側に持っていかれていると認識するようになった。

インドへの技術移転という点で，腹の内で思っているだけでなく目に見えるところでも，双方で約束した内容についての認識面での齟齬が生じるようになった。パートナーシップが発展するにつれて，コンセンサスを得るまでの苦労は大きくなるばかりであった。ヒーローは自分たちが一方的に損な役回りばかり引き受けさせられているように感じていた。

1990年代の半ば，提携内容の見直しの機会に，ヒーローはホンダが提供するエンジンに支払う厳しいロイヤリティの条件についても交渉を試みた。しかし，見直し後の契約条件では，技術移転や両社間で激しく紛糾している目的をめぐる問題を鎮めることにはならなかった。その約10年後の2004年，ホンダはインドに独自の支社を設置することを発表した。言うまでもなく，これは，ヒーロー・ホンダの商品と競合するものであった。ちょうど市場開放の過渡期であったことに加え，インド経済が回復期に入ったおかげで，外国企業が現地でビジネスを行うことが容易になっていた。ホンダは，ヒーローとの関係の位置づけを，戦略的なものから通常業務へと格下げした。最終的に両社がたどり着いた結論とは，この合弁が提携としてはあまりにも複雑化しすぎたというものであった。2011年，ホンダは株式の売却に着手した。

事後的に振り返ると，ホンダは学習という明確な目的と，規制改革によって参入可能な状況が整い次第，インドで独自に事業展開を行うという意図を携えて提携を結んだ。ヒーロー側も，ホンダと同様に，学習目標こそ持ってはいたものの，目当ての知識をパートナーから取り込むための仕組みを整えることができなかった。また，ホンダは自らのコア技術を保護しつつ，現地の販売，サプライ・チェーン，雇用管理，およびその他のビジネス・プロセスに関しても貪欲に学び取ろうとしていた。ホンダとは対照的に，ヒーローは自社が保有する知識を保護しなかったばかりでなく，当初の交渉上の強いポジションをテコにしてホンダのエンジニアリング能力を吸収したり，内部に新たなR&D能力を育てる，といったことができないままであった。

この提携は，はじめのうちこそ双方のパートナーにとって価値あるものであった。しかし，当初の条件では，時間と共に互いの目的が乖離していく余地を残していた。ホンダが虎視眈々と狙っていたのは，インドという豊潤な二輪市場において，ホンダ自らが知恵と自律性を発揮しながら独自に事業活動を行うことであった。インドによる企業活動の自由化の動きは，その目論みを現実化するようホンダの背中を押したのである。

④　提携の遂行スキル

最後に，提携の成功には，実効性のある提携遂行スキルが不可欠である。有望な提携相手とは，提供するリソースが頼れるものであり，誠実な姿勢で交渉に臨んでくれるはずだという信頼関係もあり，終始良好な関係を提携期間を通じて維持してくれるという安心感があるような相手である。提携相手がこのような特性を備えているかどうかを評価することは，自社人材および提携相手による協業に対するコミットメントや人的な化学変化について，強い確信を得ることにつながる。提携が永遠に続くなどと思う人はいないだろうが，少なくとも目的を達成するまでは提携を継続する必要があり，それには数十年かかることもあるのだ。

理論上仮構されたパーフェクト・ワールドであれば，提携のための交渉相手は無数に存在するのだろうが，現実には，必要なリソースを保有する企業が，ほんの数社，もしかしたらたった1社しか存在しない，というのもザラである。だが，それだけでも十分に意味がある。結局のところ，ビジネスの拡張に必要な特定の市場セグメントや技術，規制当局窓口といったものへの迅速なアクセスを実現してくれる会社が現時点でどの程度存在するだろうか？と数え上げてみても，十中八九，こじんまりとしたクラブ程度しか集まらないだろう。

だが，提携候補として有望な相手が少なかったとしても，交渉次第でパートナーシップを上手に構築することもできよう。これはとりわけ次のような場合には，正しいやり方である。すなわち，提携の候補として検討している相手が，自分たちのリソースを使ってもらうことで新しい市場セグメントや顧客層の開拓につながったり，さほど有効な使い道を見出せていなかった自分たちの資産をさらに発展させることができるのではないかという期待を抱くような場合である。つまり，潜在的なシナジーに引き寄せられるのである。このような場合，自社とパートナーのインセンティブ面での利害調整を図るのは容易である。

もし，有望な提携相手が存在せず，次善の候補と無理に提携しようとしたら，たとえどんなに強力な提携遂行スキルを持とうが，その努力は大方失敗に終わるだろう。提携の経路に足を踏み入れるときには，頭の中に具体的な提携候補を用意しておくのが普通だろう。いずれの場合でも，ここで挙げている知識とガバナンスに関する問いに基づいて評価する必要がある。そこでの答えが，有望な提携相手として，どうふさわしいのかを浮き彫りにし，正しい判断を導くのに寄与するはずである。

提携の管理可能性を予測する場合には，パートナー候補のバックグラウンドとバイアスについて考慮に入れておく必要がある。たとえば，過去に提携の経験がない企業は，相手が不義理をはたらくのではないかと過剰に警戒したり，コンセンサス重視の意思決定に辛抱強く付き合うことができないかもしれない。経験に乏しい提携パートナーは，パートナーの行動を自社側でコントロールすることをやたらと重視する傾向があるため，真のギブ・アンド・テイクによる長期的価値を見失いがちである。これと同様に，歴史的に〈構築〉戦略や〈購買〉戦略を頼りにしてきた企業であれば，たとえコンセンサスによってより望ましい結果が得られることが見込まれる場合であっても，提携を維持管理する局面で何かと主導的な立場に立ちたがる可能性が高い。

アライアンスの遂行スキルの適用範囲は広く，さまざまな活動領域や提携の諸段階など，多岐に及ぶ。そのため，提携前からきちんと計画を立てておく必要がある。その具体的な作業として，以下のようなことが挙げられる。

- 適切な潜在パートナーのリストアップ
- リソースの潜在的価値の正確な査定
- 明確な合意文をめぐる交渉
- 強力なビジネス・プランの策定

さらに，提携開始後に行うべきこととしては，次のようなことが挙げられる。

- 膨大な数にのぼる個別の役割の明確化
- 適切な監督
- 自社内・パートナー間での強力な継続的関係の構築
- (不可避的に生じる) コンフリクトの管理
- 提携の主たる目的が発展的に変化した場合，都度それを明確化すること

提携の維持管理でやりがちな重大な誤りが，提携を自社の一部門のごとく取り扱ってしまうことである。そこでは，良かれという意図がはたらいていることが少なくない。この点に関して，ある金融サービス業のエグゼクティブの言葉がありありと思い出される。「この提携はわが社にとっては極めて重要な案件であるため，子会社と同様に扱うつもりです！」１年後，当該リーダーは，提携パートナーが自分の指示に従おうとしないことに相当にいら立っていた。だが，忘れてはならないのは，提携を組んだパートナー企業も戦略的自律性を持っているのである。すなわち，パートナー企業には独自の強力な伝統，志向性，モチベーションがあるため，そこのエグゼクティブは，自分たちの組織内部の力学とはそぐわない指示を無視してやり過ごそうとする。このように，パートナー企業のエグゼクティブは，出世のために命令に服従しなければならない子会社の経営者とは根本的に別物として取り扱う必要があるのである。

過去にたくさんの提携を行ってきた企業は，誤って過去の経験を新規の提携にそのまま適用するという，偽のデジャブのリスクを抱える。そこでの最善のアプローチとは，過去の失敗はいったん脇に置いて，その都度まっさらな頭に戻して，１つひとつの提携に臨むことである。すなわち，自分たちが検討中の提携案件ごとに，重点的に取り組むべき問題を特定する必要がある。具体的には，次のような問題が浮き彫りになるかもしれない。

- 交渉中の提携条件をめぐる法的課題
- スタッフの共有と知識移転，あるいは活動の監視・調整といった経営上の課題

●コンフリクトへの対処という課題
●状況の変化や提携の進展に伴う継続的なギャップ分析

これらの要素について検討してみて，現時点でプロジェクト遂行に必要なスキルを欠くと判断されるならば，この機会にスキルのベースを創出する目的で，時間と資金の投入を正当化できるかを判断しなければならない。もし，それを正当化できないのであれば，提携ではなくM&Aの経路を選択する方が望ましいだろう――無論，M&Aに関連するスキルを有していることが前提だが――。

さらに，特定のターゲット・リソースのコンテクストにおいて，提携を維持するのに十分な財務的余力があるかについても吟味する必要がある。そこでは，提携における目標追求に要するコストを，直接的なコストと機会コストの両面から検討する。特定の提携案件への資金投入を固定化することで，必然的に別の新規事業に関与する余力は制限されることになる。提携は買収よりは安上がりであることが多いとはいえ，提携への投資額が1000万ドルや１億ドルに及んだり，さらには時間とともに追加的なコミットメント支出が必要になることもある（しかも，おそらくは増加するだろう）。つまり，焦点の絞られた買収よりも提携の方が安上がりだと決めてかかるべきではないのである。

３．リソース調達戦略のためのインプリケーション

図４－２は，リソース入手経路のフレームワークの中で，特に協業の経路で検討すべき論点を要約したものである。これらの知識・ガバナンスに関する問いに答えることが，提携と買収のいずれがリソースを入手する方法として望ましいのかを判断する一助となる。

この図は，協業の範囲と目的の両立性という２つの軸を組み合わせることで４つのセルに分割しており，それぞれのセルは潜在的なリソース・パートナーとの間でどの程度緊密に調整すべきかを示している。これ以前の章と同様に，左上と右下のパネルの選択は，右上と左下よりも単純である。

［図４－２］リソース・パートナーとの親密さとリソース調達オプション

組織管理面の問い：パートナーの目的は両立可能か？

知識面の問い：協業の範囲は狭く絞られているか？

	高い	低い
狭い	リソース・パートナーとの親密さ：低い 範囲が絞られ，目的が両立可能な提携 ⇒提携せよ	リソース・パートナーとの親密さ：中程度 範囲が絞られているが，目的が相容れない提携 ⇒買収を検討せよ 代替案：〈複雑な提携〉を検討せよ
広い	リソース・パートナーとの親密さ：中程度 目的は両立可能だが，広範な提携 ⇒買収を検討せよ 代替案：〈複雑な提携〉を検討せよ	リソース・パートナーとの親密さ：高い 統合を要する提携 ⇒買収を検討せよ

範囲が絞られ，目的が両立可能な提携

図４－２の左上の，「範囲が絞られ，なおかつ目的が両立可能な提携」では，そこに参加するプレイヤーの数が限定的であり，また，各々が自分の役割をきちんと理解している。これは弦楽四重奏と非常に似ており，それぞれの担当パートを一緒に奏でるときに相互にコンタクトを取り合う必要はほとんどない。そこでは指揮者抜きでも個々人のレベルでうまくコラボレーションが図られている。このタイプの提携では，リソースを組み合わせる活動は焦点が絞られており，当事者間で目的は合致している――そこでの活動に従事する人々は充足した感覚を得ることができ，しばしば予想だにしなかったほどの大成功に発展することもある。

前述した，MTNとスタンダード銀行との間の，ナイジェリア，ウガンダおよびその他のアフリカ地域で携帯電話による資金移動のアプリケーション開発をめぐる提携を取り上げて考えたい。この提携が実質的な戦略的成果を生むに

は，そこに従事する人材をほんの数名ばかり，双方の企業から派遣する必要があった。同様に，インドにおけるキングフィッシャー・エアラインとジェット・エアによる提携は，両社にとっての副次的市場の路線を組み合わせる狙いで同盟を組んだものである。このパートナーシップでは，具体的にはスケジュールと予約のコーディネーション作業も対象になるが，それには数名程度の人材による管理が必要な程度である。これと似たものとして，マレーシアのエア・アジアと，英国のバージン・エアラインとは，エア・アジアの保有する東南アジア路線をバージンのオーストラリア，ヨーロッパ，および中東方面の長距離路線と結びつけるという，焦点を絞り込んだ提携を結んだ。

これよりも大規模な，国際的なエアライン間の提携（※スター・アライアンス，ワン・ワールド，スカイ・チーム）であっても，パートナー間の協業の範囲を狭く絞り込んだ関係が維持されている。そこでの運営は，主に個々の情報システムの調整に焦点が当てられており，それによって予約や顧客のマイレージ管理の面でのコーディネーションがなされている。こうしたやり方による恩恵は，典型的にはアライアンスに参加するメンバー同士の統合のように，より大掛かりな同盟関係へと発展しないように意図的にとどめているからこそ生み出されている。ここで強調しておきたいのは，それ以前の，契約をベースとする国際的エアライン同士の取り組みが機能不全のまま終わったということである。そこでの契約モデルがメンバー企業の通常業務まできちんとサポートしていなかったために，個々の企業は情報システムの相互接続の問題には無頓着であった。そのせいで，予約や乗り継ぎ時のミスが頻発し，多くの乗客の激しい怒りを買うという事態を招いたのである。こうした失敗と比較すると，今日の提携モデルでは，そこに参加するエアラインにとって相当な戦略的成果が生み出されていると言える。

パートナー間の関係が予想以上に複雑化してしまうと，焦点を絞り込んだ提携が買収へと発展することもある。イーライ・リリーは，「シアリス」（ED治療薬）を開発するために，シアトルに拠点を置くICOS社との提携を推し進めた。「シアリス」がED薬市場で成功すると，両パートナーはこの薬品のベースとなった化学品の特性を応用してガンをはじめとする諸疾患の治療薬開発の機会を見出した。イーライ・リリーはこの追加的市場が自社の事業ポートフォリオの発展にも寄与すると捉え，ICOSとの提携を継続するよりは，いっそのこと買収してしまおうという判断に至った。その甲斐あって，イーライ・リリーは，関連製品の開発・試作に関わる複雑な業務をずっと安定した足場の上で行うことが可能になったのである。

統合を要する提携

図４－２の右下に該当するタイプの提携は，たとえるならば，それぞれ異なるチューニング，異なるテンポで演奏する多数の演奏家のために曲を作らなければならないような状況である。インセンティブ面でまるで折り合えない相手と提携し，しかもそこでは多様な専門部門を広く巻き込むような関係が求められているとしたら，その関係を維持しつづけるのはまず不可能である。このような場合，ターゲットとするリソースを入手する方法としては，おそらく提携よりも買収の方が適しているはずだ。前述したフォードとVWの提携は，統合を要する提携の失敗例である。同様に，2000年，メリル・リンチとHSBCも，英国，オーストラリア，カナダ，ドイツ，日本，および香港の顧客向けにオンライン・バンキングと投資サービスを提供することを目的とする合弁を発足させた。両社からは，それぞれ合弁事業のCEOとCOOを務めるエグゼクティブが派遣された。しかし，両社の関係の維持管理の対象が，この提携のガバナンスの範囲外にまで及ぶようになったことで，2002年，HSBC側がこの事業を買収することになった。ここで紹介したような初期段階の問題を，リーダー職に任命された人物のせいだと結論付けるのは簡単であるが，実のところ，この問題は，一番最初の，欲するリソースを手に入れるための経路選択の段階での誤りに起因しているのである。

「統合を要する提携」に乗り出す企業が，そこから買収に転換することで大成功を収めるということはしばしば生じる。2000年代に，スペインのサンタンデール銀行は，新規の商品・サービスを引っ提げて従来とは異なる顧客セグメントを狙い撃ちしようと，南アメリカ地域に大攻勢をかけた。当初，サンタンデールはブラジル，アルゼンチン，およびこの大陸の他の国々の銀行との提携を検討していたものの，双方が独立したままでは関係の維持管理が非常に面倒だということは想像に難くはなかった（※特に，個々の提携で求められるインセンティブ面での調整・統合という課題は，とても手に負えそうになかった)。そこで，サンタンデールは南アメリカの銀行をいくつか買収することで，新規サービスの設計・導入の拠点として活用したのである。

範囲が絞られているが，目的が相容れない提携

図４－２の右上では，協業が物別れに終わるリスクをはらむ。というのも，１つ，あるいはそれ以上のパートナーが，他のパートナーのことは二の次にして，自社の利益ばかりを追及するからである。ここでも引き続き音楽のアナロジーを用いると，能力に恵まれて成功した多くのバンドがやがて行き詰まってしまうのは，リード歌手やリード・ギタリストが，バンド全体の成功よりも個人としての目的の方を優先してしまうからである。これはビジネス面での関係でも同様で，いずれかのパートナーが自身の意図の方を過度に重視すると，提携の維持管理が困難になる。

2011年の，ブリティッシュ・ペトロリアム（BP）とロスネフチ（ロシア）との間の石油探査交渉は，協業の範囲が絞られていたけれども，インセンティブの制度的な不備のせいで提携が頓挫してしまったケースである。このケースでは，ロシアのエネルギー・セクターにおけるBPの既存パートナーであったTNKがロスネフチとの取引に異議を唱え，BPとの間で先に締結していた契約条件を盾に新事業の阻止を図った。これに対して，BPは新しい関係下でのTNKの利害をうまく調整することができなかった。このような状況では，自社の権利を制御しやすくするために，何らかの形態の買収を検討する必要も出てくる。

だからといって，インセンティブ面での調整がきちんとなされない場合であれば，いつでも買収が正しい道筋だというわけでもない。場合によっては，〈**複雑な提携**〉という方法もありうる。契約と比べると，たしかに提携はパートナーによる高レベルの関与を後押しするけれども，複雑性が低く，またそれゆえに管理しやすいほど，提携はうまくいきやすい。一般に，インセンティブ調整が不調な場合，それは提携ではなく買収を選択すべきという警告サインである。しかし，リソースが絞り込まれていれば，〈複雑な提携〉によって，パートナー間のインセンティブ面での不整合にうまく折り合いをつけることが

できるかもしれない。

〈複雑な提携〉は，インセンティブ面での整合を取りつつ不誠実な行動を予防するために，人質条項をはじめとするさまざまな手段によって目的をめぐるコンフリクトの解消を図るものである。この点において，〈複雑な提携〉は，〈複雑な契約〉（⇒第３章を参照）とほぼ同じ機能がある。株式の持ち合いやクロス・ライセンシング取引といった人質条項に加え，〈複雑な提携〉には監督メカニズムも存在する。その１つとして，双方の企業からやって来た専門の異なる人材によって編成された多角的なワーキング・グループが挙げられる。その活動は，詳細な取り決めに基づいて運営される。その取り決めとは，具体的には，双方のパートナーの支配下にある技術・市場の範囲を明記した上で，そこにアクセスできる条件について定めたものである。たしかに〈複雑な提携〉がどんなにうまく機能したとしても，それによって自分たちの権利を完璧に保護できるわけではない。とはいえ，〈複雑な契約〉と同様，一見，権利保護が不可能と思われるようなプロジェクトであっても，それを実現することは可能である。提携では，インセンティブの整合性を図って当事者の戦略的利益を保護するための人質条項として，株式の相互持ち合いやコントロールの権利がますます重視されるようになってきている。このような条項は，提携の成否が双方のパートナーの短期・長期のパフォーマンスに対して確実にインパクトを及ぼす。

1970年代にGEが医療用画像機器の日本市場に参入する際に，同社は〈複雑な提携〉に向けた交渉に臨んだ。GEは当時すでに強力な専門能力を有していたものの，日本市場に合わせた画像機器を開発・販売するためには，それまでとはまるで異なる組織を必要としていた。だが，組織内部に新規部門を設置することが難しく，それは半自律的ユニット（semi-autonomous unit）（⇒第２章）とて例外ではなかった。そこで，GEは日本市場での目的を達成するのに適した現地パートナーとして横河北辰電気と手を組むことにした。双方は，コントロール・システムと技術移転メカニズムについて周到な交渉を重ね，その甲斐あってパートナーシップの発展に伴って双方に対してイノベーションという成果がもたらされることになった。GEは，パートナーシップを通じて学んだことを徐々に内部化していった。GEは日本市場での最大手の地位を確立し，同地域に関連した組織スキルを習得し，日本における製品の優位性を武器に世界市場に打って出たのである。

だが，〈複雑な提携〉がこのケースのように良いことづくしだとは限らない。〈複雑な提携〉は，たとえそれが一時的にはうまく機能しても，時間が経つほど維持管理が難しくなる可能性がある。この問題について，BPとTNKとのギクシャクした関係を例にとって考えてみよう。両社による合弁では油田権益の活用をめぐっては円滑に進めることができたものの，ガバナンス・戦略面の拡張的な部分で紛糾し，延々と議論が続けられた。そこには，北極圏における油田開発をめぐってロスネフチと提携しようとするBPの動きをTNKが阻止しようとしたことも含まれる。このような緊張関係は，エクソン・モービルのような競合他社に付けこむ隙を与えることになった（※エクソン・モービルは最終的にロスネフチと手を組む）。

〈複雑な提携〉においては，特に提携の遂行スキルが成否のカギを握る。ダイナミックに変化する環境の下では，複雑な条件についての，交渉，モニター，コーディネーションの能力が不可欠である。〈複雑な提携〉は，提携の経験が非常に豊富な企業にとっては有効な戦略であるものの，不慣れな企業には致命傷になる可能性がある。自社の遂行スキルを評価する場合には，胸に手を当てて曇りのない素朴な眼で自身と向き合う必要がある。これらのスキルが必要な水準を満たしていないにもかかわらず，どうしても〈複雑な提携〉が必要ならば，まずは前提となるスキルを手に入れるための投資を行うべきである。

目的は両立可能だが，広範な提携

図４－２の左下に該当する提携は，パートナー間のインセンティブ（利害）の整合性がとれているけれども，協業を図るために多くの接点が必要であるような場合である。ここでの提携のパートナーは，典型的にはオーケストラのシンフォニーに似ている。オーケストラは多くのミュージシャンと異なる楽器から構成されており，個々のパートをブレンドすることで，全体として単一のハーモニックな音楽に統合する。この「目的は両立可能だが広範な提携」における協業全体を視野に入れると，自律性を求める提携相手の反発を招くかもしれない。もし，その関係が調停困難だというならば，買収を検討すべきである。

だが，一足跳びに買収に乗り出す前に，〈複雑な提携〉によって提携の編成上の課題に手を打ち，状況を好転できる可能性についても頭に置いておく必要がある。

協業面での複雑性が高まると，提携を構造化することでコントロールを可能にする必要もある。企業同士の結びつきを強める目的で，資本面でのアレンジによって〈複雑な提携〉を補完することもある。自動車メーカーであるルノーと日産との間の国際的な〈複雑な提携〉は，大掛かりな公式構造によってうまく結束を図ることができた成功例である。これらのフランスと日本の企業は，特に市場開拓とサプライチェーン・マネジメントの部分で，事業上の深い協業を実現している。各々の行動が同盟関係に寄与しうるように，株式の持ち合い（※ルノーが日産の37パーセントを，日産がルノーの15パーセントをそれぞれ保有）によってインセンティブの整合性が図られている。それぞれの企業の地理的市場の重複がほとんどないことも，両社が競争関係に陥る不安に気を取られることなく生産活動に専念できるという意味で，この同盟関係を土台部分から下支えしている。

インセンティブ面での不整合や当事者間の協業に関する広範な課題に対処するためには〈複雑な提携〉を慎重に設計するばかりでなく，さらにすべてのパートナー企業による強力なコミットメントが必要である。この点に関して，提携によっては，企業横断的なチームというネットワークを編成することもある。この形態のチームは，典型的には提携に参加する組織の複数の職能部門・階層にまたがっており，指示の方法も異なり，報告も各所に散らばったリーダーに対してなされることになる。相互学習や共同開発活動を念頭に置いた提携では，このような単一企業としての枠を超えて広く分散したチーム内のネットワークが欠かせないことが多い。協業をうまく行うためには，パートナーのリソースや能力がきちんとプールされるような構造的な仕組みを用意する必要がある。比較的焦点の絞られた活動には，緩やかに統合された非公式的なタスクフォースが適しているように思われる。だが，ここで述べているような，それよりも複雑性の高い状況では，リソースをプールしてコーディネートするには合弁という公式的な組織体（entity）が必要なのかもしれない。

古典的な共同学習の例として，ゼネラル・モーターズとトヨタによる提携であるNUMMI（the New United Motor Manufacturing Inc.）を挙げることができる。NUMMIは，1984年に，上記2社によってかつてGMの生産工場があったカリフォルニア州フレモントの敷地跡に設立された。この提携の目的は，両社がそれぞれのブランドで販売するための自動車を生産することであった。トヨタにとっては北米生産の足掛かりを得るとともに，自社の生産システムをアメリカの労働環境にも適用する機会を獲得するという意味を持っていた。これに対して，GMはこの合弁を通じて日本企業側からリーン生産方式に関して学び取ることを期待していた。この合弁は2010年まで自動車の生産を続けるほど長続きしたけれども，ほとんどの観察者は，学習という観点ではGMよりもトヨタの方がこの提携から得るものが大きいはずだという見方をしていた。事実，アメリカという環境について学んできた豊富な知識を利用して，トヨタは電気自動車の開発でテスラ・モーターズと協力することになった。なお，テスラは，2010年にNUMMIの工場の一部を購入している。

提携が複雑であれば，ほぼ必然的に緊張も高まることになる。たとえ，当事者同士が株式の保有率やその他のガバナンス面での条件でうまく折り合えたとしても（※この段階で合意できなければ，〈複雑な提携〉も実質的に無効になってしまう恐れは十分にある），通常は，その後から生じてくる問題のせいでコーディネーション活動に足を取られて，パートナーシップが頓挫してしまうものである。ロシアでのBPの経験は，まさにこのケースである。コーディネーション活動について明確に規定できないのなら，あるいは，インセンティブの調整を図るための能力に乏しければ，どんなに複雑に作り込んだところで，提携はまったく機能しないだろう。

活動の範囲が広く，なおかつコーディネーションの必要性が高い場合，最終的に提携は崩壊し，それが何らかの形態の買収に発展するかもしれない。ヨーロッパの航空機製造コンソーシアムであるエアバスでは，参画した4か国のパートナーが，当初は互いの戦略的自律性を尊重しようとしていた。だが，それぞれのパートナーにタスクを割り当てるという配慮のしわ寄せはパートナー企業の現場に向かい，特に設計の諸段階では活動面での重複に対処する必要に迫られた。このような仕組みにならざるをえなかったのは，個々のパートナーの主たる目的が，協調的なベンチャーの創出ではなく，完成品としての航空機の生産能力を維持することにあったからである。結局，個々のパートナーの自律性を維持する方針は，失敗に終わった。ボーイングとの熾烈な競争にさらされたエアバスには，個々のメンバー企業が求める自律性を維持するのに伴う調整コストを負担する余裕はなかった。結局，2001年，メンバー企業の活動を公式的な株式会社であるEADSに集約・統合した。EADSは，メンバー企業の関連資産を移転するための受け皿とすべく，完全に独立した組織体として新設されたものである。

これと同様に，1990年にボルボとルノーは，グローバルな自動車産業において，規模の拡大を目指す〈複雑な提携〉を創設した。しかし，互いに独立した企業が，提携関係の下で行われる協業を率いていくには無理があった。このパートナーシップはみるみる複雑化し，両社がめいめいに目指す関係を構築しようとして無駄な努力を重ねることになった。1994年，結局，この提携は頓挫し，この出来事は，その後1999年にボルボがフォードに買収されるきっかけになったとされる。もう一方の当事者であるルノーは，この失敗からの教訓をその後の日産との提携構造に反映させ，提携を成功へと導いた。

ここで挙げた事例は，提携に関する本書の中核的な主張を裏付けるものである。すなわち，提携が最もうまく機能するのは，両立可能な目的を有したパートナー同士が，対象の絞り込まれた活動に従事する場合だということである。〈複雑な提携〉では，時として，**大掛かりな**コーディネーションと目的の**不整合**といった課題が浮き彫りになることがあるが，この状況にきちんと対処できるのは提携の当事者が強力な提携上の遂行スキルを有している場合に限る。もし，提携パートナーの中の多くの部門が協業に関与していたり，それらのパートナー同士で戦略上の目的が明確に異なれば，コーディネーションの必要性が高まり，協業に伴うコストと難しさが格段に高まってしまう。その場合には，より合理性の高い方法として買収というオプションが浮上してくる。

4．評価ツールとサマリー

表4－1は，必要とするリソースを入手するのにリソース・パートナーとの

提携を模索すべきか否かを判断するのに有用な問いを列記したものである。もし，ほとんどの答えが「Yes」ならば，パートナーとの関係は，焦点が絞り込まれており，目的も両立可能だということになり，提携を考えるべきである。しかし，ほとんどの答えが「No」であれば，買収によってパートナーを完全な支配下に置くことを検討すべきである。

提携は，戦略的価値の高いターゲット・リソースを入手するのに非常に有効なツールである。特に，パートナーとの両立可能な目的を目指して，非常に狭く絞り込まれた範囲での協業であれば，とても重宝するものである。対等な契

［表４－１］

リソース・パートナーとの親密さ

知識面の問い：協業の範囲		No	Yes
活動の範囲	協業に関与する自社の職能部門と人員は少ないか？		
	協業に関与するパートナー企業の職能部門と人員は少ないか？		
調整の複雑さ	協業において自社とパートナー企業の人的な接点は少ないか？		
	双方のパートナーの貢献が特定でき，パートナーシップ維持に要するコーディネーションは限定的か？		
	相互学習の必要性は低いか？		
組織管理面の問い：パートナー間の目的の両立性			
競争面での重複	自社とパートナー企業との間で，競争上の重複はほとんどないか？		
リソース面での貢献	自社とパートナー企業とでは，カギとなるリソース面での貢献は同等か？		
提携の重要性	自社とパートナー企業とでは，提携の戦略的重要性は同等か？		
学習の機会	自社とパートナー企業にとって，提携による学習機会の価値は同等か？		
提携の遂行スキル	自社およびパートナー企業は，長期にわたって提携を維持管理できるだけの関連スキルと人材を保有しているか？		
ターゲット・リソースについての知識・組織の両面での適合性に関する個別の質問に答えよ。 もし，ほとんどの回答が「Yes」であれば，提携（すなわち，〈借用〉モード）を検討すると良い。 もし，ほとんどが「No」であれば，買収を検討するべきである。			

約では必要な関係性を十分に管理できなくても，提携であれば自社とパートナー企業によって小さな共有資源を深く掘り下げることで新しい価値を生み出すことが可能になり，狭く絞り込まれた共通活動をうまく支援することが可能である。買収が正当化されるような状況――すなわち，強力なコーディネーションやインセンティブ調整の特効薬が必要な場合――であっても，〈**複雑な提携**〉は提携を有効化する安全装置を提供してくれるかもしれない。しかし，究極的には，コーディネーションやインセンティブ面での課題が十分に解決されないのであれば，提携は不適切である。このような場合，買収を検討する必要がある。

第5章

〈購買〉の場合

―買収か，それとも代替的方法か―

When to Buy：Acquisition Versus Alternatives

ここまで，本書では，買収について，そこに伴うコスト，リスク，およびさまざまな要素の複雑なもつれといった点から一貫して警告してきた。〈購買〉戦略が妥当なのは，それよりも簡素で時限的な方法（※すなわち，契約や提携によるリソースの〈借用〉）ではとても目的を達成できない場合に限られる。この章では，自社が今まさにその最後の手段に足を踏み出そうかという局面を想定している。そこでは，対等な契約の場合よりも包括的に戦略的リソースにアクセスする必要があり，提携の場合よりもこれらのリソースに対して強いコントロールを発揮する必要があることが前提となる。では，一体どうやって進めればよいのだろうか？

まず最初に行うべきは，買収によって一体何を成し遂げたいのかをはっきりさせることである。M&Aは多様な目的に与しうるが，自社はどのようなベネフィットの組み合わせを望むのか？

M&Aのプラスの側面に目を向けると，まず，M&Aは突出したリーダーシップを発揮するためのツールであることを指摘できる。リソースを豊富に持つ企業の新任のリーダーであれば，買収によって社内に対して自身を大胆に印象づけることで，存在感をアピールできよう。あるいは，すでにCEOの地位にある人物であれば，社内の変革を加速させて，市場のリーダー企業にキャッチアップするという目論見の下で，組織慣性を克服して，短期間で市場シェアを獲得するための手段として〈購買〉モードを用いることもあろう。社内の強力なビジネス・ユニットであれば，M&Aを市場での高い競争力を維持するのに用いることもできる。

戦略的M&Aを通じて自社事業を迅速に再編することもできる。たとえば，インドの自動車メーカーであるタタ・モーターズは，緻密な計算の下で，2004年に韓国の大宇自動車を，2008年に英国のジャガー・ランドローバーを，2010年にはイタリアのデザインならびにエンジニアリング企業であるトリリックスを，それぞれ買収した。これら３件の買収を通じて，タタは自社の製品開発能力をアップグレードし，より高品位なセグメントに移行した。企業向けソフトウェア・ベンダーであるオラクルは，製品ラインとサービス能力を拡張する目的で，2009年から2011年にかけて立て続けに買収を実施した（※そこには，サンマイクロシステムズとライトナウ・テクノロジーズも含まれている）。

特定のリソースに限定しても，M&Aは有用な人材の不足を克服する一助となり，つまりは有機的成長を下支えすることになろう。たとえば，グローバルなエネルギー産業では，高度な能力を備えたエンジニアやプロジェクト・マネジャーのような人材の慢性的な不足に悩まされてきた。そこで，英国に拠点を置くサービス・エンジニアリング企業であるAMECは，地理的な活動範囲を拡張するのに不可欠なエンジニアリング能力を入手する目的で，最近，30件の買収を実施した。

次にM&Aのネガティブな側面にも目を向けると，その失敗の代償は非常に高くつく。2010年，スイスの製薬メーカーであるノバルティスは，当時の企業価値に100パーセント上乗せした価格で2007年に買収した英国のバイオテクノロジー企業であるニューテック・ファーマの事業を停止することを判断した。当時，ニューテックは院内感染向けの薬剤を開発していた。買収の９か月後，残念ながらニューテックの主力製品が欧州の規制当局の承認を得ることを断念した。従業員が20人ばかりのターゲット企業を，それよりもはるかに巨大な企業に統合することの難しさに加えて，製品開発や規制面での不確実性まで考慮すると，ノバルティスにとってはニューテックを買収するのではなく，提携によって薬剤を共同開発した方が良かったのではないだろうか？　そのような場合，たとえ提携がうまくいかなくても，買収のスケジュールを立てる際には，不確実性をはじめとする諸課題（※たとえば，目標管理的な支払条件など）をあらかじめ考慮に入れておく必要がある。

エグゼクティブは買収を選択的に用い，よく分からない案件とは距離を置く必要がある。これまでわれわれは多くの業界と交流してきたが，そこからある顕著なパターンを見出した。すなわち，企業レベルでの開発活動が十分に確立されていないような企業では，それを補うために，突如，企業拡大のためにM&Aを行えというお達しがエグゼクティブたちのところに下りてくるというのである。もちろん，買収以外の手段をもってしても，企業を正しく成長に導くことが難しいこともあろう。だからといって，買収が社内の能力不足を埋め合わせるためのデフォルトの解になってしまえば，戦略的な組織管理上の問題を抱えることになる。さらには，調停が容易ならざる問題を抱え込むことにもなるのである。

ここで紹介するエピソードは，自動車業界のティア１に勤務していたわれわれの学生の１人が直面した，M&Aにまつわる問題の話である。彼の所属企業の新任CEOが，とあるセミナーで，会社を変革するためには大胆な目的を設定する必要があり，変革のための即効性の高いツールとしてM&Aが有効である，と習ってきたという。当時，当該企業は資金面でもゆとりがあったため，そのCEOは野放図なやり方を続けた。その学生は，ボスが手当たり次第に買い漁ってきたものを統合する役割を担わされたのだが，そこでの失敗を回避するにはどうしたらよいのか，われわれにアドバイスを求めてきたというのが事の経緯であった。われわれにも助言できることはあるにはあったのだが，実は，その時点ですでに致命的な判断ミスがなされていた。つまり，それまでに実施した買収のほとんどは無意味であり，取得したもの同士も適合的ではなかったのである。１年後，その親会社は大混乱に陥って売りに出され，問題のCEOは辞任し，その学生も次の職を探すことになったのである。

すでに述べた通り，提携とM&Aとは全く別物というわけではなく，両者の境界には曖昧なところもある。長期的には提携がM&Aへと発展する場合もあれば，その逆で，買収の受け皿として新設された事業部門を分離して，独立ユニット同士で協業を図るといった具合に，買収が提携へと変化することもある。ターゲット企業によっては，親会社である買収側企業の傘下にありながらも自律性を維持し，独立したユニットとして機能するものもある。これとは対照的に，第4章で言及したように，支配する側の企業が提携パートナーを自社の一部門のように扱ってしまうという誤りを犯すということもある。リソース面でのベネフィットという点では，M&Aよりも提携の方が実質的に有利なこともある。

もちろん，所有権とコントロールという観点で見れば，買収は提携とは根本的に別物だということになる。買収では利害をコントロールできるが，提携の場合だとそうはいかない。そのため，所有権を統一し，集権的にコントロールすることで，リソースをよりうまく組み合わせて活用できるという点では，互いに独立してそれぞれに自由に活動する企業同士で手を組む提携よりも，〈購買〉モードの方が優れている。ターゲットとするリソース領域へのコミットメントを高めたり，リソース・パートナーに深く関与してもらう必要がある場合には，企業はコントロールを強化する必要がある。提携では，このような共用資産を集中的に活用することは難しいけれども，買収に比べてコストが低く，柔軟性も高いというメリットもある。提携のこのような側面は，ハイテク領域や市場の不確実性が高い領域では特に魅力的である。

プロセスという観点でも，買収は提携とは異なる。通常，提携とは，2つのパートナーがお互いの足りない部分を補完する狙いの下で交渉するものである。これに対してM&Aでは複数の入札者が存在し，そこでの目的にはコスト節減，市場でのパワーの強化，地理的市場への参入などの要素が絡んでいて，実に複雑である。活動範囲がきちんと絞り込まれ，リソースや目的が明確化されているのであれば，提携に賭けるのが賢明である。

それゆえに，買収以外のモードでは自社のニーズを満たすことができないという場合に限って買収モードを選択するべきである。ターゲット企業の買収・統合には，多くの財務・マネジメントに関わるリソースを必要とし，ゆえに，それは特定のリソースを入手するための最も分かりやすい手段でもある。買収される側の企業には，重複するリソースや非戦略的リソースも多く含まれており，それらについてはリストラクチャリングや売却の必要もある。そうした活動にはカネがかかり，また過去とのつながりを断つという側面もある。買収に過度に依存すれば，結果的に，あらゆるリスクを背負いこむことになるものの，それによって増す統合能力面での厚みはごくわずかにすぎない――買収によるプラスとマイナスを相殺した後の収支はせいぜいトントンといったところだろうか。実際のところ，買収案件をたくさん抱え込むよりは，1つの難しい提携案件に専念して取り組む方がましである。

買収は多くのステップから成っており，その一つひとつが買収の成否に直結している。その中で，特に買収の失敗を決定づけるのは，買収後の統合活動である。統合とは，買収によってブレンドされたリソースから価値を生み出す作業である。どんなにM&Aの経験が豊富な企業であっても，パズルのピースをどう組み合わせるべきかについては，買収を行う度に頭を悩ますことになる。新規の買収案件ごとに，リソース，人材，価値は異なる。そのため，**今回の**統合上の課題のうち，前回とは異なることすべてを研究し，学習し，計画するということ以外に，繰り返し使えるような一般性の高いテンプレートなど存在しないのである。この意味では，買収後の統合作業を組み立てラインに喩えると，それはオートメーションによる大量生産方式ではなく，その都度創意工夫が求められる受注生産のような特徴を持つと言える——やがては繰り返し利用できるベスト・プラクティスのメニューが開発されるにちがいないのだろうが。

買収後の統合で成否のカギを握るのは，取得したリソースのうちどれを手元に残し，どれを売却するかの判断である。統合後の新しい組織でこれといった使いみちのないリソースを売却するための原則となる指針がなければ，過大なリスクを抱え込むことになる。このリスクが特に顕著になるのは，非常に価値の高い特定リソースをコントロールするための買収の場合である。このようなケースでは，買収する側は関連リソースを活用することには熱心である反面，既存組織に手を加えたり，過去に必要なリソースの価値を創出した人材を手離すことには消極的で，ついつい売却が後手に回りがちになる。つまり，買収する側は，結局は使いみちのないリソースに対して買収プレミアムを支払うことになってしまうのである。

あるいは，ムダな贅肉をそぎ落とせばターゲット企業を再生できるという信念の下で，ターゲット企業のリソースをあまりにさっさと再編・統合することもあろう。その場合，ターゲット企業の中核的リソースのテコ入れを図るのと並行して，資産を売却・削減し，スタッフ規模を縮小し，部分的に事業を売却することになる。これが問題なのは，当初は贅肉にすぎないと思っていたものが，実は筋肉や骨のように極めて重要な存在だったことが判明した場合である。1990年代のアメリカおよびヨーロッパの製造セクターにおける250もの買収事案を対象としたわれわれの大規模調査では，R&D，製造，マーケティング，および販売に従事するリソースが削減される可能性は，買収側企業と比べて，ターゲット企業の方が3～5倍程度も高かった。長期的に見ると，このような激しいやり方では，価値ある能力を喪失しかねないのである。

このような過ちを回避できるのは，統合プロセスについての設計図をきちんと描き出すことができ，両社が抱えるカギとなる人材のモチベーションを維持できる場合のみである。集権的なコントロールが過剰であれば，ターゲット企業と買収企業との間の協力関係に悪影響を及ぼし，組み合わせたリソースの価値を損なうことになる。だからといって，コントロールが弱すぎれば価値創出の機会を喪失することになってしまう。もし，統合が適切に行えないのであれば，提携や部分的な買収といった統合度の低いオプションをいま一度検討すべきである。それでは，われわれの提案するタイプの分析を素通りして，経営者がいきなり買収に飛びつこうとするのはなぜか，以下で詳しく見ていこう。

1．**盲点**—なぜエグゼクティブはすぐにM&Aに飛びつくのか？

ビジネスの格言では，M&Aは価値よりも記事の見出しを生みやすいという。いくつかの研究結果によると，M&Aの70パーセントが本来の目的を達成できていないという。こうした研究には，他とは規模が桁違いの大型案件も含まれるので（※そうした案件では，交渉するのも実行するのも格段に難しい），全体の失敗の割合はもう少し低いのかもしれない。他の多くの研究者と同様に，われわれの調査でも，買収は概して買収側企業の株主の価値を棄損するという結果になった。われわれが調査を行ったテレコム業界のエグゼクティブのうち，ターゲット企業の能力を上手に引き出して価値を創出できていたのはわずか27パーセントにすぎない。多くの企業が買収によって成長を加速できると信じているけれども，エグゼクティブの中には誤った理由でM&Aに手を出す人も少なくない。具体的には，①経営者の個人的利己心，②〈購買〉モードへの過剰なコミットメントや特定のターゲットへの執心のほか，M&Aを③阻止戦略や

④時間短縮のための戦略的近道として用いてしまうこと，が挙げられる。

①　経営者の利己心

利己心はM&Aの判断に対して深刻な影響を与える。多くの研究で指摘されていることだが，買収は経営者のエゴや虚栄心，さらには自身の帝国を築こうという野心を煽り，給与や手当を増やし，現在の事業ポートフォリオの冴えない成果を覆い隠し，将来のCEO候補としての自身の魅力をアピールするのに一役買う。あるいは，それはただ単に現在の職を守ることにもつながる。むき出しの野望の最も基本的なレベルでの作用として，エグゼクティブが成長目標達成という実績を引っ提げて自らを上手に売り込もうという魂胆の下，あまり深く考えないまま買収に手を出してしまうことで，問題を引き起こしてしまうことを指摘できる。また，より深層のレベルでの作用としては，経営者に与えられたインセンティブのせいで問題意識が歪められ，現実のシナジーよりも規模を，慎重なデュー・デリジェンスよりもスピードを，長期的に創出される価値よりも短期的な儲けを，それぞれ重視し，それを実現するための手段としてM&Aを悪用している，という側面もある。

本来，経営者はそんなところに気を取られるべきではなく，本当に考えるべきは，競合他社が容易に追随できないような方法で，これから手掛ける可能性のある買収によって当該企業のリソース面での優位性をどうやって向上させるかという問題である。そのためには，腰を据えて企業同士の結合によるベネフィットの予測に取り組み，将来キャッシュフローをはじき出す必要がある。そこでの狙いは，見積もられた将来価値が購入価額に見合っていることを確認することにある。不幸なことに，この分析を実施する際に，多くの経営者が取得するリソースから長期的に生み出される価値の潜在性を考慮し損ねてしまう。その代わりに，次に挙げるお決まりの質問が典型的に物語るように，目先のことに意識を奪われてしまうのである。「この買収が，わが社のEPS（１株当たり利益）や成長率にどのような影響を及ぼすだろうか？　目標とする市場シェア獲得に，どんなふうに寄与してくれるものか？　わが社の株価（そして，もちろん，自分自身の発言力を高めること）にどう寄与してくれるものか？」

これらの問いが一切無意味だと言っているのではない。けれども，そこから返ってくる答えは特定の視点に偏りがちである。というのも，企業は価値を創出するか，破壊するかによって，自ら設定した目標を達成することができるからである。これらの目標が価値を破壊するのではなく創出することによって達成されていることを確かめるためには，経営者は，買収の**中核的リソース**が（※これらは，株価，EPS，市場シェア，成長性，顧客満足度にも影響する）持続的な価値にどのように寄与するのかをきちんと吟味する必要がある。もしそこでの判断が短期的かつ単眼的な視点に基づくようであれば，経営者自身の昇進やボーナスなどのインセンティブに目を奪われて，価値の破壊を引き起こしかねないのである。特に警戒すべきリスクは，大きな会社ほど高い報酬を得られるということで，CEOの報酬が同程度の規模の会社をベンチマークして決定される傾向があることで起こる。結局，買収の過程で生み出される価値よりも，取引が成立すること自体に関心を持つアドバイザリー業者に急かされるまま判断を行い，買収に対して払いすぎてしまうことになってしまう。

②　過剰関与

過度な利己主義に侵されていないリーダーであっても，深入りしすぎることが間違いのもとになることもある。これには成長手段としての買収と，最初に興味を持った特定の相手に対する買収の，両方がある。買収の足下部分の力学に絡めとられてしまうのは実にたやすい。当該案件がうまくまとまるようにと，多くのステークホルダーがかなり強引にプッシュしてくる。たとえば，社内では，M&Aとビジネス開発を手掛けるチームが何週も何カ月も当該案件にかかりきりになるが，それは，その案件に対して投資を行っているのと同じである。社外からは，投資アドバイザーや銀行といったパートナーが取引をグイグイとプッシュしてくるが，資金面でのインセンティブや自社の名前を売ることなど，そこには相当な利害が絡んでいる。このように，買収プロセスそのものが当該案件へのコミットメントを強化させるように作用するため，そこから手を引きにくくしている。

ボストン・サイエンティフィック社が心血管装置企業であるギダントを買収したとき，同社は明らかにこのトラップに陥っていた。2004年，ジョンソン＆ジョンソン（J&J）がギダントを買収する直前のところまでいった。J&Jは数か月をかけてこの案件について精査し，交渉では2,400億ドルという買収価額を提示した――J&Jは，ギダントのリソースと能力を統合することによって創出できると見込まれる価値の評価に基づいて，その買収価額を決定した。だが，ギダント社の心臓除細動器に関する懸念が表面化したことで，J&Jはその提示額を2,200億ドルまで引き下げた。それを機に，J&Jのライバルであるボストン・サイエンティフィックが急遽参入して，2,500億ドルという金額を提示した――それはのちに2,700億ドルにまで引き上げられた。除細動器の問題まで考慮に入れると，新しい提示価格がギダントの価値を上回ってしまうと確信したジョンソン＆ジョンソンは，この案件から手を引いた。ボストン・サイエンティフィックはオークションでは勝利したものの，今となってはボストン側がかなり払い過ぎたと見る人がほとんどである。もう少し付け加えておくと，ギダントの資産の統合作業は難航し，しかもそれがコア事業の脚を引っ張っていたようである。

M&Aのブームはしばしば波のように生じるものである。1990年代は合併が顕著で，2000年代半ばにはグローバリゼーションや規制緩和，世界中での株式市場の過熱を背景とする資産取引が盛んになった。お祭り騒ぎに興じる周囲の競合の様子を，自社だけがじっと座ったまま眺めているのは難しい。用心深いエグゼクティブたちはそんな誘惑に惹きつけられることにうしろめたさを感じながらも，それと同時に，いつまでもそんなふうに意固地になってM&Aに消極的なままでいたら，大胆な決断力の持ち主という自身の評判にも傷がついてしまうのではないかという不安に襲われてしまう。2000年代初頭のヨーロッパのファインケミカル産業に関する調査では，われわれは模倣行動に関するかなり説得力のあるエビデンスを見出した。すなわち，過去の類似案件に対する市場の否定的な評価にも屈することなく断行されたM&Aでは，ただ単に経営者が競合企業によるM&Aの動きを模倣して，しかもそこで用いられていたのと似通った高水準の評価倍率を適用していただけであった。

③　競合に対する阻止戦略

企業は時折，ターゲット企業が競合他社によって購入されるのを阻止する目的で，買収という手段を採ることがある（※ボストン・サイエンティフィックによるギダントの買収でも，この動機が部分的にあったと考えられる)。短期的にはこのような努力が利益を生むこともあろうが，持続的な価値創出に結びつくことは稀である。買い手はターゲット企業を統合したり，ターゲットが離反した場合のコストを負担する必要がある。しかも競合にしてみれば，たいていは「敵にブロックされた」リソースを入手する別の方法——こちらの方が優れている場合もある——がうまい具合に見つかるものである。それにもかかわらず，われわれの調査結果によると，M&Aの経験のあるテレコム企業のエグゼクティブたちの50パーセントが,「競合によって買収されることを阻止する目的でリソース提供者を買ったことがある」と答えている。

④　時間的プレッシャー

たとえ深く考え抜かれた戦略ビジョンを持つエグゼクティブであっても，他に有効なモードがあるにもかかわらず買収の方を選んでしまうことがある。時間や競争，業界再編のプレッシャーの下では，企業は，ターゲット・リソースを素早く入手したり，ライバルよりも先行してアドバンテージを得るための手段として，買収を位置づけることもあろう。われわれが実施したテレコム企業を対象とする研究では，サーヴェイ調査を実施した企業の63パーセントが,「時間的なプレッシャーの影響により，提携ではなく買収を選択せざるをえなかった」と述べている。つまり，多くの企業があまりにさっさと買収を選択してしまっているけれども，そうした企業はターゲット・リソースから適切にベネフィットを享受できるようになるまでの統合作業にどれだけの量の努力を投入する必要があるのかを，過小評価している。

だが，買収が戦略上の課題への特効薬となることは稀である。テレコム企業で買収を選択したエグゼクティブの65パーセントが，統合段階で生じた摩擦について報告している。その統合プロセスでは，予期せぬ障害や支出に見舞われるものである。さらに，すでに言及したとおり，トップ級の能力を備えた人材であれば，苦労せずに最高の転職先——ひょっとしたらそれが競合の可能性もある——を見つけてくるのだろうが，そうした人材の引き留め・定着という重大な課題はどうしても回避できない。統合までの道筋が混沌としていれば，組織にとって有益な人材の多くを失う事態を招きかねない。

以上のような点を考慮に入れると，M&Aによる取引が非常にリスクの高いリソース取得戦略であることは明らかである。この章は，M&Aの選択・却下について判断する場合の落とし穴を回避するのに参考となろう。そのためにリソース入手経路のフレームワークが意思決定の手引きとなるはずである。

2．ターゲット企業を統合できるか？

買収には多くの困難が伴うだろうが，それでも企業が適切な状況の下で買収を選択すればカギとなる競争優位性を獲得できる。**図５－１**で示しているように，買収を行うのにふさわしい状況であるか否かを判断する際のカギとなる問いとは，ターゲット企業のリソースをきちんと統合できるかというものである。

［図５－１］買収か，それ以外か？

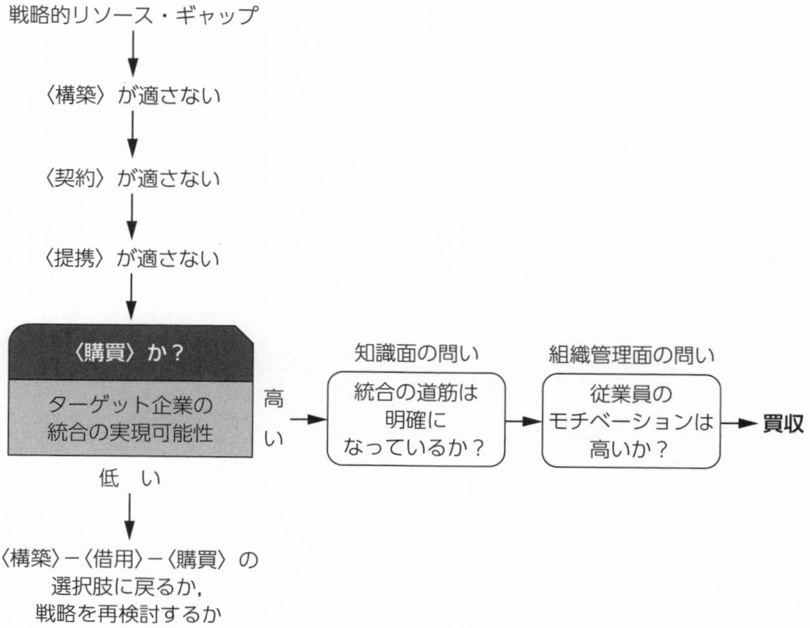

戦略的リソース・ギャップ
↓
〈構築〉が適さない
↓
〈契約〉が適さない
↓
〈提携〉が適さない
↓
〈購買〉か？
ターゲット企業の統合の実現可能性
高い → 知識面の問い：統合の道筋は明確になっているか？ → 組織管理面の問い：従業員のモチベーションは高いか？ → **買収**
低い ↓
〈構築〉－〈借用〉－〈購買〉の選択肢に戻るか，戦略を再検討するか

統合の舞台となるのは，買収される側の企業か，買収する側の既存事業，あるいは新規に設置されるビジネス・ユニットの内部である。また，統合は買収後ただちに行われることもあれば，段階的に進められることもある。統合がうまくいけば，最終的には，結合企業のスキルを引き出して活用することで新しいリソースを創出することになる。新しくリソースを創出できないのであれば，ターゲットに対して万年支払いすぎの状態が続くことになる。買収・統合後もターゲット企業の業務内容が買収前までにやってきたことのままであれば，当該企業の株式を購入したところで，株式市場でパッシブ投資を行っているのと大差ない（※コラム「ジョンソン＆ジョンソンにおける〈購買〉と〈構築〉の混合戦略」を参照されたい）。

コラム

ジョンソン＆ジョンソンにおける〈購買〉と〈構築〉の混合戦略
―創造的な再結合を通じたイノベーション能力の強化―

ジョンソン＆ジョンソンは世界でも最もイノベーティブで堅実な成功を積み重ねてきた企業として知られる。コンシューマー・プロダクツや医療用製品，医薬品をダイナミックに組み合わせて販売し，毎年，莫大な利益を生み出している。J&Jの洗練された調達指針のおかげで，製品セグメントや地域ごとの変化に継続的に対応し続けている。そこでの指針とは，内部開発と買収をたくみに活用しながら，活発な買収の後には統合と再編とを組み合わせて実施する，というものである。

われわれは1975年から1997年にかけてのJ&Jのメディカル部門の生産ラインとビジネス・ユニットの展開について調査した。この期間中，J&Jのメディカル部門内では，新規に87のユニークな製品ラインが立ち上げられた。メディカル部門では88のビジネス・ユニットを展開しており，これら88のビジネス・ユニットのうち54は買収によって外部から 取り込んだものであり，残りの34は内部に新設されたものである。87の新規の製品ラインのうち，14は内部のイノベーションによるもので，残りは買収によるものである。このように，買収は

J&Jの新製品創出にとって重要な役割を担っており，それを下支えしているのが買収した組織をそれよりも巨大な会社に統合する企業能力である。

J&Jは分権化された組織だと言われることもある。というのも，新たにビジネス・ユニットを取得したり新設したら，そこでの製品の販売や独自戦略に対して口出しせずに任せてしまうからである。だが，同社では，買収した会社の製品を販売することでおしまいにするのではなく，そのずっと奥にまで踏み込むことによって，M&Aによるベネフィットを実現している。

J&Jでは，ほぼすべての買収において，買収してきたものか内部で開発したものかを問わずにユニット間での強いつながりを作り出した上で，積極的に統合・再編を行う。われわれの調査結果では，J&Jでは，新規ユニットの約３分の２が，設立・買収されてから４年以内に大規模に再編されている――典型的には，業績不振のラインや現在の戦略には適さない製品を売却したり，以前までは全く別個のものとして取り扱っていたユニット同士を結びつけたりする。たとえば，同社は，A&Oサージカル社とシメディックス社を取得することで，1982年に透析関連の製品ラインを新設した。同社は，そうやって新規に買収したユニットを，それ以前に買収していた心臓血管の付属品製造部門と組み合わせて一体化させた。

J&Jでは可能な限り速やかに統合に乗り出す――そのせいで新しく買収したユニットについて学ぶための時間がないという面もあるのはたしかだが。探索的な買収においては特にそうだが，J&Jはターゲットに対して少なくとも１年かそれ以上の期間，半独立的に事業活動を行うことを許容している。だが，その傍らで，既存事業からターゲットの探索的活動へと人材を移動させることで，学習と情報共有を促進する。技術や市場機会に関する理解が深まり，それがある一定水準を満たすようになると，会社は本格的な事業再編に着手し，その段階で半独立状態のままであったターゲットが消滅することも多い。

ジョンソン＆ジョンソンによる心臓ステント開発は，同社が外部からのリソース取得と内部開発，および事業再編を実にうまく融合させていることの好例である。1970年代の終わりから1990年代までの10年以上にわたって，J&Jは社内に心臓関連の技術・市場領域の事業を立ち上げたが，その一方で心臓関連機器周辺のリソースを保有する企業をいくつも買収した。J&Jは長い時間をかけて，心臓領域の探索活動と並行して，内部と買収企業との間で人材を異動させながら，買収した企業の主要部分の売却を進めていった。

1983年，J&Jは，それ以前に買収していた３社（※エクストラコーポリアル・メディカル・システム，バスコー，カーディオ・システムズ）をハンコック・エクストラコーポリアルとして知られる新設の事業部門に組み込むことで，心臓弁およびそれ以外の心臓血管の付属品の製品ラインを導入した。1984年，J&Jはハンコックを J&Jカーディオバスキュラを母体に，心臓血管のラインを拡張するとともに，もはや必要ないと判断された人工透析のラインをバクスターに売却した。その２年後，J&Jは一時的に心臓血管の事業から撤退し，当該ユニットをメドトロニックに売却した。

1990年代の初め頃，J&Jは心臓血管市場に再参入した。買収してきた心臓病のケアに特化した企業（メンロ・ケア）と内部の開発部門とを統合したJ&J インターベンショナル・システムズで，新しい心臓補助装置を開発したのである。統合後の事業では，初期の心筋梗塞ステントの開発機会が追求された。そして――いくつもの異なる部門から人材を複雑にミックスしながら，さらに10年以上をかけて――J&Jは新しく培われたステントの専門能力を，1996年にコーディスから取得したバルーン付きカテーテルのラインに束ね直したのである。

このような長期間の事業活動を通じて多様な事業間にわたってリソースを創造的に統合する能力が，同社の市場での目覚ましい成功と多額の収益に結び付いているのである。

ターゲット企業を統合するためには，①統合までの道筋を**はっきりと**描き出し，なおかつ②買収取引の両サイドの人材の**モチベーションを維持させる**ことの両方が必要である。もし統合の道筋を明確に示せないと，買収を正当化するためについつい後ろポケットから**シナジー**という言葉を引っ張り出したくなるかもしれない。シナジーが発生するのは，２つのリソースを組み合わせることで，それらの価値を単純に足し合わせた場合よりも多くの価値を生み出す場合である。しかし，合併後にリソースをどのように組み合わせればよいのか，そのリアルな理解を欠けば，シナジーなどただの幻想にすぎない――実質を欠くシナジーは，ダメな案件から距離を置くための健全な直観を鈍らせる危険な誘惑である。

ターゲットを自社組織に統合する能力について深刻な懸念があるのならば，いま一度，前の段階に立ち返って再考してみるべきである。すなわち，他のモードにはどこか不十分な点があったのかもしれないが，それらを選択肢の１つとしてもう一度検討し直すのである。ただし，それでも適切なモードがないということであれば，大本の戦略自体を再検討する必要がある。

知識に関する問い―統合の道筋をはっきり描き出すことができるか？

統合までの道筋の明確さは決して一様ではなく，そこには程度がある。少なくとも取引に着手する時点で，統合全体のロードマップを定義できることは極めて稀である。最も単純なケース――たとえば，リソースが限られている小規模な企業を買収して，短期間のうちにそのリソースを利用するような場合なら，取引についてのプランニングの過程で統合活動まで決定してしまうこともできよう。これと同様に，積極的な買収戦略を採る企業は，通常は取引完了前には統合に着手している。たとえば，GEとシスコでは，小－中規模の買収案件の場合については，明確に規定された手順に従うことになっている。

だが，多くの場合，買収は単純とはほど遠いのが現実である。買収ターゲット自体にせよ，それが事業活動を行っている環境にせよ，それらは唯一無二のものであり，全く同じであることなどありえない。自国では統合がうまくいったとしても，それと同じやり方が他国ではまったく通用しないということもありうる。同様のことは，買収する側が，ターゲット企業の競争上の製品・市場セグメントについて，あまりよく理解していない場合にも言える。たとえば，アメリカに拠点を置くバンク・ワン・フィナンシャル・サービスは，中規模銀行であるミッドウェストを買収・統合した経験を通じて，強力な買収・統合のスキルを培った。だが，そのスキルを1997年のファーストUSA（※クレジット・カード企業）の買収に適用したときの結果は散々であった。ファーストUSAという異なるコンテクストでの買収は深刻な経営不安を引き起こし，JPモルガン・チェースによるバンク・ワンの買収の引き金となったとたびたび言われている。

統合に関する問いに沿って分析する際には，次に紹介するような，われわれが調査時に見たデュー・デリジェンスの実践法が有用であろう。これは２つの分析を組み合わせるものであり，具体的には，一方のチームは専らターゲットの買収のポジティブなケースを描くことに責任を持ち，もう一方のチームは（※こちらも同様に重要性を持つのだが）ネガティブなケースを担当する。スタッフにはそれぞれのチームを交代で担当させるため，社内で反対意見ばかりを主張せざるをえないような役回りが特定の誰かに固定化することはない。最終的には，経営トップがポジティブとネガティブ両方のケースを精査して判断を行う。このアプローチでは追加の分析が必要であるけれども，企業にとっては計り知れないほど有益である。これによってダメな案件を却下できるだけでなく，自分たちが取り組む案件について理解を深めることができるのである。さらには，このような２チーム制のアプローチによって，企業内のスタッフに規律と協調性を兼ね備えた強力なスピリットを涵養したことも付言しておきたい。

しかしながら，社内で統合のための分析手法を整備していたとしても，次に挙げるような３つのポイントについては，買収取引の都度はっきりさせる必要がある。すなわち，①リソースの組み合わせの範囲，②リソース売却の範囲，③統合プロセスのスケジュール，である 。

①　リソースの組み合わせの範囲

統合までの道筋を描く際に，ターゲット企業の保有するリソースのうち，どれが自社の直面するリソース・ギャップをピタリと埋めるかを特定しておかなければならない。場合によっては，M&Aのデュー・デリジェンスによってターゲットのリソースを棚卸しして正確にリスト化できることもあろう。だが，それができなければ，深い部分の情報については取引交渉が終了した後でしか得ることができない――ただし，それはリソースを評価するための企業横断的チームを立ち上げた場合であるが。

国境をまたぐ買収では，リソースの評価は殊更難しくなる。というのは，競争・環境面でのコンテクストが全く異なるため，相手の内部事情を窺い知ることが困難である場合が多いからである。外国企業が買収を行う場合には，当該企業が入手しようとしているターゲット・リソースのクオリティに関する情報を欠く可能性がある。たとえば，何年か前，日本の製薬企業がアメリカの中規模のライフ・サイエンス企業を買収した際には，それによって業界序列をひっくり返せると信じていた。だが，他のアメリカ企業が早々にこの買収案件から手を引いていた背後には，このライフ・サイエンス企業の臨床試験に瑕疵の疑いがあった――正確には，それが実際に露見したのだが――。その日本企業がそのような事態に気づくのが遅すぎたのである。同様に，中国民生銀行が2007年にアメリカの西海岸にある銀行であるUCBHを買収した際には，UCBHの貸倒引当金が過少に報告されていたことが見落とされていた。

買収側企業とターゲット企業がデュー・デリジェンスの面で協力し合うとしても，リソースの査定はなかなか正確にできないものである。たとえ自社の保有するリソースであっても，そのうちのどれが価値を生み出しているのかをエグゼクティブが理解できていないことはさほど珍しいことではなく，ましてやそれがターゲット企業のものとなればなおさらである。リソースは内部・外部の活動と複雑に絡み合っているため，どれか特定の要素だけを選別して取り分けるのは危険である。もし，自信を持ってリソースの評価ができそうになければ，そこに関連する知識を得るための時間を買うという目的で，初めの段階で少しだけ投資してみるということも必要かもしれない。

近道の誘惑には用心しなければならない。たとえば，デュー・デリジェンスを外部の支援に頼って，第三者機関にターゲットの価値査定を実施してもらう場合には，資産を組み合わせることによって得られる潜在価値ではなく，**現在の**価値にフォーカスしがちであることには注意すべきである。買収による実際の価値は，以下の２つの条件に依存する。すなわち，（ｉ）ターゲットのスキルが，自社の既存リソースをどの程度まで強化，拡張，刷新することになるか，（ii）自社のリソースがターゲット企業のリソースをどの程度まで増幅するか，である。ゆえに，リソース結合のベネフィットについて評価するためには，自社とターゲット企業の両方のリソースに対して同じくらい完璧で鋭く理解を深めた上で，それらをどのように統合すべきかをきちんと考えておく必要がある。社内の開発・経営スタッフは，そのような着地点を見据えて評価作業に取り組む必要があるのである。これら一連の判断は，買収の目的に照らし合わせて為される必要があり，そのためには，そもそも買収の目的が明確化されている必要がある。買収目的が曖昧ならば，統合に向けて投入される努力を分散・希釈化しかねない。

リソース入手を目的とする買収は，その志向するところによって３つのタイプに分けることができる。

- **活用型買収**（exploitative acquisition）とは，すでに確立している市場での既存活動を強化する目的で，自社のリソース基盤に何か新しいものを付加することで自社の中核的ドメインを強化するものである。つまり，新しく付加されたリソースが，既存市場で生じている新規機会の追求を可能にするのである。
- **拡張型買収**（extension acquisition）とは，既存活動の範囲を地理的市場という面で新規に拡張したり，既存市場内での新商品開発を可能にするものである。
- **探索型買収**（exploratory acquisition）とは，新しい市場領域の開拓を可能にするものである。この場合に新たに取得するリソースとは，過去からの延長線上にはない性格の（disruptive）技術，製品カテゴリー，あるいはビジネス・モデルである可能性がある。

これら３つの方向性のうち，いずれを重視するかをはっきりさせれば，リソースの組み合わせの範囲についても明確に決定できる。すなわち，どのリソースを統合し，どのリソースに自律性を持たせて放っておくか，手元に残すべきか・売却すべきか，といった問題である。３つのうち，活用型買収では，その範囲を最も厳密に決定できるだろう。活用型買収の場合，既存のリソースについてはそのまま手元にプールしつつ，M&Aによって不要になった既存事業の一部とターゲット企業の不要な部分をまとめて売却するという作業が伴う。これに対して，通常，探索型買収におけるリソースの組み合わせの範囲を決定する作業ははるかに困難である。探索型買収のターゲットには，そのスキルについてあまりよく分かってないものも含まれ，それらを性急に自社組織に統合しようとすれば，もしかすると破壊的な影響を及ぼす可能性もある。拡張型買収における統合についても，リソースの組み合わせの範囲を決定する作業には相当な難しさが伴うと予想される。拡張型買収の場合，買収側企業は，関連するリソース領域の市場条件の違いや，新しい地理的市場で事業展開するために現地にきちんと適応することの重要性を過小評価しがちである。もし，拡張型買収を目指すのならば，自社に致命傷を与えかねないローカルのリソースを速やかに処理できるか，気を付けるべきである。

Skypeをめぐる一連の買収劇では，買い手による統合の範囲に関する認識がいい加減だとどんな事態を招くかを顕著に示唆している。オンライン小売を展開するeBay（イーベイ）がSkypeを30億ドルで買収した際，eBay側ではSkype製品をどのように統合するのかについての，明確なイメージを欠いていた。新しく親会社となったeBayの傘下にありながらも，Skypeの人材が自分たちの自治権を死守しようと激しく抵抗したことが状況を複雑にした。2009年，Skypeの音声ビジネスをeBayの強力なe-コマース機能と結びつける企てが頓挫したことで，eBayはSkypeをスピン・オフした――その際，14億ドルもの評価損を計上した――。消費者向けインターネット市場をコントロールしようと奮闘するマイクロソフトは，2011年にSkypeを85億ドルで買収した。このとき，マイクロソフトは最初から統合に向けた道筋を見定めていた。Skypeを自社デバイス・ソフトウェアのプラットフォームに組み込むことで，Skypeの１億4,500万人もの現行ユーザーに対してマイクロソフト製品の魅力を一層アピールできると見込んでいたのである。

② リソース売却の範囲

ターゲット企業が保有するのは，買収の決め手となった有用なリソースばかりとは限らない。そこには不要なリソースまで含まれているのが普通である。そのため，統合の計画を立てるのと並行しながら，不必要なリソースを売却するプロセスも必要となる。そこで売却対象となるのは，ターゲットと自社の双方のリソースである。事業を統合する際には，自社の戦略目的には貢献しないリソースを売却しなければならず，そこには製品・サービスのラインや生産設備，知的資産も含まれる。さもなければ，リソースを溜め込むばかりで，会社を肥大化させることになる。

多くの買収では，必要なリソースを入手することに加え，戦略目的を変化させる点においても価値がある。ターゲットの計画・統合の段階で，たとえ過去に高い価値を創出していたリソースだとしても，現在ではもはや不要であるのなら，そのことをいつまでも無視し続けるわけにはいかない。

買収には積極的だけれども売却に後ろ向きの姿勢の企業は，ゴミ屋敷の主のようなもので，気づいたときにはガラクタの山を前に途方に暮れることになる。そのような企業は，どの事業も競争力が低く，しかも事業間の関連性も乏しく，効率的に運営されている競合の目からは格好のターゲットに映る。売却の原則となる指針については，第６章で詳細に取り上げることにしたい。

③　統合プロセスのスケジュール

統合ではスケジュールをはっきりさせることが重要である。計画の対象期間は活用型の場合と探索型の場合とで異なる。活用型買収では，主に関連リソースを集めたり不要なリソースを売却することによって，比較的速やかに統合がなされる。しかし，探索型買収の場合，よく理解できていないリソースの拙速な処理は，破壊的な影響を引き起こしかねない。それでも，もしこれらの買収から潜在的な価値を引き出したいのであれば，互いに完全に独立したものとして別々に機能させるべきではない。特に，探索型買収では，もともとの交流は下火であっても，それが時間とともに深まっていくことでメリットが発揮されるようになるのである。

シーメンスが1990年代にアメリカの小規模なデジタル・コミュニケーション企業数社を買収した際，同社はそれらの企業に対して数年間は高い自律性を与えた。だが，その期間中，シーメンス側は買収した企業に自社エンジニアを配置し，買収相手の業務に従事させた。そのエンジニアたちが派遣先の組織に関する理解や洞察を深め，それをドイツ側と共有できるようになったことを確かめると，シーメンスはそこからさらに深いレベルでの統合作業に移行した。このように，ターゲット・リソースについてどの程度まで理解があるかを目安にして，統合のペースを調節しなければならない。

統合プロセスについて，その主要な節目ごとの到達目標すら明確化できないにもかかわらず，そのうちに道筋が見えてくるだろうという淡い期待を頼りに，取引を前に進めたいという誘惑に駆られるかもしれない。しかし，このようなケースで浮かび上がってくる道筋というものは，たいていは断崖絶壁の上に一直線につながっている。そんなリスクを回避する唯一の方法は，取引交渉を完了させる前に買収の主要な目的をはっきりさせておき，取引交渉が終わり次第，可能な限り速やかに詳細な統合プランを作成することである。たとえば，Googleは2006年にYouTubeを16億5,000ドルで買収したが，そこでの目的はオンライン検索とビデオ・ストリーミングとを結びつけることであった。Googleは買収したYouTube側の人材と一緒に仕事をして統合に踏み切る機会を醸成しながらも，およそ２年間は，YouTubeに対してかなりの独立性を与えていた。この最初の独立期間を経た後，Googleはその中核的な検索ビジネスとYouTubeの展開するビデオ・ストリーミングのプラットフォームとの接続に踏み出したのである。

もちろん，事前に統合までの青写真を完璧に描き出すことなど不可能だろう。だが，（ｉ）自分たちが何を買おうとしているのか，および（ii）自分たちのリソースと組み合わせることで，その価値が自社の戦略的な目的をどのように前進させるのか，というポイントについてははっきりさせておく必要がある。2002年にヒューレット・パッカード（HP）がコンパックを買収した際に，HPは両社の生産ラインを統合することで戦略的価値を生むことについては理解していたけれども，統合会社が価値を生み出すようになるまでの完全なロードマップまでは描き切れていなかった。そこで，そのようなロードマップを前もって作ることはやめて，HPは買収の主要な目的をはっきりと明文化した。その目的とは，PCセクターでのプレゼンスを高めること，および買収したリソースとプリンタ部門とを強力に結び付けて統合することである。そこで，HPは，統合プランをまとめた上で，統合作業を率いるための関連スキルを持つ専従のリーダーを配置した。その取り組みには数年を要すると見込まれていた。

HPにとって先の見通しは十分ではなかったけれども，統合によって何を手に入れようとしているのかを明確にし，さらには組織のトップと現業部門の各階層に有能なリーダーを配置したことで，統合が実現した。ただし，統合に向けて強力なリーダーシップが発揮され，また，合併後の長期的な目的が理解されていたにもかかわらず，HPとコンパックの統合が成し遂げられるまでにはほぼ10年を要した。その過程では，全社を真っ二つに分裂させての大論争もあった。合併によって戦略的な方向性がシフトし，人材のキャリアパスも変化し，伝統的な事業ラインは売却された。他の調達モードでは決して対処しきれない状況の下で，このような複雑で手間のかかる買収を行うためには，きちんとした指針に沿って，統合の目的と遂行状況の両方に注意を払うことが必要である。その作業には優に数年を要し，それによって買収・被買収の双方の企業の人々の人生にも影響を及ぼす。

組織管理面の問い—従業員のモチベーションを維持できるか？

何を統合すべきかをはっきりさせることは，買収に向けた闘いの一部にすぎない。それに加えて，統合を組織面でどのように管理すべきかについても理解しておく必要がある。そこには，カギとなる人材を特定して，引き留めて定着を図る（retain）という問題も含まれる。さらに，人材以外の部分でも，これから手掛けるかもしれない潜在的な買収案件を管理するのに必要なリソースが足りているかどうかについても精査する必要がある。その場合，その案件のみでなく，同時に他の買収案件も抱えるのであれば，そのようなコンテクストの下で検討する必要がある。

①　カギとなる人材の特定

ターゲット企業側で誰がキーパーソンなのか，すぐに特定できる場合もあろう。だが，たいていの場合，もしそのカギとなる専門スキルがチームに埋め込まれたものであれば，キーパーソンが誰で，どのくらいの数の人材を引き留める必要があるかを洗い出すのは容易ではない。買収案件の評価では，こうした人材の特定もデュー・デリジェンス作業に含まれる。だが，この作業が特に重みを増すのは，統合を進める中でターゲット企業のスタッフの一部を解雇せねばならない場合である。

誰が最も重要性の高い人材であるかを見誤ったり，単によく目立つだけの人物を価値の高い人材だと誤認したり，といったことは容易に起こりうる。普通は，傑出した研究者や資産評価のスター・アナリストといえども１人きりで仕事を完結させているわけではなく，その活躍の陰には極めて重要な役割を担う支援チームが存在しているものである。つまり，その支援チームが全体のパフォーマンスを左右していると言える。ゆえに，スター・プレイヤーの評価は，個人ではなくチーム全体というコンテクストの下で行われる必要がある。たとえスターといえども，それを支えるチームの支援を欠けば無力かもしれないということを考慮に入れると，価値あるチームを無傷のまま温存する必要もあるのである。

同様に，人事関連の単純な精査一つをとっても，ターゲット企業の労働環境や社会ネットワーク，組織の文化的要因によって評価がぐらつく可能性がある。人物に関する精査作業の例を挙げると，小規模なターゲット企業にいる傑出した研究者が，買収側の大規模組織で用いられている報告システムに従わされてそこに時間を割かざるをえなくなり，生産性が低下してしまい，おまけにイライラまで募らせるといったようなことが，将来についての見通しを立てにくくするのである。個人やチームによる判りにくいけれども確かな貢献を特定して抽出するには，ターゲット企業側のマネジャーの“ローカルな”眼力が不可欠なのである。

現時点のターゲット企業に属するリソースがどのように得られたのか，そのルーツまできちんと掘り下げた理解をしないまま精査してしまうこともまた，間違いのもとである。多国籍展開する製薬企業によって買収されたライフ・サイエンス企業出身の，ある上級幹部の語るところによると，買収時には研究者ばかりに光が当てられ，そうした人材に対してはそれ以上望めないほどの最高の条件の引き留め・定着パッケージが付与されたという。だが，買収側が見落としていたのは，ターゲット企業によるイノベーションのほとんどの成果が，過去のパートナーシップと買収取引，および支援的な役割に徹した内部の研究者によってもたらされていたという点である。その幹部の見立てによると，そこで本当にカギを握っていた人材とは，外部のイノベーションを自社に持ち込んでくれた開発人材とビジネス・ユニットのマネジャーだということになる。

このように，カギとなるリソースを評価する作業は，コンテクストの中で考える必要がある。もしターゲットが有機的成長を続けてきたのであれば，その価値のほとんどは内部のR&Dやマーケティングといった職能的リソースを通じて創出されている。あるいはターゲットの成長が外部からもたらされたのであれば，外部調達の機会を探し，評価する役目を担ってきた交渉担当者やチームがカギを握っており，そこに目を向ける必要がある。

② カギとなる人材の引き留め・定着

ターゲットの統合は可能なかぎり速やかに行われる必要がある。ここには，新しく入ってきた人と古参の人の違いに関係なく当該企業の**すべての**メンバーについてインセンティブ面での整合性を図る作業も含まれる。十分なインセンティブなしに統合に取り組むマネジャーなどいないことは明白である。

自社が買収されてしまうということにターゲット企業の人々が憤慨することも少なくない。買収されてから随分経ってからも，自分は今でも，買収企業ではなく元々所属していたターゲット企業に仕えていると言い続ける人も多いはずだ。この露骨な態度は，買収の成果が統合によって得られるはずの潜在的な成果水準をはるかに下回りかねないことの警告サインである。事実，この手の不満を抱く従業員たちはさっさと次の働き口を探し始めるはずであり，優秀なスター人材であるほど引く手あまたとなる。こうした優れた人材が新しい統合会社の一員として認められ迎え入れられていると感じることができるようなムードを作り出すように，買収する側は手を尽くす必要がある。このように述べるのは，このことが統合活動の成果を大きく左右するからであり，決して相手を喜ばせようという感情的な配慮の必要からではない 。

デュー・デリジェンスには，人材を慰留するためにどんなインセンティブ――すなわち，カネ，昇進，新しいことへの挑戦機会――が有効かを突き止める作業も含まれる。いずれがインセンティブとして適切なのかを特定できなかったり，そのインセンティブをとても負担できそうにないのならば，そのような案件とは距離を置く必要があろう。

もしターゲット企業の従業員の配置換えや組織の実質的な結合をすぐに求めようとしなければ，あちこちで発生することになる短期的な困難やインセンティブに伴うコストを回避できるかもしれない。親会社の傘下にありながらもターゲット企業に自律的な自由度を与えることは，カギとなる人材の引き留め・定着に寄与しうる。ライフ・サイエンスのスタートアップ・ベンチャーのサートリス社では，2008年にグラクソスミスクライン（GSK）によって買収された後も数年間は，独立したアイデンティティについては手つかずのまま維持された。GSKとしては，サートリスの企業家的な文化を大事に守ることで，GSKの既存のリソース基盤とは根本的に異なる知識を持つ価値ある研究者に留まってもらおうと考えたのである。

とあるポーランドの投資銀行はプライベート・エクイティ企業の買収を検討していた。同社の上級幹部の次の発言は，買収先企業のカギとなる能力を備えた人材を最も強く動機づけるものについてきちんと理解することの重要性を強調している。「完全買収の優れた面とは，たとえ自分たちの思惑としては伝統的な投資活動を新規のプライベート・エクイティ・ビジネスと結び付けようと考えていても，買収された方のチームは，過去から引き継いできた顧客からの預かり資産のプールに対して，従来までと同様に責任を持ち続けることです。相手が求める**戦略的な**相互依存関係が期待よりも幾分弱かったとしても，……もしそうなれば，事業同士をうまく結びつけられないのでしょうが……われわれとしては組織的な自律性の方をかなり重視しています。少なくとも短期的には，どんな統合プランであっても買収ターゲットの自律性を守ることに注力するべきです。」

さらに，買収では，買収側企業に属す人材も脅かされることにもなる。買収者が愚かにも自分たちに有利になるようなインチキをはたらかない限り（※それはどんなときも破壊的な考えだが），古いリソースと新しいリソースとを合理的に結合させるという統合の目的は，必然的に現在のスタッフがこれまで築いてきたキャリアを途絶させることになる。この途絶自体は必ずしも悪いことばかりでなく，前向きに捉えることも可能である。 結局のところ，買収には，自社のビジネスのやり方を変えるチャンスとしての価値を持つ面もあるのである。一般に，現状にうんざりした思いを抱き，社内の人材も時代遅れの業務やキャリアを過去のものと割り切ることができれば，最終的にはメリットを享受できるものである。ターゲット側の，流出されては困るカギとなる従業員を洗い出すことも必要だが，それと同様の作業を買収側の既存の組織を対象に実施する必要がある。買収を理由に離職する人がいるとすれば，誰だろうか？ 社としてそれを受け容れることができるだろうか，それとも社にとどまってもらえるように促すだろうか？

たしかに，人材の引き留め・定着に必要以上に注力してしまうことはありうる。買収が事業変革の強力なツールである以上，それはキャリアの断絶を生むものである。それによって会社を去る者が出てくるのは避けがたい――その人物やそのキャリアにとってもっと適した機会を求めるというのが理想である。しかし，双方のカギとなる人材・チームがさっさといなくなってしまうことが予想されるような買収案件であれば，そもそもこのオプション自体を再考する必要があろう。

ターゲット企業のみならず，買収する側においても，モチベーションは核心的な問題である。われわれがサーベイ調査を行ったテレコム業界では，多くの買収する側が自社にはびこる組織文化やマインドセットを一掃し，その代わりにターゲット企業のものを移植できないかと考えていた。その中で，あるエグゼクティブが，組織文化を変えようとして，価値ある人材まで潰しかねない緊張について強調している。「相手の組織文化を目当てに会社を買ってくることもありますよね。だとすると，それを**自分のところの**文化になじませるのではなく，本音としては自社の人材の方を**あちらの**文化に染め上げたいんです。だけど，その場合，大規模な組織再編は避けられませんよね……既存の会社を上下隅々まで再編し尽そうとしたら，少なくとも３年間は組織面のトラブルに悩まされるでしょうね。」そのエグゼクティブは，統合作業を少しずつ積み重ねていくことが，買収・被買収の両方の人材のモチベーション維持につながると結論付けた。

われわれが実施した多くの業界を対象にしたインタビューから浮き彫りになったことは，どうすればターゲット企業から外部のスキルを取り入れつつ，既存スタッフのやる気を出してもらえるか，という問題に悩むエグゼクティブたちの姿であった。その中で，ヨーロッパの出版大手のとある上級幹部は次のように結論付けている。すなわち，新しく人材を発掘する狙いであまりにたくさん買収に手を出しすぎると，「最高の人材と最高のイノベーションは社外から持ってくればよくて，社内の身内には期待していない 」という誤ったメッセージを社内の人々に向けて発信しかねない。事実，いくつかの製薬企業のエグゼクティブによれば，最近手掛けた買収が，社内のR&D要員の生産性やイノベーティブさに物足りなさを感じているという，強烈なシグナルとして受け止められてしまったという。そのようなシグナルが組織のモチベーションを削ぎかねないのである。

ここで挙げたような問題に対して，本書で何かきちんとした処方箋を用意しているわけではない。もし，内部と外部とで適切な成長のバランスを取れなければ，それは事業上のリスクとなる。新しい機会をもたらすという点で，買収はエキサイティングである。だが，それと同時に，買収は現状に対する脅威にもなる。たとえ，これから進むべき道を新しく模索しているのだとしても，自社スタッフに対しては過去から引き継いだ活動にしっかりと取り組んでもらうためのインセンティブを用意する必要がある。買収の決め手となった一貫性のあるビジョンやターゲットからもたらされる新しいリソースを，過去から引き継いできた仕事にどのように組み入れるべきか，といったことについて自社スタッフが理解できれば，ここで挙げた懸念の多くは払拭できるはずである。

③ M&Aの遂行能力

最後に，ターゲット企業を現在の自社組織に統合するのに必要な，財務・人材面でのリソースを自社で保有しているかについても，精査する必要がある。買収後の統合では，中核的活動からリソースを切り離す作業に，予想をはるかに上回る時間とエネルギーを費やすことも少なくない。HPとコンパックの合併のケースで見たように，優れた買収者は統合をきちんと管理するために，しばしばトレーニングや新規採用といった面への投資を行うことによって自社のM&Aチームを支えることはもちろんだが，そこに強力なリーダーを配置するという点でも抜かりない。過去20年間で，ブラジルの銀行であるバンコ・イタウはM&A戦略に軸足を置きながら，ラテンアメリカにおけるリーダー企業としての地位の確立を目指してきた。当該銀行のM&A行動は，ブラジルの1990年代の民営化の波（※これは同国による積極的な経済改革への取り組みであった）によって加速した。M&Aによる成長を強化する中で，バンコ・イタウは有能なマネジャーのプール，組織内部・外部でのトレーニング機会，および部門横断的な人事ローテーション・プログラムを活用した。その結果，銀行の戦略遂行を支援するための強固かつ実践的な能力を実現したのである。

いかなる買収プログラムであっても統合に関しては過度なくらいの厳密さが求められるため，積極的な買収策を採ることで組織的にも財務的にも疲弊してしまう事態を招くこともあり，それによって単なる事業パフォーマンスの低下だけでなく将来的なリスクも高まってしまう。そのため，組織がバラバラに断片化されたり，財務的に脆くなったりする事態を防止する努力は欠かせない。

お買い物祭り（※短期間のうちにあまりに多くの買収を行うこと）に興じてしまうと，買ってきたものを消化するための時間が足りなくなる。たとえば，クーパー・ラボ社は，1980年代はじめの頃に立て続けに行った買収のおかげで，医療セクターで急速に成長できた。だが，このような拡大策が順調だったのは，クーパーが成長性の高い事業をきちんと統合できているうちだけであった。チェックが不十分なまま次々と舞い込む買収案件に同社の統合能力では対処しきれなくなったことで，クーパーは行き詰まることになった。同様に，ロッキード・マーチンとレイセオンもわずか数年間のうちに相次いで実施した大型買収の統合作業に追われている。さらに，インドの製薬企業であるウォックハード社は，1999年の設立以降，成長目的でインド，ヨーロッパ，および北米で立て続けに買収を行ったが，多角化ポートフォリオを組み立てようとしていた矢先の2000年代の終わりに，大規模な金融危機に見舞われてしまった。

このような，統合に対処していく困難が市場に及ぼす影響も無視できない。2002年1月，タイコ社は，同社をいくつかの独立した会社に分割する計画を発表した。2001年時点で相当に高い収益性があったにもかかわらず，である。それまで，タイコは買収を通じて価値を創出していることを市場に向けて発信してきた。同社の株価にもM&Aによる継続的成長に対する期待が織り込まれていた。だが，タイコによる分割計画の発表は，同社が統合能力面で限界に達したというシグナルとなり，同社の株価は大幅に下落してしまった。市場が出した結論とは，タイコが統合のペースを維持し続けられるものと同社を過大評価していたことであった。

たとえ遂行能力を有していたとしても，そのことが成功を保証するわけではない。企業が日和見的なM&A取引で何度か続けて成功体験を味わい，それを基にM&Aを実行するための初期ツールとしての虎の巻を編み出すと，典型的には**M&Aの勢い（M&A momentum）**と呼ばれるものが生じる。すなわち，あまりに素早くM&Aオプションを選択し，能天気に「どうやったらうまくいくのか，オレたちはちゃんと分かってるさ」と考えるようになる。こんな風に調子に乗ってしまうせいで，実行の罠に陥ってしまうのである（⇒第１章）。その後に手掛けた買収で実際につまずいてから，M＆Aを過度に重視するとろくでもない結果しか招かないことを初めて悟るのである。

3．リソース調達戦略のためのインプリケーション

図５－２は，リソース入手フレームワークにおけるM&Aの経路における基本オプションを表す。そこでは，（ⅰ）統合プロセスを明確に描き出す能力と，（ⅱ）買収・被買収の両サイドのカギとなる人材を特定して引き留め・定着させる能力という２つの軸の組み合わせによって，４つのオプションに分類している。左上と右下のセルは，他の２つのセルに比べて明快な状況である。残りの２つの状況では課題があって一筋縄ではいかないものの，**より複雑な**買収取引を行うなど，これらの課題に対処できるチャンスも残されている。

［図５－２］ターゲット企業の統合の実現可能性とリソース調達オプション

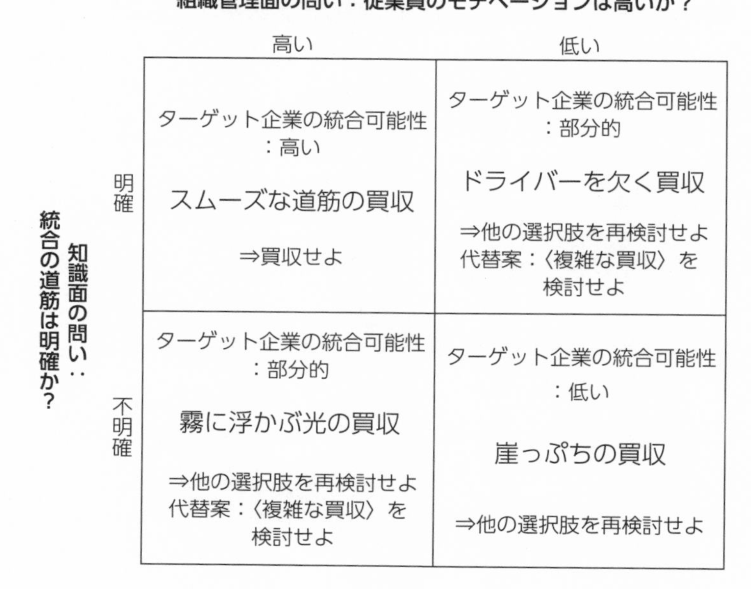

スムーズな道筋の買収

図の左上の「スムーズな道筋の買収」のセルのように，統合のマップが明確になっており，なおかつ従業員のモチベーションも高ければ，買収という手段でスムーズに目的を達成することは比較的容易である。このような最適な条件の下であったとしても，買収が大変な作業であることには違いないのだが，それでもそこでの努力は実り多いものである。世界的に見ても，毎年，このセルに含まれるようなたくさんの買収が，本章で紹介した銀行や製薬に限らず，鉱業から消費財に至るまでのさまざまな業界で，規模の大小を問わず，成功裏に行われている。

たとえば，2004年，マニュライフ・フィナンシャルがハンコック・フィナンシャル・サービスを買収・統合した際，マニュライフは戦略目的を明確化し，その戦略目的を達成するための統合までの道筋を描き出し，買収を成功に導くためにはどの人材に留まってもらうべきかを特定していた。これと同様に，ネットワーク技術で傑出しているシスコは，過去20年間でおよそ150件もの買収を実施した。同社はそのいずれの買収においても，目的を明確化し，統合の道筋を描き，従業員の引き留め・定着策をまとめるという一連の作業に相当な精力を注いだ。これらの「スムーズな道筋の買収」の案件が，同社の成長に大いに寄与すると見ていたのである（※マニュライフの事例について，より詳しくは第７章を参照されたい）。

崖っぷちの買収

図の右下のセルの取引の特徴は，統合の道筋が曖昧で，しかも従業員のモチベーション低下のリスクが大きい点である。この名前が示唆するように，「崖っぷちの買収」はほぼ間違いなく失敗する——さらに，そうなることで，競争面でも崖っぷちに追いやられることなる。どれだけ懸命に取り組んだとしても，これが常に失敗と隣り合わせの状況であることに変わりはない。

たとえば，1989年のダウ・ケミカルの傘下にあるメリル・ダウの医薬品部門によるマリオン・ラボラトリーの買収では，２社をどのように組み合わせるのが最適なのか，買収した側はこれといったアイデアを欠いていた。また，マリオン側のカギとなるスタッフが離職してしまう可能性も認識できていなかった。買収に際してモチベーションを高めるための戦略ビジョンをメリル・ダウ側が用意していなかったため，マリオンの最も価値あるプレーヤーの多くが社を去るという選択肢の方に流れていった。このように販売のカギを握るエグゼクティブや経験豊かなマネジャーを失ったことが響いて，統合会社であるマリオン・メリル・ダウは拡張した製品ラインのテコ入れに悪戦苦闘せざるをえなかった。結局，同社は経営が行き詰まり，1995年，ドイツ企業であるヘキストに買収されたのである。

ドライバーを欠く買収

図の右上の「ドライバーを欠く買収」のセルのように，統合の道筋を明確化できていても，従業員がモチベーションを欠けば，買収は失敗しうる。しかし，カギとなるエグゼクティブが離職しても，それに代わる有能なリーダーを新たに採用できれば，望ましい結果を得ることもできよう。「ドライバーを欠く買収」の具体的な例を挙げておくと，2010年に，ネットワーク企業であるシエナ社はノーテル・ネットワークス社のイーサネット事業を統合しようとして苦戦を強いられた――１つには，買収の話が持ち上がったことで両社からカギとなるプレーヤーがいなくなってしまうという予想外の問題に対処しなければならなかったためである。

買収後にカギとなる人材を引き留める能力がおぼつかなくても，いくつかのタイプの〈複雑な買収〉によって案件を前に進めることができるかもしれない。１つの方法としては，M&Aを数段階のステップに分割し，最初のうちは提携や少数株式の取得にとどめておいて，人材の残留に関する不確実性が解消してから完全な買収に踏み込むというやり方が挙げられる。フランスに拠点を置く多国籍企業であるダノンがアメリカの有機乳製品メーカーであるストーニーフィールド・ファームを買収した際には，このような段階的なアプローチが採られた。2001年，ダノンはストーニーフィールドと合弁を組み，それによって農場や有機関連市場セグメントについて学んだり，両社の経営チーム間の相性についてチェックした。2003年，両社の経営陣の間に信頼関係が醸成されたことを認めると，モチベーションの面での不安が減ったことで，ダノンはストーニーフィールド側の株式の過半を取得するに至った。

これ以外にも，買収後のモチベーションに関する問題に対処する〈複雑な買収〉の具体策として，次のようなものが挙げられる。

- ストックオプションや株式給付，引き留め・定着パッケージ（retention package）といった，カネによる誘因。
- カネ以外の要素で，具体的にはキャリア機会の拡張，ターゲット側の通常の事業活動面での自律性やブランド，従来までの習慣的な雇用条件の保証といった条件。
- ターゲット企業への文化面での特別な配慮。たとえば，2006年にウォルト・ディズニー・スタジオが，アメリカのアニメーション・スタジオであるピクサーを株式取引を通じて買収した際には，ディズニー側のエグゼクティブはピクサーの創造的文化を保護することを目的とする，詳細にリスト化されたガイドラインを適用することを認めた。これと同様に，ストーニーフィールド，Ben & Jerry's（ユニリーバ），Burt's Bees（Clorox），およびThe Body Shop（ロレアル）といった買収が象徴的であるが，そこでは買収後も元の企業で大事にされてきた社会的アイデンティティを尊重することが誓約された。
- 親会社のヒエラルキーに組み込まれたターゲット企業に対して，非常に高い自律性と権限を認めること。

ここで挙げたような方法と同時に，もしモチベーションが低下してしまった場合に自社を守る，買収後の賠償条項を用意することもありうる。たとえば，前述したバンコ・イタウが国有銀行を買収する際には，取得した銀行でストライキを起こされたら補償を得ることができるような政府保証をめぐって交渉がなされた。

しかし，〈複雑な買収〉はリスクが高いかもしれない。1980年代に，GMがヒューズ社（Hughes）（※クラスH普通株式（GM-H）を発行）とEDS（クラスE普通株式（GM-E）を発行）を買収した際には，買収後もカギとなる人材を慰留するための手段として，同社は複数種類の株式を発行するやり方で，

〈複雑な買収〉を用いようとしていた。だが，株式市場もGMも有効な組み合わせを生み出せず，結局，GMはヒューズとEDSの両方を切り離すことになったのである。2000年のAOLとタイム・ワーナーとの取引は，〈複雑な買収〉において相当に異質な事業同士をミックスしようとすれば，非常にカネがかかることを如実に物語る。何年にもわたって社内でのフラストレーションと摩擦が続いた末，両社の関係は破談してしまった。

霧に浮かぶ光の買収

図５－２の左下は，統合への道筋が明確化されていないけれども，モチベーションが高い。このセルに入る買収案件は「霧に浮かぶ光の買収」と呼ぶことにしよう。そこでの取引では統合のステップが曖昧であるため，このようなケースを再検討するよりも，別の方策を模索するべきである。とはいえ，「霧に浮かぶ光の買収」では，組織のモチベーションが高いがゆえに，この取引がうまくいくように何ごとにも全力で取り組むようなハードな労力が投入されることになる。そのため，もし，他のオプションが利用できないけれど，統合プランを明確化するのに十分な時間的余裕があれば，潜在的な解が見出されることもある。

ウォルマートによるアフリカでの事業拡大はその好例である。2011年，ウォルマートは南アフリカのディスカウント小売りのマスマートを買収し，その支配権を手に入れた。買収時には，すでに表明していたサハラ砂漠以南のアフリカ地域での事業拡大という目的の下でマスマートをどのように活用するか，ウォルマートはそれほどきちんと考えていなかった。アフリカ市場が急速に成長していたにもかかわらず，その地域の潜在的な拡大機会に関しては非常に不確実性が高かった。このような統合戦略の不透明さにもかかわらず，同社はカギとなる南アフリカで大成功したマスマートのエグゼクティブを引き留めるために強力なインセンティブを用意し，アフリカ大陸における拡張戦略の策定を託した。ウォルマートは特に意欲的であった 。そこでは，この機会を利用するのに必要な実質的なリソースの組み合わせを重視していたため，合弁（ジョイント・ベンチャー）などの提携オプションは排除した。ウォルマートが新興市場で独自に行ってきたさまざまな拡張努力が実を結ばなかったことから，同社は買収へと舵を切ったのである。

それ以外に，「霧に浮かぶ光の買収」では，さほど目覚ましい結果は見当たらない。1978年，ジョンソン＆ジョンソンは医療用画像企業であるテクニケア社を買収した――テクニケア社は画像市場での新しいMRIの特定領域を牽引していた。しかし，テクニケア社の製品ラインや技術はJ&Jの大部分の事業とは相当乖離しており，J&Jとしてもターゲット企業をどう統合するかという問題について無頓着であった 。それにもかかわらず，J&J側は，テクニケア側でカギとなる研究者やエグゼクティブに確実に同社に残ってもらおうと懸命に努め，MRIをはじめとする諸製品の開発活動を継続してもらうために，相当な財務的リソースを投入した。しかし，親会社からは知識面での助言がほとんどないまま，シーメンスやGEとの競争激化の圧力の下でなんとか市場での強力な地位を維持しようと足掻いた結果，テクニケアは多額のキャッシュを喪失してしまった。すでに当該事業への投資として１億ドルもつぎ込まれていたが，1986年，J&Jは多額の損失を計上した上でテクニケアをGEに売却した。

「ドライバーを欠く買収」の場合と同様，〈複雑な取り決め（complex arrangement)〉が「霧に浮かぶ光の買収」における統合マップの不明瞭さを補うのに用いられることがある。ターゲットの価値と自社の統合能力が判然としない場合，買収後にターゲットが生み出すキャッシュフローについての不確実性を明示した上で，取引を行うことができるかもしれない。ハイテク企業や民間のスタートアップ企業の買収では，目標管理的要素を組み込むことが当然になってきている。というのも，若い企業では，将来の見通しを立てるのに参考にできる情報がほとんどない 。情報の非対称性や予期せぬ技術・規制面での問題が生じた場合，買収側はそこでの損害から自社を守る方策を求めるかもしれない。

典型的には，ライフ・サイエンス業界では，きちんとした統合プランがないまま製品化のパイプラインの実態があやふやな企業に対して数億ドルも投入して，それをまるまる失ってしまうことも少なくない。そのような事情もあって，最近では買い手によっては，買収案件における不測の事態を想定し，それを買収取引にも反映させるような企業も出てきている。そのような場合の条項では，とりあえず薬剤などの製品開発に着手しておいて，それが実を結ぶまでは支払いの一部を先送りすることが記される。たとえば，2008年，ダウ・ケミカルがローム＆ハース社と，合意の有効期間中であっても随時見直しを認めるという買収条項について交渉した。ローム＆ハースが，ダウとの特殊化学分野の合弁を締結できると予想されていた。だが，その合弁をクウェート政府が認可しなかったことを受けて，2009年，ダウは取引を仕切り直し，実質的に全く異なる条項を求めて交渉を行ったのである――ちなみに，その条項にはローム＆ハース・ファミリー・トラストからの継続的な投資支援も含まれていた。

しかし，現実問題として，そのような条項について交渉するのは生やさしいことではない。将来の技術・競争条件の不確実性が高すぎるために不測の事態を想定した実効性のある条項を策定するのが難しいこともある。他方で，単純にこの取引によって受け取ることができる金額に納得できずに，潜在的なターゲットが売却を拒むということもある。

４．評価ツールとサマリー

表５－１は，必要なリソースを入手する目的で，果たしてリソース・パートナーを買収することが最善の方策なのかを判断する上で有益であろう。ほとんどの答えが「Yes」であれば，ターゲットの統合は実現可能であり，買収を考えるべきである。しかし，ほとんどの答えが「No」ならば，別のやり方を検討すべきである。

すでに議論したように，自社の置かれたコンテクストとはそぐわないにもかかわらず，それ以外のモードが適さないという単純な消去法で買収モードを追求してはならない。適切な買収ターゲットが見当たらない場合に採りうる有力なオプションは次の２つである。すなわち，①ターゲット探しをやめて戦略を見直すこと，あるいは②〈構築〉や〈借用〉という 前段階のリソース調達経路について，もう一度検討し直してみることである。

不本意かもしれないが，この特定の戦略機会を追求するのがあまりに難しすぎれば，特定のリソースを探すことまで断念するかもしれない。このような場合，あたかも諦めの境地にあるように思えてくるだろうが，競争は多くの機会と出会えるからこそエキサイティングなのである。ある戦略に乗り出すのを取

[表5－1]

ターゲット企業の統合可能性

知識面の問い：統合の道筋の明確さ		No	Yes
リソースの組み合わせの範囲	ターゲットのリソースを正確に精査できるか？		
	ターゲット・リソースのうち，統合したいものがどれかを明確化できるか？		
	創出すべき自社とターゲットの双方のリソースのつながりを明確化できるか？		
リソースの多様性の範囲	ターゲットと自社の現行のリソースのうち，売却するものを明確化できるか？		
スケジュール	自社の戦略目的にフィットするように，統合プロセスのスケジュールを決定できるか？		
組織管理面の問い：従業員のモチベーション			
ターゲット側人材の特定	ターゲット側の人材のうち，引き留めたい人物を特定できるか？		
ターゲット側人材の引き留め	ターゲット側のカギとなる人材に，引き留めのための十分なインセンティブを提供できるか？		
買収側人材の特定	自社側の人材のうち，引き留めたい人物を特定できるか？		
自社側人材の引き留め	自社側のカギとなる人材に，引き留めのための十分なインセンティブを提供できるか？		
M&Aの遂行能力	当該ターゲットを統合するのに十分なだけのリソースとスキルを保有しているか？		
ターゲット・リソースについての知識面・組織面での適合性に関する個別の質問に答えよ。 もし，ほとんどの回答が「Yes」であれば，買収（すなわち，〈購買〉モード）を検討すると良い。 もし，ほとんどが「No」であれば，それ以外の調達オプションを検討するべきである。			

りやめることは，次なる戦略に乗り出すための余力と予算を確保することにつながる――結果的に見ると，おそらくは，より小さな困難で，高い価値を生むことができるはずである。戦略的には，管理可能な機会にフォーカスして，競合に対して明確な優位性を築くことが意味を持つ。

ヨーロッパの小売業であるカルフールは，ターゲットの再設定の好例である。アメリカのディスカウント小売市場への参入という目論見の下，リソース調達オプションを一つずつ却下していった末に，カルフールはＫマートの買収案にたどり着いた。しかし，このプランを慎重に精査した結果，Ｋマートの買収も，他のターゲットの買収も，自社の目的とは合致しないと判断した。その買収機会を強行するのに希少な時間と資金を費やすよりは，むしろ別の新しい機会や新しいターゲットにフォーカスすることにした――代替案として，内部開発を軸にしながらそこに提携を組み合わせて，中央ヨーロッパでの拡大を図るという判断がなされた。

本章では安易な買収に関して警告してきたけれども，もう一方で，大きなチャンスをあまりにあっさりと諦めてしまう可能性にも気を付ける必要がある。もし追加的努力を投じて余りあるほどの大きな戦略機会であれば，その前の段階で排除したモードの，より複雑なバージョンを考えることもあろう。たとえば，〈構築〉の経路に戻って，新規のリソースを試行できるような内部探索環境の創出を検討するといったことが考えられよう。あるいは，〈借用〉の経路で〈複雑な契約〉や〈複雑な提携〉を再考するという方法もありうる。実際には，〈複雑な買収〉という〈購買〉の経路を再検討することもできよう。ここでどの経路を選択するかは，利用可能な時間とリソース，および他の機会と比べた場合のこの戦略機会の重要性に依存する。

自社で大胆に改変できるくらい自由に取り回せるようなリソースを新たに入手することが戦略目標の達成に必要な場合には，買収は価値の高い手段である。このようなケースにおいて，統合の道筋を明確に描き出すことができ，人材を引き留め定着させることができ，個別の案件を遂行できるだけのスキルをきちんと制御できるならば，真剣に買収を検討すべきである。買収が最もうまくいくのは，統合への**道筋が明確化**されて**スムーズに**進めることができ，なおかつヒトの**モチベーションも高い**場合である。M&Aの実行や人材の引き留め・定着といった面で厄介な問題に直面したなら，〈複雑な買収〉が有用かもしれない――ただし，強力なM&A遂行スキルを備えていることが必須なのだが。もし，買収の経路では袋小路に入り込んで何ら先の展望が望めないというのであれば，その前の段階までに一度断念した調達モードを再検討してみるのが良いだろう。さもなければ，さらに戦略そのものの検討段階まで後戻りして，より有効な機会について検討してみるべきである。

第6章

リソース・ポートフォリオの再編

Realigning Your Resource Portfolio

ここまで，新規リソースの入手に最も適した方法を選択するという観点から，リソース経路のフレームワークの活用法について議論してきた。だが，このフレームワークの用途は広く，リソースがたえず変化するという性質を前提としても，そのまま適用できる。この章では，このフレームワークをどのようにリソース・ポートフォリオの再編（realign）に用いるかについて考えよう。その再編の具体的な方法とは，①リソースによってコントロールの程度を高める，②コントロールを減じる，③もはや価値を生まないリソースについては売却・処分する，というものである。

もし入手したリソースをガラスのケースに入れて展示するだけの自然博物館のようなビジネスならば，そのリソースは永遠に初期状態のままであろう。だがそうではなく，リソースを新たな価値創出の目的に用いるとしよう。すると，そのリソースは，その事業体にとっての中核的なものとして，戦略遂行にも用いられるようになる。そのリソースは競争環境の変化に伴って変化したり，他のリソースと再結合したりする。今日では中核的なものが明日には非中核的なものになるかもしれないのと同じく，現在は辺縁的なところにあるものが，将来的には中核的な存在に変わるかもしれないのである。リソースの価値が高まるか低下するかは，さらには，その場合の速さや進行の程度についても，自社，業界，グローバル経済，顧客やサプライヤー，および消費者の生活に影響を及ぼしている力によって規定される。

このように考えると，リソースの評価は頻繁に見直す必要がある。自社やその業界が発展すれば，必要なリソースやそのリソースに適したコントロールのレベルも変化する。ほとんどすべての内部リソースがいつの日にか時代遅れのものになってしまうことは避けられないが，そうなると，それらのリソースをもっと価値を創出するような活動に振り向けるか，新しいリソースと組み合わせることで再活性化するか，あるいは売却・処分する（divest）か，という判断をしなければならなくなる。

これらの対応のうち，時代遅れとなったリソースの売却・処分は特に重要であり，そこには困難が伴うことも多い。企業が戦略を変更すれば，事業ポートフォリオとそれを支えるリソースも再編する必要が生じる。戦略にはフィットしなくなったリソースを売却・処分すれば，新規リソースへと焦点を移すことが可能になる。ある企業が，“意図せずして”コングロマリット化してしまう一つの原因は，多角化の原則的な指針を持たないことにある。このような指針を欠く企業は，過去から引き継いできた遺産としての事業や現在の戦略とは関係の薄くなったリソースに，いつまでも囚われることになる。ゆえに，ビジネス・リーダーは自社の置かれた状況を適切に見極める必要がある。それによって，もし（ⅰ）自社のリソースが関連性を失いつつあると判れば，より生産的な用途で再利用するように切り替え，また，（ⅱ）もし他に有効な可能性がないと判れば売却・処分する必要がある。

このようなサイクルは，ライセンスや提携を通じて〈借用〉してきたリソースにも当てはまる。たとえば，何らかの新しい技術が生まれつつある技術的萌芽期であれば，製品の市場開拓を担当してくれるパートナーとの提携は，製品，市場，および戦略的な面での高い不確実性の下で知識を獲得するための方法として理に適っていることが多い。だが，その次の段階，すなわち技術面でいっそう構造化され，市場面でも競合同士がせめぎ合う段階へと進展すれば，社内のプロジェクトや買収という手段によって関与の程度を高めることでコントロールを強化しようとするだろう。あるいは，現在の競争環境が変化したり，パートナーから学び尽くしたというなら，提携パートナーを通じて入手していた価値あるリソースは結局は関連性を喪失することになる。さらに，技術の成熟期に移行して，もっと簡素な方法でリソースから便益を得ることができるようになれば，たとえば，パートナーシップを解消したり，ライセンス契約にダウングレードするといったやり方で，コントロールを弱めるかもしれない。

しかし，既存の関係性には慣性という性質が備わる。重要性を増すライセンスに対してはコントロールを強めることでアップグレードを図ったり，重要性が低下している提携の戦略的な地位を引き下げてダウングレードしたり，あるいは一切の関係を解消したり，といった手を打たずに放置すれば，過去から続く関係をダラダラと引きずることになる。関係性の見直しの例として，ヒーロー・ホンダの合弁（ジョイント・ベンチャー）では，長期的にホンダ側がインド市場で事業展開するのに必要なことを学びとっていくにつれて，ヒーロー側による貢献の価値は低下していった（⇒第4章）。

このように，リソースそのものの有用性を点検する必要があるのと同様に，リソースを入手する方法についても継続的に再評価する必要がある。総合すると，ここで述べている複雑な再評価とは，前述したジョンソン＆ジョンソンによる事業再編プロセス（⇒第5章・コラム）のような，自社ポートフォリオに対するマネジメント活動に他ならない。本章では，リソース・マネジメント活動をきちんと調整し，なおかつそれを他社よりも上手に行い続けるために，リソース入手フレームワークをどのように用いるか，その方法を提示したい。その過程で，このフレームワークを採用する以前に誤ったリソース調達の判断を行っていたとしても，長期的には成果を改善できる可能性に気づくだろう。だが，まずは，本書の勧める継続的なアセスメントを妨げてしまう，経営者の認識上の盲点について見ていくことにしよう。

1．盲点—なぜエグゼクティブはリソース・ポートフォリオ再編に後ろ向きなのか？

企業はしばしば過去に囚われるものである。経験豊富な経営者であれば，ほとんどが過去の選択で痛い目に遭った覚えがあるだろう。ここでの問題とは，そのような過去の残像が一般的なものかどうかということではなく，そこに固執してしまうか否かという点にある。現状ではもはや合理性を失っているにもかかわらず，そこに執着させてしまうようなファクターがいくつか挙げられる。

すなわち，①前向きバイアス，②過去の選択への過度なコミットメント，③一時的な流行，④意思決定プロセスの断片化，である。

① 前向きバイアス

イノベーティブでダイナミックに変化する業界に属する企業では，エグゼクティブは古い資産に手を加えるよりも新しい資産を取得する方を好む。そんな企業は将来ばかりに目を向ける前向きバイアス（forward-looking bias）に囚われがちである。事実，機会駆動型戦略家（opportunity-driven-strategist）の決定的な特徴とは，たえず新しい価値創出の方法を模索する点にある。

テレコム，メディア，医療機器といった業界のリーダーたちは，既存資源を再検討したり売却・処分することよりも，成長機会の大きいところで仕事をしたり，新しく持ち込まれる取引案件の方にこの上ない魅力を感じていた。たとえば，米国の大手医療機器メーカーのM&A・開発部門のグローバル統括責任者は，次のように語っている。「高成績のゼネラル・マネジャーに向かって，おたくのビジネス・ユニットでは800万ドルもムダに失っているんですよなどと伝えるのは，非常に苦しいことです。ならば，長期的な視点に立つのをやめて，短期的な戦術だけ考えようという発想になりがちですよね。売却・処分が必要であっても，それを遂行するための指針が存在しないのだと思います。」

だが，企業がすでに手元に保有している資産に関する合理的な判断には，信頼に足る分析がなされていることが必須である。もちろん，この作業を外部のフィナンシャル・アドバイザーにアウトソースすることもできる。だが，ここには別の問題が伴う。すなわち，部外者が資産売却を管理すると，そこに中核的リソースが混ざっていようが，そんなことは一切お構いなしに処分しかねないのである。これらの中核的リソースは，それ自体，もしくはその一部に残存価値があり，手元に残しておくべきものである可能性がある。売却される事業を構成するリソースは，最近では悪名高いサブプライム（※劣後）ローンにたとえることができるかもしれない。サブプライム・ローンを大量に束ねたら間違いなく有害なのだが，束ねる前の一つひとつは信用できるし価値も有している。資産売却の際には，湯舟のお湯と一緒に赤ん坊まで捨てるといったことにならないように用心しなければならない。

前向きバイアスのもう1つの問題は，エグゼクティブが「壊れていないのなら，修理する必要はない」というルールに沿って行動するようになる点である。事業がそこそこうまくいっているうちは，自分たちのエネルギーを新規機会の発見に投じようとする。だが，そこで見落とされた些細な問題は後々エスカレートしがちである。ほんの小さな不整合であっても，長じると大きなぐらつきになりうる。そのような場合，大惨事に発展する前に，問題の箇所を修復したり取り換えたりすることができるか，速やかに判断しなければならない。言い換えれば，既存のリソースを再活性化したり，売却・処分できるだろうか？機会駆動型戦略家には，継続的成長を実現するためにまず足元を固めることが求められる。すなわち，既存リソースを再編したり，不必要なリソースを削ぎ落としたり，あるいはその両方ともできることが必要なのである。

②　過去への過剰関与

もし経営者の頭が未来のことでいっぱいでなくても，それとは真反対の問題に悩まされることもありうる。すなわち，過去に囚われてしまうのである。これは特に成熟産業において典型的である。そのような業界に身を置く企業の経営者は，過去に新規のリソースを入手するために莫大な投資を行っており，さらには，そうしたリソース周辺で事業を構築するために多くの時間と努力を投入してきた。すると，何か問題が生じたときに，経営者は過去に行った選択を正当化しようと，**もっと**多くの努力を投じてしまいがちである。企業は，過去へのコミットメントが過剰ではないか，素直に向き合わねばならない。

③　調達方法の一時的流行

集権化，分権化，多角化，リエンジニアリングなどが典型だが，業界はしばしば戦略面での熱狂的な流行に見舞われる。これと同様に，リソースの調達モードにも流行というものがある。たとえば，M&Aが暴力的とも言えるほどの一時的な増加を見せることがある。その次の段階では提携が流行り出し，さらにその後，内部開発に熱い視線が注がれるようになる。過去の流行のことなどまるで何も知らないかのように，次から次へと新しい流行に飛びついていくのである。もはや過去の遺物と化した，昔の判断内容を振り返れば，その当時に業界全体で支配的であった選択基準がどんなものであったのかが窺えよう。だが，過去については，当時はそうするのが当然で仕方なかったと片付けられがちである。興味深いことに，周囲が正気と調和を取り戻したとき，壊されたものを修復するために過去に立ち返るということはほとんどない。それゆえに，企業は過去の判断がいまだに有効なのかについて，定期的に吟味する必要がある。

④ 組織の断片化

最後に，組織というものは，そこで働く個々人の能力の総和よりも賢くない場合が多い。社内でも，次のような状況を目の当たりにすることがあるだろう。すなわち，既存リソースには問題があって，会社としてもその問題を部分的にでも解決できるような新規のリソースやリソース管理戦略が必要だということを，意思決定すべき立場にある人ならば誰もが理解している。なのに，誰一人として行動に移そうとしないのである。このような慣性は，賢明なエグゼクティブの不在に起因するのではなく，むしろ組織の分断化によってもたらされている。そのような事業では，意思決定者が問題に関する合理的な解決策を導くのに必要なエビデンスを収集・分析できるように設計されたシステム――および，それをやろうとする文化――を欠いているのである。組織の分断が特に厄介なのはそのための解決策がもっと賢明な人材を雇ってくれば済むという類のものではないからである。そこでは，小手先の対応ではなく，組織の変革が求められているのである。

ここで挙げた４つの盲点は，リソース・ポートフォリオを自社戦略に適合させ続ける能力を危うくしかねない。以下では，これらの盲点を克服するための方法について見ていくことにしよう。その際，実際に過去の〈構築〉や〈借用〉，〈購買〉の選択に戻って，新たに生じつつあるコンテクストに適合させてみよう。この適合作業を行わなければ，リソース・ポートフォリオは整合性を欠いたままであり，成長能力に足かせがはめられていることになる。

2．過去の〈構築〉，〈借用〉，〈購買〉の選択を再検討する

過去の選択に立ちかえる場合には，現在直面している課題について，その根元部分の本質まで含めてきちんと理解しておく必要がある。リソース開発プロジェクトが障害に直面すると，ほとんどの企業は第１章で述べた実行の罠に陥ってしまう。すなわち，すでに自分たちの手元にあるリソースをなんとか有効活用しようとコスト削減に精を出してみたり，これらのリソースから新たに価値を創出しようとこれまでに輪をかけてスタッフを酷使したりと，間違った努力をしてしまうのである。

だが，たいていの場合，リソース関連の根元にある問題は，このような実行面での小手先の対応のみで解決できるようなものではない。それは決してヒトの働きが足らないわけでもなければ，リソースの賞味期限が切れているわけでもない。そこでの問題の本質とは，リソースに対するコントロールのタイプが適切ではなくなっていることであり，つまりは最初の頃のやり方が通用しなくなっているわけである。その場合の解決策とは，リソースのコントロールの仕方を改めることである。

たとえば，本来は提携が望ましい状況（※第４章で言及）で買収を選択してしまった場合，そこでは過剰なコントロールのためにカネと組織的コストを支払っていることになる。典型的に，買収は，他の調達オプションと比べて準備と統合にかけるコストが高くつく。組織面では，買収側企業の組織構造に起因する官僚制的な煩わしさを被買収企業側にも押し付けることで，相手の団結心やイノベーティブな生産性を損ないかねない。このような側面にまできちんと目を向ければ，たとえばターゲット企業をつなぐ鎖を長くとって，かなりの自律性を確保してあげるなどのやり方を検討する必要があるということになる。

これと同様に，状況が変化すれば，〈借用〉の選択肢についても再検討する必要に迫られるかもしれない。たとえば過去には基本契約が最適だったのかもしれないが，現在では契約や提携の場合よりも深い関与が必要だとする。価値が下がる一方のパートナーシップの管理に時間や資金を投じるよりは，むしろターゲット・リソースを完全にコントロールしてしまう方が望ましいかもしれ

ない。そのような場合に採りうる選択肢とは，パートナー企業を〈購買〉するか，あるいは，必要とされるコントロールを行使できるだけのリソースを自前で〈構築〉して外部リソースに置き換えるか，である。

過去の〈構築〉−〈借用〉−〈購買〉の選択について再検討する場合には，内部化されたリソースと〈借用〉してきたリソースとを区別するべきである。〈構築〉戦略と〈購買〉戦略はともに，**内部化された**リソース，すなわち，組織内部で実質的にコントロール可能な新規リソースを入手するための方法である。それが自前で開発したものであれ，ターゲット企業から取得したものであれ，リソースが内部化されている点では共通している。これとは対照的に，契約や提携のパートナーを通じて入手したリソースはただ単に〈借用〉したものにすぎず，現在も将来も，リソースの利用についてはパートナーの意向に左右されてしまう。

過去の選択を再検討する際には，このような内部化されたリソースと〈借用〉されたリソースの違いが決定的に重要である。内部化／〈借用〉したリソースに対するコントロールのレベルを変更するには，ここまで取り上げてきたものとは異なるメカニズムが求められる。表６－１はリソースのポートフォリオを管理する方法を変更する場合に利用可能な選択肢について要約したものである。これらの選択肢について詳しくは以下の節で議論していく。

３．内部化したリソースの再編

自社で内部化したリソースに対するコントロールのレベルが適切ではなく，そのことが生産性を押し下げているという状態を想定してみよう。その場合に考えられる対応策として，具体的には，①コントロールを強める，②コントロールを弱める，③リソースを売却・処分する，という３つを挙げることができる。これら３つについて詳しく見ていくことにしよう。

①　内部化したリソースへのコントロールを強める

プロジェクトに対するコントロールを強めても，それによって得られるはずのベネフィットを実感できないというのであれば，そのリソースを会社のメイ

［表6－1］

リソース・ポートフォリオ再編の選択肢

リソースのタイプ	リソースに対する必要な変更 コントロールを強化する	コントロールを弱める	売却・処分
内部化されたリソース（内部開発かM&Aによって入手したもの）	●内部チームや内部探索環境を，自社のメインストリームの組織に移す。 ●ターゲット企業を自社のメインストリームの組織に深く統合する。	●内部のチーム・部門の自律性を高める。 ●以前に買収した企業の自律性を高める。	●不必要なリソースや部門を売却する。
〈借用〉されたリソース（契約か提携によって入手したもの）	●契約から，内部プロジェクトや提携，買収に変更する。 ●提携から，内部プロジェクトや買収に変更する。	●契約や提携のパートナーとの範囲を狭めたり，コミットメントを下げる。 ●提携から契約に変更する。	●契約や提携を終了する。

ンストリームに統合する作業をこれまで以上に押し進める必要がある。たとえば，第2章で述べたように，ヒューレット・パッカードは，辺縁的なものとして位置付けられていたプリンタ関連の内部探索部門を，同社の中心的な事業活動へと据え直した。HPでは，プリンタ事業それ自体としても，また，プリンタの儲けが同社のPC事業をテコ入れする役割を果たすという点においても，プリンタ事業が戦略の軸になると信じていた。

新規の事業ドメインに進出する目的で事業を取得する場合，買収する側が長期的なベネフィットを手に入れる狙いで，ターゲット側に理想水準をかなり上回る自律性を与えて，従来通り事業を継続させることは少なくない。さらに，前述したように，一方ではカギとなる人材を引き留めておきながら，もう一方で買収側企業がよく理解できていない活動を不用意に中断させるといった事態を回避することを目的に，買収側がターゲット企業に対して自律性を付与することも多い。しかし，ターゲット側を独立したまま放置すれば，買収側はいつまでたっても新しく知識を吸収することもできず，そのため統合の潜在的価値も小さくなってしまう。このように考えると，企業はいずれはターゲットを統合しなければならず，それには徐々にステップを踏んでいくことが多い。

ターゲット企業の統合を徐々に進めることは，買収側企業の諸部門とターゲット側とのつながりを作っていくことを意味し，そこでは部門横断的なチームを設置したり，自社ユニットとターゲット側との間で人材の異動を行うといったことがなされる。銀行業界では，商業銀行が投資銀行を買収すると，その投資銀行部門を分離したままにして，そこの人員を手元に残しておくのがならいとなっていた。だが，このような放任主義的なやり方では，当初期待されていたシナジーは発揮しにくい。この状態を是正すべく，商業銀行側の貸付部門と投資銀行部門のエグゼクティブとで機能横断型チームを結成して，投資銀行部門の統合が図られた。そこでのつながりを作る活動で価値を創出し損なった銀行の中には，投資銀行部門から完全に撤退するという判断に至ったところもある。これとは別の統合の例として，2002年のeBay（イーベイ）によるPayPal（ペイ・パル）の買収が挙げられる。当初，eBayは，オークションで競り勝った人の支払い手段の一つとして，PayPalのほぼ独立的な運営を認めていた。だが，オークションと支払手段という製品ライン間で多面的な連携関係を作っていくなどして，eBayは徐々にPayPalを自社の中核事業へと統合していったのである。

②　内部化したリソースに対するコントロールを弱める

技術・市場面でのリソースの将来的な見通しが不透明な場合にはよくあることだが，採用した戦略によっては，内部化したリソースに対するコントロールを緩める必要もある。このような場合，内部探索環境を創出すること（⇒第２章）が，次の２つの観点で有益であろう。１つは，あまりなじみのない特定リソースについて調べるための時間と柔軟性を手に入れることができる。もう１つは，開発までの道筋をはっきりと描き出すのに一役買ってくれるような関連知識を有するパートナーの特定に結びつくかもしれない。

分断的技術変化（disruptive technological changes）をきちんと認識できない鈍感さは，危険である。リサーチ・イン・モーション社（RIM）は，アップルがスマートフォンを投入した際に，「ブラックベリー」製品でこのような状況に直面した。「ブラックベリー」をサポートするRIMの販売・サービス部門は，ビジネス用途のユーザーを相手にする感覚にどっぷりと浸りきっていたため，一般消費者市場についての理解はまったくと言ってよいほどなかった。RIMは，同社の強力な技術基盤をテコ入れしてアップルを追撃するわけでもなく，アップルや他社がスマートフォン市場を拡張している中で，そこに取り残されないよう必死に足掻いているだけであった。

これとは対照的に，自動車メーカーであるトヨタは，ジャスト・イン・タイム（カンバン）システムの電子化という組織的課題に非常にうまく対応した。トヨタは，同社のサプライチェーン・マネジメント・システムのカギである伝統的なカードを基本とするカンバンが，ゆくゆくは電子システムに置き換わることを理解していた。アーリー・アダプターに大きなメリットがあると踏んでいたトヨタは，この問題に迅速に対応した。具体的には，既存プロセスはそのままに，電子式カンバンの開発を担当する独立部門を設置して，同社のジャスト・イン・タイムに対応する部門からカギとなる人材を配置した。電子式カンバンの導入に際し，トヨタは実質的に全く異なる組織構造を導入する必要があった。同社はまた，投資の時間軸についても見直す必要があり，サプライヤーとの関係も抜本的に変更し，生産ラインの従業員のトレーニングの方法も従来とは異なるものを導入しなければならなかった。独立した立場の担当グループは，この仕事をどこからも干渉されることなく自由に行うことができ，新技術が引き起こすと見込まれる組織内の摩擦からも切り離されていたのである。

新規の市場機会を模索する方向に戦略の舵を切る場合には，カギとなるリソースに対するコントロールを弱めるのが望ましい。シスコが一般消費者市場に進出した際には，リンクシスのような外部から買収してきた部門に対してかなりの自律性を認めた。同社はまた，伝統的な企業向け市場で展開する事業による影響からターゲット企業を保護する役割を担うチームを設置した。

最後に，コントロールを弱める必要がある理由として，ただ単純にリソースが競争優位の源泉としての価値をなくしたということもある。このような場合，コントロールを弱めた分だけ，そこに投じていた投資やマネジメント面での負担を別のところに振り向けることが可能になる。このことが売却・処分の最初のステップになることも多い（※この問題について詳しくは以下で論じる）。あるいは，コントロールを弱めることで，開発活動に従事している人材のモチベーションを損なうことなく，リソースへのアクセス面でベネフィットを得るということもありうる。たとえば，自社で適切なインセンティブ・システムや企業家的風土を用意できないようなら，自律性を確保してあげるためにリソースを意図的に組織の辺縁部に持っていくか，部分的もしくは全面的な売却契約を行うといったやり方が有効である。

リソースに対するコントロールのレベルをいつ（when），どのように（how），変更するのかを見極めるのは，容易ではない。たとえば，既存のライフ・サイエンス企業がバイオテクノロジー革命というものを目の当たりにすれば，多くは自分たちの手掛ける規制や販売に関連する活動を活かすことのできる新しい技術基盤を提供してくれるような小企業を買収しようとする。しかし，買収側企業の多くは，伝統的な小単位での創薬研究とゲノムに基礎を置く新しい研究との間に存在する組織面での違いを過小評価している。相手に対する無理解という隔たりのせいでストレスをかけられて組織の士気が低下すれば，多くのカギとなる研究者が被買収企業を去ってしまい，その価値が破壊されるのである。

とはいえ，すべての企業が間違うわけではなく，例外もある。ターゲットとするバイオテクノロジーの専門企業に対して上手に投資・関与した企業では，ターゲット側に新しい創薬方法を検討する自由度を与え，また，相手の組織的ニーズについてきちんと理解できた後でしか統合に踏み切らない。たとえば，1990年代，ロシュはバイオテックのパイオニアであるジェネンテックのかなりの株式を取得した際には，ジェネンテック側に対して長期間にわたって相当程度自由に活動することを認めた。ロシュは，ジェネンテックやそのバイオテック関連の生産ラインをすぐには統合しようとせず，2009年になってようやく統合に踏み込んだのである。それは，ロシュがジェネンテックを中核的事業に吸収しても相手の開発能力にダメージを与えないと確信できるほどまで，ジェネンテック側の組織的要求をきちんと理解できてからのことであった。このようなケースでは，統合は長期的なゲームである。統合が成功するか否かはいまだ不明確なままであり，今もジェネンテックから来た多くの従業員は統合後の企業における将来的な処遇が重大な関心事である――さらに，ロシュの古参の従業員の中には，同社がジェネンテックに甘い顔をしすぎなのではないかと疑問を抱く者も少なくない。

もちろん，もし，今の段階でコントロールの手綱を手離してしまえば，競争条件が再度変化したときに，統制面での不整合を引き起こす可能性もある。事実，プロジェクトや諸部門，あるいはそれら同士の関係などへのコントロールを緩めることで新規リソースの創出に成功するというのなら，そうすることでその成功のベネフィットを最大化しようと考えるはずである。とすると，長期的に見れば，統制上の観点からいずれはこれらの独立ユニットと自社のメインストリームを成す組織とのつながりを強化せねばならなくなる時がくる。このように，統合面での不整合を解消することによって，初めてリソースが生み出す価値を収穫し尽くすことができるのである。

③　内部化したリソースの売却・処分

コントロールを弱めることの極みとして，他社への売却や関連する事業活動の停止など，内部化したリソースを売却・処分することが理に適っている場合も少なくない。そこには，すべての製品ラインとビジネス・ユニットの売却・処分も含まれる。このような方法を選択する理由として，以下のようなものを挙げることができる。

（1）かつて価値のあったリソースが時代遅れになる。
（2）潜在的な価値を有するリソースの開発を抑制している。
（3）自社で余剰リソースを抱えている。
（4）統合の後，不要なリソースが判明した。
（5）過去の誤りを修正したい。

これらについて，以下で詳しく見ていこう。

（1）時代遅れのリソース

過去に価値を有していたリソースが市場の現状に適さなくなるということはよくある。そのようなリソースが自社では無用だとしても，別のところではそのリソースに有用性を見出して買いたがるところもあろう。だが，もし良い買い手が見つからないのであれば，それを使い続けるのをやめるだけでも，リソース維持にかかるコストを節約することができる。

（2）リソース開発の抑制

事業の売却・処分によって，自社の抱える業績不振部門の事業活動に柔軟性や独立性が高まる場合もあるし，あるいは，新しい親会社からより適切なリソースや組織的サポートが提供されればその部門が発展することもある。自動車産業というのは，買収が当初の目論見通りにはいかずに事業売却に至るという実例の宝庫である。2007年，フォードは傘下のアストンマーチン部門を英国主導のコンソーシアムに，2008年には英国子会社であったジャガーとランド・ローバーをインドのタタ・モーターズに，2010年にボルボを中国の自動車メーカーである吉利汽車に，それぞれ売却した。

事業部門の売却・処分が，大規模な企業のリストラクチャリングの引き金になることもある。2005年，センダントは，不動産および旅行業の事業部門の売却に着手した。同社は多角化企業であり，ダイナミックな技術変化や市場成長に対応するには複雑化しすぎていた。最初の一連の売却の結果で，同社は不動産，旅行，ホスピタリティ，およびレンタカーという４つの独立した企業に分割された。最終的にはセンダントという名を捨て，残った事業に「Avis」や「Budget」というブランドのロゴを付けたのである。

（3）持て余している余剰リソース

内部モードであれ，外部モードであれ，事業拡大に伴って複数の事業ラインをサポートする能力が重複して蓄積されることも少なくない。ある活動に関して，分散しているものを集約化したり，一部を売却・停止することには，経済的価値が伴う可能性がある。ユニリーバはベン＆ジェリーズの買収時に，いくつかの生産設備を会社間の垣根を越えて１つに集約することで，操業面での効率性を高めた。これよりも規模が小さい事業であっても，余剰資産を絞り出すことは可能である。2000年代のはじめ，シスコは，それ以前の10年間に手掛けた17件の買収によってリソース開発活動の重複が顕著になったことで，技術開発活動の再編を迫られた。

（4）不要なリソース

買収後に積極的な組織再編を行うと，必然的にターゲットや買収側からは不要な能力，すなわち残余部分が生じることになる。もし，これらの資産を売却・処分すれば，それまでそこで消耗していた意識や予算を，別の新しい機会に集中して振り向けることができるのである。アメリカならびにヨーロッパにおける複数業界にまたがる250件の買収を対象にした研究では，事業売却が買収・被買収の両方の包括的な組織再編におけるカギを握ると指摘している。つまり，買収および被買収企業の部分的な事業売却につながるM&Aが，残りの事業活動におけるリソース開発を促進することを示唆している。

目覚ましいほどに優れた買収戦略を採る企業は，買収ばかりでなく事業売却・処分でも同様に積極的である。1981年から1987年にかけて，GEは300を超えるターゲットを大幅に変更した上で，300以上の事業を取得し，200件の事業売却を実施した。これと同様に，ユニリーバは，1995年以降に手掛けた事業ポートフォリオのリストラクチャリングの過程で，200件を超える事業売却と並行して250件ほどの買収を行った（※取得したものの中には，クノール，アモラ（Amora），ベン＆ジェリーズ，スリム・ファースト（Slim-Fast），およびアルベルト・カルバーも含まれる）。

（5）過去の誤り

さらに，最初に新規リソースを入手した際の間違いを修正するための方法として，事業の売却・処分を行う可能性もある。そのリソースが当初の自社ポートフォリオにフィットしなかったということもあろうし，あるいは，――統合度合いが弱いモードの方が望ましいという意味で――その戦略的価値への足かせを外して解き放つために高いフレキシビリティが必要だということもあろう。現在のリソース基盤とはまるで異なるリソース領域を新しく探索する場合，選択上の間違いはよくあることである。ひとたび選択の誤りを認識したならば，適切な買い手を見つけ次第，その部門を売却すべきである。2011年，シスコは，2009年に購入したフリップ・ビデオ・カメラ部門を売却した。企業向けネットワーキング・サービスで知られるシスコにとって，フリップ・カメラは最初から異質で浮いた存在であった。幸いにも，シスコには迅速に修正行動に移せるだけの指針が存在した。

事業売却では，事業部門ごとスピンオフするか，操業が維持できる事業単位で主要なリソースを売却するのが最も望ましい。そうすることで，リソースは稼働可能の完全な状態のままであり，その価値を維持できるのである。すなわち，この取引によって売り手側は収入を手にし，売却された部門で働く人々もキャリアを継続できる。だが，時どき，それ以上の効果を生むのが，新規機会に投じるべき時間とカネの吸い込み口と化した事業を閉鎖する場合である。不幸なことに，もし企業が困難な意思決定を前にグズグズせずにもっと早く判断していれば，閉鎖された事業部門の多くは実動可能な継続事業のまま売却できたものもあったはずである。事業活動を継続したまま売却するというやり方は，究極的には，売却されるリソースとのつながりを持つ多くのステークホルダーにとって有益なのである。

リソース経路のフレームワークは，成長のための最適経路を明示するという点で，もはや自社の成長機会にはなんら寄与しなくなったリソースの売却を容易にする。もし成長が伴わないまま売却・処分を進めれば，企業はいずれ消滅することになり，その反対に売却・処分を行わずに成長していけばリソースのミスマッチがもたらす混沌によって押しつぶされることになる。この両極端なケースは，有効な成長策と有効な売却・処分策の両方を併せ持つ必要性を示唆している。

4．〈借用〉したリソースの再編

ここまでの議論と同様に，基本契約か提携によって入手した，内部化されていない〈借用〉したリソースに対するコントロールのレベルを再検討することも重要である。〈借用〉したリソースに対する必要なコントロールの程度は，その時どきに抱えている競争面での課題に応じて異なるだろうから，それに応じて統制のやり方を見直す事態も想定しておくべきである。拘束力が最も強い契約では，目標管理面での取り決めに沿って当事者間の関係を変更する権利が明記されている。

①　〈借用〉したリソースに対するコントロールを強める

通常，〈借用〉したリソースは，内部化されたリソースに比べてコントロールが困難である。そのため，契約を提携へと，あるいはアライアンスを内部化へとアップグレードすることで，〈借用〉したリソースに対するコントロールの可能性を高めることができる。コントロールを強化する必要性が出てくるのは，〈借用〉したリソースを現行の契約条項の内容に囚われずに大幅にアレンジしたい場合，もしくは所有権の問題に直面しているような場合である。もしくはその両方が同時に生じることもある。どちらのシナリオでも，ダイナミックに変化する市場特有のものであり，そこでは需要や所有権の特性上の変化に製品・サービス面できちんと対応していくための柔軟性が欠かせない。

提携にはフレキシビリティに絡む問題がつきものであり，この問題は，内部ユニットの業務と同時に，しっかりと調整されるべきものである。もし，提携パートナーがライバルとなる部門を立ち上げたり，まったく予想外の方向を目指すようなら，それもまた対処を要する問題であろう。第４章で議論したように，イーライ・リリーとICOSによる共同研究では，イーライ・リリーが薬剤に軸足を置いた新しい治療法に関する研究を開始した際に，提携パートナーであったICOSを買収した。そこでのイーライ・リリーの見立てとは，提携を有効に機能させることに足を引っ張られて，ICOS側の知的所有権によって自社のフレキシビリティが制約され，新規開発の取り組みの調整に多くの労力・時間を奪われるだろう，というものであった。

コントロール強化のためには関係性の深化が欠かせない。だが，コントロールを強めることを目的に，特定企業との契約関係と並行して別の企業とも提携することで，元の契約を置き換えたり補完するというやり方もありうる。たとえば，前述したように，イーライ・リリーはアミリン製薬と契約を締結したものの，その一方でベーリンガーインゲルハイムとも手を組んでいる。ベーリンガーとアミリンは糖尿病薬で競合する関係にある。イーライ・リリーによるこのようなヘッジは，既存の契約パートナーが新規機会に対応するためのスキルを欠くか，自社の求める関係性の深化に乗り気でない場合には有効である。過去のしがらみに囚われるよりは，適切なリソースを保有するパートナーを見つけ出す方が，戦略に適しているというわけである。

内部化されたリソースの場合と同じく〈借用〉関係においても，分断的変化（disruptive changes）が生じた際には，コントロールを強化する能力が競争での生き残りを左右する。1990〜2000年代にかけて，アメリカの自動車メーカーの打ち出した販売・サービス戦略に対して，自動車ディーラーが強硬に抵抗した。そこでは，ディーラー側が州の規制当局の協力を取り付けようとすることもしばしばであった。これとは対照的に，トヨタやホンダ，現代（ヒュンダイ）といった競合は販売・サービス戦略面で強いコントロールを保持できていた。ディーラー・ネットワークをきちんとコントロールできないアメリカの自動車メーカーは，これらの競合に対抗できなくなっていたのである。

これと同様に，1980年代，アメリカの医療制度に新しい支払いの仕組みが導入された際，既存の病院向け情報システムのプロバイダーはソフトウェアの再設計を強いられた。われわれの研究プロジェクトが明らかにしたのは，それまで特定の専門分野に特化したハードウェアとソフトウェアのサプライヤー同士を組み合わせることで競争優位を実現していたプロバイダーが，この制度変更によって突如として不利になったということである。そこでは，従来までのそのようなパートナーシップでは，必然的に生じる変化に柔軟に対応できないがゆえに，新しい環境に適応するのに難儀したのである。それとは対照的に，以前は内部開発にこだわりすぎたせいで不利な立場にあった情報システム開発業者は，変化に迅速に対応するのに必要なコントロールを握っていたことで，変化後の市場では新規事業の獲得が増えたのである。それに加えて，〈借用〉から〈構築〉へと戦略を迅速にシフトできた企業は，新しい環境でもうまくやっていけたのである。

② 〈借用〉したリソースへのコントロールを弱める

たとえ〈借用〉したリソースが競争面で価値を発揮していたとしても，場合によってはパートナーとの関係を弱めたいと考えることもあろう。そのほとんどは，現行の提携に絡む複雑性を低下させるところに狙いがあり，おそらくはそれを対等な契約にまでダウングレードしようというのが，一つの落としどころであろう。トヨタの場合，部品のサプライヤーの供給する製品がコモディティ化した場合，つまり，過去に性能面でずば抜けていてもそこに他社が肩を並べるようになったならば，部品のサプライヤーとの関係性をより浅いものに変更する。戦略のシフトもまた，関係性を見直すトリガーとなる。コーニングは，提携で手掛けていた製品や市場が，同社の力を入れる光学事業とは乖離していったことで，ダウ・コーニングとのシリコン関係の合弁（ジョイント・ベンチャー）への経営上の関与を弱めた。

コントロールを弱める際には，不可避的に組織面での課題も伴う。すなわち，そこで影響を受けるビジネス・ユニット長は，おそらくは伝統的な経営活動――および，自身が行使できる権限――を維持しようとするだろう。しかし，組織に対して不要なコントロールを減じるよう働きかけるほど，そのコントロールに要していた時間やリソースを，よりインパクトも価値も大きな部分に振り向けることができるようになるのである。

③　〈借用〉したリソースの売却・処分

最後に，コントロールをさほど必要としない〈借用〉したリソースの売却・処分について考えよう。このことは，実務的には，すでに戦略的な重要性を失った提携や契約の関係に終止符を打つことを意味する。価値のあるパートナーシップによっては数年も続くこともあるが，ほとんどはそれよりも短期で，商品・サービスの開発・販売のための期間がきっちりと設定されている。もはや価値を生まないパートナーシップならば，関係を終わりにすべきである。

その1つの方法として，自社よりもリソースを重宝するパートナーに対して事業継続の権利を売却することが挙げられる。たとえば，2011年，ホンダはヒーロー・ホンダの合弁の株式をインド側パートナーに売却することを発表した。このジョイントベンチャーを通じたインドにおける活動は，ヒーローにとっては高度に戦略的な意味を有していたものの，中国や北米，その他の活動に徐々に軸足を移してきたホンダにとっては，相対的に辺縁的なものになっていた。この他にも，双方のパートナーが継続を望まない活動の関係終了について合意するというものもある。たとえば，2003年，バイエルとシェル石油は，34年も続いたベルギーでの特殊化学品生産の合弁を解消した。数十年も事業を継続している間に，同製品はコモディティと化し，双方のパートナーにとっての価値も失われていた。

多くの場合，アライアンスや契約の関係を終わらせることは，非常にセンシティブな活動である。コントロールを部分的に手離す場合と同様に，売却・処分による影響は，そこに関係する活動やパートナー，また熱心かつ長期的にコミットしてきた自社スタッフにも及ぶ。パートナー側の視点に立てば，関係を継続しないことは重要な事業活動を打ち切ったり名声を喪失することを意味する。このような損失は，パートナーが業界で小粒なプレーヤーであるほど顕著になる。そのため，なるべく穏便に関係を終了させるための方法を探るのが望ましい。たとえば，リソースへのコミットメントはやめるけれども，合弁の終了について公には発表しない，といった方法である。製薬業界では，大企業と小規模企業との取引関係が社会的に注目されることがあるが，その関係が終わるときは静かなもので，ほとんど，あるいは全く，人の関心を集めない。

すでにお分かりのとおり，ポートフォリオ再編の経路は多様である。コラム「ポートフォリオの再編―ダノンによる健康食品企業への変革」は，ある多国籍企業がどのようにリソース・ポートフォリオを徹底的に見直し，「健康的で栄養のある（healthy nutrition）」というミッションへと変更したのか，また，そこではどれほど多大なエネルギーや再編のための決断が必要であったかについて述べている。

コラム

ポートフォリオの再編
―ダノンによる健康食品企業への変革―

「１人でも多くの人々に，食べ物を通じて健康を届ける」というミッションを再定義するにあたって，フランスに拠点を置く多国籍企業であるダノンは，2000年代を通じてリソースのポートフォリオを抜本的に再構築した。同社はもともとシリアル，クラッカー，クッキー（※英国ではビスケットと呼ぶ）を主力に据えていたが，健康食セクターでは以下の４つの分野に集中することになった。すなわち，乳製品，離乳食，医療用食，およびミネラル・ウォーターである。

現在，ダノンの売上の半分以上を乳製品が占めており，「アクティメル（Actimel）」，「アクティビア（Activia）」，「ビタリニア（Vitalinea）」，および「ダノニノ（Danonino）」といったイノベーティブなヨーグルト・ベースの製品分野では，同社は世界でも最大手である。同社は，このようなプラットフォームを構築することで，幼児向け・医療向けの栄養食品の両分野における世界的リーダー企業としての地位を築いた。さらに，ミネラル・ウォーターでもダノンは世界２番目の地位にある。健康志向というミッションに自社の事業ポートフォリオを再編するために，ダノンはいくつものステップを踏みながら健康および栄養という２つのドメイン内でのリソースに対するコントロールを強化するのと同時進行で，新しく目指す方向にはそぐわないビスケットやアルコール飲料などの「嗜好品」のカテゴリーのリソースを売却・処分していった。

健康・栄養領域へのコントロールの増大

▶〈構築〉：社内のR&Dを強化する

ダノンは長年にわたるR&D投資を通じて健康・栄養関連のリソースを開発・強化し，乳製品においては何段階ものステップを踏みながら自社能力を強化していった。この点に関して，特にR&D投資の50パーセントがヨーグルト分野のプロバイオティクスに振り向けられている。具体的には，R&D予算を増額し，900人ものプロフェッショナルから成るR&Dコミュニティを強化し，世界最大の乳酸菌バンクを維持し，さらにアカデミック領域の研究者とも密接にコラボレーションを図る，といった活動に投資が充てられる。ライバル企業からしてみれば，ダノンがプロバイオティクス関連のR&Dに強くコミットしているため，同社の大ヒット商品「アクティメル」には到底太刀打ちできない。他の乳製品のメーカーやプライベート・ブランドの製造業者が市販材料を使ったプロバイオティクス・ヨーグルトを販売したけれども，そこでの市場シェアはごくわずかにとどまった。

▶〈借用〉：提携パートナーに対するコントロールを強める

健康食セグメントでは，ダノンはパートナーに対するコントロールを強化した。たとえば，同社はプロバイオティクス分野での日本における提携パートナーであるヤクルトの過半数未満（20パーセント）の株式を保有しているほか，インドのバイオテック企業であるアヴェスタジェンにも投資している。ダノンはまた，アメリカのオーガニック乳製品の製造大手で，ヨーグルト・メーカーとしても４番目の規模を持つ提携パートナーのストーニーフィールド・ファームを買収している。

▶〈購買〉：買収して統合する

ダノンはターゲットを買収・統合して自社のポートフォリオに組み込むことで，成長戦略を補完している。2000年代，同社はアジア地域における最大のミネラル・ウォーター企業になった。そこでは，たとえば，中国での伊利集団とロバストの，インドネシアではアクアのコントロールをそれぞれ握った。その傍らで，2007年，ダノンは，有名なオランダの離乳食や栄養スティック・シェークのメーカーであるヌミコを買収した。この買収は，ダノンのプロバイオティクス関連文化の知識とヌミコの栄養関連文化の専門性を結びつけるのに一役買った。ヌミコはまた，アンチ・エイジング市場で強い存在感を放っている臨床栄養学と臨床試験の面での強力なリソースを保有している。

他の製品ラインのリソースの売却・処分

「健康・栄養」というミッションに基づいて全社ポートフォリオを再編するために，ダノンは「非健康」食品事業を売却していった。たとえば，2003年，伝統的なコア・ビジネスであるガラス容器ラインの売却を完了させた。当然ながら，コア・ミッションとは相容れないアルコール飲料事業は売却の有力候補であった――ましてや，世界のビール産業は強力な統合圧力に直面していた――。2002年，ダノンは傘下のビール事業を，イギリスの最大のビール醸造業者であるスコティッシュ＆ニューキャッスルに対し，フランスで最も人気の高い「クローネンブルグ」ごと売却した。同社はまた高利益率を誇ったキャンペーン事業も売却した。

過去10年間で，ダノンは世界で２番目の地位にあったセクターのビスケットとクラッカーのブランドを売却した。高カルシウム成分と脂肪分を抑えた子供向けビスケットのような特定領域において栄養関連のイノベーションが生じたにもかかわらず，ビスケット市場は健康・栄養の専門能力をてこ入れする機会が限定的で，全体としても緩慢でのんびりしたままであった。つまり，ビスケット業界は参入障壁が低く，イノベーションに対する保護も弱かった。ダノンは最初にヨーロッパの工場を閉鎖してビスケット部門を縮小した。2004年，英国の「ジェイコブズ」とアイルランドのビスケット事業を売却した。2007年，ダノンはより徹底的な売却策を進め，ビスケットとクラッカーのブランドを主要な競合であるクラフトに売却したのである。

これと同様に，ダノンは「健康・栄養企業」というアイデンティティには寄与しないと思われるカテゴリーに属する事業も売却した。

新興市場におけるリソースに対するコントロールを調整する

最後に，ダノンは「健康・栄養」というミッションを追求するために，売上の30パーセントを占めるメキシコ，インドネシア，インド，中国，ロシア，ブラジルといった新興市場におけるリソースのポートフォリオを再編した。たとえば，インドにおいては，完全子会社であるダノン・インディアを設立して，同国内での活動を管理しようとした。ダノンは，過去10年間の楽観的な拡大策に伴う統合作業が難航したことの後始末としてリストラクチャリングに追い込まれたウォックハードグループの栄養関連事業を取得することで（⇒第5章を参照），インドの盛況な乳児向け離乳食と医療向け栄養市場に参入した。ダノンはまた，グローバルなビスケット事業からの撤退完了に伴い，インドのパートナーであったワディアグループとの合弁を解消した。他方で，サウジアラビアのアルサフィやコロンビアのアルクエリアなどとの乳製品面で合弁したり，ヤクルトとのプロバイオティクス面での提携をベトナムにも拡大するなど，同社は他の新興市場においても積極的に提携を結んだ。

このように，ダノンはより深入りする必要がある場合にはコントロールを強め，他方でミッション見直しの結果として自社ミッションにはそぐわなくなった過去のコア事業を売却するといった取り組みを大胆に行った。このような積極的なリソース・ポートフォリオの再編は，同社の成長と収益性を下支えする結果となった。全社の売上を見ると，2001年から2010年の間に175パーセント増加した。同社の平均売上高利益率は，2001－2005年の6.4パーセントから，2006－2010年の14.2パーセントへと向上した。また，同社の株式の価値は2002年から2012年初めまでの期間中，120パーセントも向上したのである。

5．評価ツールとサマリー

表6－2は自社のコントロールの程度を見直すべきか，それともリソースを売却・処分してしまうべきかという判断時に考えるべき問いを列記したものである。もし，ほとんどの回答が「Yes」であれば，リソースに対するコントロールを強化する方策を検討すべきである。すなわち，それが内部化されたリソースであれば社内での統合を強め，〈借用〉されたリソースであればコントロールを強化するか，リソース・パートナーの買収を進めることも視野に入れることになる。反対に，もし，ほとんどの回答が「No」であれば，リソースに対するコントロールを弱めるか，完全に手を引くことを考えるべきである。すなわち，それが内部化されたリソースであれば，社内に探索的環境を創設するか，あるいは売却・処分を考えるべきである。〈借用〉されたリソースであれば，パートナーとの関係をダウングレードするか，その関係を解消するというやり方があろう。

この章では，業界，リソース，およびパートナーシップのライフサイクルの中で，リソース・ポートフォリオを再編することによって，どのように競争優位を獲得するかに注目した。コントロールを強化する必要がある場合，その位置づけを辺縁的な事業部門から中心的なものへと変更したり，提携やライセンスを内部化したり，あるいは過去の活動の中で学んだことを基にターゲットを特定・統合することもできる。コントロールを弱める必要がある場合，内部化していたものを探索的もしくは自律的な部門へと変更したり，パートナーへのコミットメントの範囲を狭めることもできよう。不要なリソースならば，売却・処分せねばならない。

リソースを再評価したり，過去の選択に立ち返って検討し直すことは，容易ではない。現在の課題が何に起因しているのか，そのルーツまで遡って理解するための分析能力を磨くとともに，過去の判断に過剰に囚われすぎるという事態を回避するだけの謙虚さが必要である。これらのスキルの組み合わせについて徹底的に考え抜くことが，事業繁栄への道を開くのである。

［表６－２］

リソース・ポートフォリオ再編の必要性			
内部化されたリソース（内部開発かM&Aによって入手）		No	Yes
内部リソースの戦略的価値	自社の内部／買収した部門で開発されたリソースは戦略にとって中核的なものであり，差別化された優位性を有したままか？		
内部／買収した部門の自律性	必要なリソース開発の任にある内部部門／買収した部門に対して，十分な自律性を与えてきたか？		
	内部部門／買収した部門は，自社のメインストリームの組織への統合を進めることでメリットが得られるか？		
外部リソースの入手可能性	（自社で開発したものか，買収によって取得したものかにかかわらず）内部リソースは外部パートナーから入手することが困難なままか？		
内部リソースの冗長性	内部開発／買収した部門のリソースは，その他の内部リソース開発の取り組みと重複するか？		
〈借用〉されたリソース（契約か提携によって入手）			
コラボレーションの戦略的価値	契約／提携上のパートナーとのコラボレーションは，自社にとっての戦略的重要性が高まっているか？		
競争面での重複	契約／提携上のパートナーとの間の重複は，時間と共に増大してきたか？		
リソースの流出	潜在的なリソース流出や契約／提携パートナーとの間の学習合戦に関して懸念があるか？		
競合の脅威	カギとなるリソース領域面で，競合が自社の契約／提携上のパートナーに接近したり，提携を結んだことがあるか？		
能力構築	契約／提携上のパートナーから学び取れずにいたり，コラボレーションの範囲内で十分な内部能力を構築できずにいるか？		
リソースに対するコントロールのあり方について変更する必要性に関する個別の質問に答えよ。 もし，ほとんどの回答が「Yes」であれば，自社のリソースに対するコントロールを強化するように努めよ。 もし，ほとんどが「No」であれば，リソースに対するコントロールを弱めることを検討するべきである。			

第7章

全社的選択能力を育む

Developing Your Enterprise Selection Capability

すでに読者の皆さんのお手元には，個々のリソースを入手して長期的に管理していくための信頼に足るガイドラインが存在するはずである。本書を締めくくるこの章では，皆さんが学んだリソース入手経路のフレームワークを土台にして，組織全体で強力な選択能力を構築することを目指している。ここでの目的は2つある。すなわち，①個々の調達について自信をもって判断できる助けになること，**なおかつ**②全社レベルで〈構築〉－〈借用〉－〈購買〉ポートフォリオを組んで，それを維持できるだけの組織能力を育むことである。

図7－1は**選択能力のサイクル**のアウトラインを表す。そこでの最初のステップでは，実行の罠（※過去のリソース調達面での不調が，選択上のエラーによるものではなく，実行面での努力不足に起因するという誤った認識）を回避しながら，戦略のロードマップとリソース・ギャップを明確化する（⇒第1章）。そこで企業が既存リソースの精査にもたつけば，リソース・ギャップを埋めるために何が必要なのかもわからない。多くの企業は，この最初のステージでつまずいてしまう。

このサイクルの第2のステップでは，必要なリソースを入手するのに最も有効なオプションを選択するために，第2章から5章にかけて述べたリソース経路のフレームワークを用いる。すなわち，

●内部開発による**〈構築〉**は，知識と組織の両側面でのフィットという観点で，

［図７－１］選択能力のサイクル

１．自社の戦略的コンテクストの決定
●戦略を決定する
●リソース・ギャップを明確化する
●実行の罠を回避する
第１章

２．新規リソース入手を目的とする経路の正しい選択
リソース入手経路のフレームワーク：
●〈構築〉：内部リソースは関連性があるか？
●〈借用〉：リソースの取引可能性は高いか？
リソース・パートナーとの望ましい緊密さがあるか？
●〈購買〉：ターゲット企業の統合は可能か？
第２－５章

３．リソース・ポートフォリオの再編
内部化・〈借用〉したリソース：
●コントロールを強化するか？
●コントロールを弱めるか？
●売却するか？
第６章

４．企業全体の選択能力の育成
●〈構築〉－〈借用〉－〈購買〉のポートフォリオのバランスを図る
●〈構築〉－〈借用〉－〈購買〉のパイプラインを育てる
●〈構築〉－〈借用〉－〈購買〉の各モード間での経験・調整する
●リーダーとしての役割を明確化する
第７章

リソース戦略の修正

選択能力のサイクル

内部リソースとの関連性がある場合に最も有効である。（⇒第２章）

- 基本契約を通じた**〈借用〉**は，リソースを明確に定義でき，なおかつそのリソースを契約の文面によって保護できる場合に，新規リソースを入手するための優れた経路となる。（⇒第３章）
- 双方の積極的な関与による**〈借用〉**は，自社とパートナー企業との共同活動のポイントが絞り込まれ，さらに両立可能な目的に向けて協業できるような場合に，ターゲット・リソースを入手するのに適している。（⇒第４章）
- 買収によるリソースの**〈購買〉**が有効なのは，新規リソースを自由に取り扱ったりコントロールする必要性が認識されていて，たしかな統合経路が描け，カギとなる人材を引き留めることができる場合である。（⇒第５章）

ここで提示した基準を適用することで，リソース調達での成果を押し下げる原因となっていたダメな癖，バイアス，既得権といったものを断ち切ることに

なろう。

第3のステップでは，第6章で述べたように，リソース経路のフレームワークを用いてリソースのライフサイクルを考慮しながらポートフォリオ全体を管理する。リソースの価値は自社の内部・外部の両面の変化によって影響を受けるため，日常的にリソースの関連性とその用いられ方について再評価する必要がある。その結果次第では，リソースに対するコントロールの強弱を調節したり，あるいはそれらをひっくるめて売却・処分する必要もあるかもしれない。さらに，過去の選択上のエラーがもたらす悪影響にも目を配り，評価し，さらにはそこから挽回することもできよう。

本章で詳しく取り上げる，**図7－1**の最後のステップには，リソース模索活動を企業レベルでの開発目標と統合することによって，意思決定者にとっての課題を洗い出すことも含まれる。そこでの目標としては，

- 〈構築〉－〈借用〉－〈購買〉の構想のポートフォリオ全体でのバランスを図ること，
- 内部と外部の調達機会によって，自社のパイプラインを満たしておくこと，
- あらゆるモードを用いたり，リソース模索活動（resource-seeking activities）を調整する，全社的な経験を積むこと，
- 自社の選択能力を高めるのに，リーダーシップが果たす役割を明確にすること，

が挙げられる。

以下で順を追って見ていくことにしよう。

1．不可欠なバランス

すでに論じてきたように，特定の調達モードに依存しすぎる一本足打法の企業は何かと災難が多い。過剰なまでに買収に頼り切っていると，カギとなるリソースが流出したり，内部のチームのやる気が失われたり燃え尽きたりして，組織がバラバラになってしまう。有機的成長ばかりを重視していれば，その頑

なな姿勢がやがては慣性と化す。そんな企業は自社の内部リソースがどんなにユニークで際立った特徴を有していたとしても，ある種の足かせを課せられたようなものであり，インクリメンタルなイノベーションしか生み出せず，視野も狭くなってしまうのである。成長のために契約や提携という手段にあまりに依存しすぎれば，パートナーの行動や利害対立に振り回されることになる。

これに対して，所有とコントロールという観点で，さまざまなモード間のバランスを意識したポートフォリオを組んでいる企業では，多様なリソース供給源にアクセスしやすい。長期的に見て，こうした企業は多面性を欠く企業よりもイノベーティブな機会に恵まれる。

製薬企業のエンドーは，リソース調達モードを上手にブレンドする企業の好例である。1990年代半ばにデュポン・ケミカルからスピン・オフした当初，このスペシャリティ薬品企業は，内部で開発された製品と外部からもたらされたジェネリック医薬品がほんの少し手元にあるだけの状態であった。これが独立事業体としてのエンドーの歴史の始まりである。それから数年のうちに，同社はアメリカ，ヨーロッパ，およびアジアの諸企業を相手にライセンスと焦点を絞り込んだ提携を立て続けに締結した。そこで足場を固めた後，エンドーはライセンス活動を補完する目的で数件の小規模な買収を行った。そこでのターゲットが提供するリソースのおかげで，同社は内部の開発スキルを維持し，またそれゆえにアメリカで販売するための製品を創出でき，ヨーロッパのスペシャリティ企業へのライセンスも可能となった。1997年から2011年にかけて，売上高の実に９パーセント程度を内部開発活動に投資するのと並行して，エンドーはざっと10件ほどの買収と45件を超すライセンス取引を行ったのである。その期間中，同社は20パーセントの利益率を維持しながら，年間売上高が17億ドルを超えるまでに成長した（2010年）。リソース調達モードの優れたバランスを武器に，エンドーはライフサイエンスの中でも特に競争が熾烈なセグメントにおいて際立った俊敏さを身に着けた。

リソース調達モードのバランスを図ることは，古い事業と若い事業の両方にとって重要である。われわれが実施したテレコム業界に関する研究では，新規リソースを入手するのに多様な方法を活用している老舗企業では，単一の主流のモードに頼って成長した企業よりも，生存期間が５年以上長いという結果が得られた。また，1988年から1999年までの，アメリカにおける3,595件のIPOを対象とした研究によると，IPO直後の数年間で他の成長経路を無視して多数の買収を行った企業群では，多数の上場廃止が行われた。ここからわれわれが導いた結論とは，新規上場企業が積極的な買収策に乗り出そうという場合には，最初の買収取引の後，次の新しい買収案件に手を出す前に一度手を休めて，丁寧にターゲットを統合するための猶予期間を設けるべきであるということである。

こういった理由から，新しいリソースを〈構築〉するか，〈借用〉してくるか，それとも〈購買〉するかについて判断する前に，まずは現在のリソース・プロジェクトにおけるポートフォリオをきちんと精査しておく必要がある。たとえば，もし最近の買収・統合によって急拡大したところに，新しく買収案件が追加されれば，それはリソースにとっても従業員にとっても負荷が大きい。そんなことなどおかまいなしに，買収の継続を強行すれば，新たに取得したリソースによって組織が肥大化し，さらなる成長も望めなくなる。自分たちの会社がお買い物マシーンに変貌したことで，ただでさえも被買収企業の統合に追われているところに，通常の開発プロジェクトを棚上げして新しいターゲット企業を探し回る活動に駆り出されれば，従業員のフラストレーションは募る一方である。

その反対に，新規リソースを創出する目的でもっぱら内部開発ばかりに固執していれば，組織は内向き志向になり，長期的にはそれが硬直性と化してしまう。あるいは，パートナーシップに過度に依存すると，何から何まで相手の出方次第という事態に陥りかねず，それによって自社のバーゲニング・パワーと戦略的自律性を低下させることになる。それゆえに，たとえ個別のリソース・プロジェクトに関する判断であっても，全社的なリソース開発活動という，より広いコンテクストの下で考える必要があるのである。

当然ながら，出だしの段階から全社的なリソースのバランスを図るなどと恵まれた状況にはないのが普通である。ありがちなパターンとしては，ある企業に入社したり昇進した際に，リソース・プロジェクトのポートフォリオを引き継ぐことになる。そこで受け継いだポートフォリオのバランスが悪ければ，将来的な調達方針を新たに策定するばかりでなく，過去の選択判断に立ち返ってそれを修正するする必要もある。

ポートフォリオを修正するタイミングはさまざまである。理想としては，自社のリソース・ポートフォリオの現状に微調整を施すということを継続的に繰り返していくのが望ましい。しかし，企業によってはドラスティックな修正を迫られることも少なくない。これは，言うなれば，特定の調達モードに偏りすぎたリソース・ポートフォリオを抜本的に再構築しなければならないような状況である。

ポートフォリオのバランスの悪さのせいで損失を被ると確信した投資家から抜本的な修正を迫られることもしばしば生じる。たとえば，2006年，シカゴに拠点を置くメディア業界の雄であるトリビューン社は，2004年比で株価が半減したことで株主からの強い圧力に直面した。同社は株式の買戻しプログラムと並行して，５億ドルに及ぶ非中核的資産の売却も行った。これと似たところで，社内のR&Dのパイプラインが枯渇している企業もまた，外部リソースにもっと積極的に目を向けるよう，投資家や取締役会から圧力を受けるだろう。しかし，あまりに激しく舵を切って，それまで好んで用いてきたやり方とは真反対の方向に行ってしまわないように用心しなければならない。コラム「シスコの全社開発ポートフォリオ」からは，シスコがリソース開発の目的で内部と外部の調達モードをどうやって両立して活用していたのかが分かる。

多くの企業は，あるいは，過去の間違いを修正するために雇われた新任CEOは，ある段階では特定のリソース調達モードばかりを集中して用い，その後で別のモードに移る，という単純なサイクルにはまり込む。このサイクルの入り口は有機的成長を重視することである。そこで，おそらくは過度な内向き志向に偏ってしまう慣性を打破しようと買収に走り，そこからさらに買収に過度に依存しすぎている状態を修正するために，今度は新たに有機的成長を図ろうとするのである。このように調達面での志向性が振り子のように周期的に行ったり来たりするのは回避しがたいのかもしれないが，その志向性をうまく管理するためのツールはすでに読者の皆さんのお手元にある。具体的には，調達方法のバランスを図り，そのバランスが崩れることによる損失を防止し，競争状況で身動きできなくならないようにうまく立ち回るのである。

多方面で非常に高い収益性を誇り，世界で最も高い名声を誇る企業の１つであるGEですら，このようなサイクルのトラップにはまり込んだ。1980年代から90年代初期にかけて，同社は内部開発と契約，提携，買収を非常に巧みに組み合わせる手法で，グローバルな成長を目指した。だが，規模と範囲の両面で，同社がグローバル・レベルでの成長を成し遂げるに伴い（※1990年代の後半には，1,000億ドルもの収益を実現した），GEはさらなる成長継続の手段として，買収の方を好むようになった。その影響で内部投資と外部とのパートナーシップが相当減らされてしまった。売上高に占めるR&Dの割合も，新規提携の数も，目に見えて減少したのである。

その結果として，GEは市場競争面で苦戦するようになっていった。内部スキルは衰え，さらに買収してきた企業の統合がますます困難になってきたことが痛感された。ジェフリー・イメルトが2001年にCEO職を引き継いでからの，初期の戦略転換策の１つは，内部開発と提携活動への関与の仕方を一新することであった。GEは引き続き毎年数十社を買収によって傘下に収め続けたけれども，その一方で，エネルギーや航空宇宙，および健康といった重点領域では，買収を上回るペースで内部でのR&Dと強力な提携を世界規模で進め，全体としてのバランスは格段に改善した。

ポートフォリオのバランス維持という課題は，産業・業界を問わない。2011年，ユニリーバはコンシューマー・グッズ事業における従来までの有機的成長への取り組み方を見直すことを発表した。同社がそれまで取り組んできた成長策を，買収や地域的な提携によって補完することで，新興市場におけるブランドをテコ入れしたのである。

製薬業界において，2000年代半ばにサノフィ・アベンティスでは，過去の内部開発による努力も，M&Aによって取得した薬剤も，思うほど実を結んでおらず，同社のパイプラインがスカスカになっていることが発覚した。一連の買収のうち，リーズナブルな価格で新製品を入手できたのは，ほんのわずかにとどまっていた。さらに困ったことに，ターゲットのリソース統合にも手を焼いていた。そこで，サノフィ・アベンティスは内部開発と選択的買収に向けた投資を継続しながらも，ライセンスと提携に対してさらに積極的に臨むようになった。これに対する市場による反応はおおむね肯定的であり，この方針の修正によって製薬業界全体を尻目に同社の株価は堅調に上昇したのである。

調達モードのサイクルにはまってしまうことは，明らかなリスクである。たとえば，あまりに多くの買収を重ねたことでバラバラに断片化した企業は，その状況を抜本的に修正しようと，ターゲットを強引に統合しようとする。あるいは，内部開発の進捗の遅さにフラストレーションを募らせた企業は，今度は提携や買収の方へと突進しようとする――けれども，そこには内部の知識ベースやスキルの評価を格下げし，ひいては自社の従業員を過小評価するようになるというリスクが伴う。

コラム

シスコの全社開発ポートフォリオ
―調達モードの巧みなブレンド―

ネットワーク機器分野で世界最大手のメーカーであるシスコは，1984年にわずか２名の従業員を抱える程度だったのだが，2011年には従業員数が70,000人を超え，世界各地に200を超すオフィスを構え，430億ドルを超す収入を上げるまでに成長した。イノベーティブなハイテク企業の買収では，同クラスの企業でシスコの右に出るところがないと定評があるけれども，シスコは強力な内部開発と提携によって買収を補完することにも長けている。同社のバランスのとれたアプローチは，社内にはサポート活動――具体的には，社内の新規事業に関する高い専門能力を有し，柔軟なインセンティブを戦略的に活用し，広い視野でリソース・スキャニングを行い，強固な遂行スキルを備えている――あってこそのもので，新規リソースと顧客志向的なソリューションが満たされた状態を常に維持している。

シスコの全社開発は，調達オプションを慎重に評価し，内部・外部のイノベーターに応じた創造的な関係を構築できる能力的な基盤によって支えられている。シスコはあらゆる調達モードを巧みに織り交ぜており，そこからは経営トップ自らが全社的な指針を示すリーダーシップの重要性が窺える。そこでは，戦略的に〈構築〉，〈借用〉，および〈購買〉の調整が図られているのである。

〈購買〉：よく知られるように，1990年代に始まったシスコによる買収戦略では，70もの企業家的企業の買収・統合が非常にうまくいった。企業としてまだ若かった頃の同社は，これらの買収策によって急成長の途上の分野であるルーターとスイッチに関わる補完的技術を短期間のうちに獲得できた。その過程で，シスコは有効かつ徹底的なデュー・デリジェンス手続きに関する能力を磨くことになった。そこでの買収ターゲットの選択基準として重視されたポイントは，事業領域が絞り込まれており，企業家的特徴を有し，地理的にも組織文化的にもシスコに近い，小規模で急成長中の企業ということであった。2000年代に入り，同社はそれまでの中核的顧客基盤の外部に成長機会を見出した。具体的には，ホーム・ネットワーキング製品のメーカーであるリンクシス（2003年），セット・トップ・ボックス（双方向家庭用通信端末）やその他の家庭用ブロードバンド機器の開発を手掛けるサイエンティフィック・アトランタ（2006年）のようなコンシューマー市場内のプラットフォームの買収に挑戦するようになった。そうすることで，シスコは買収プロセスに自らを適応させる必要が生じた。典型的には，新規リソースを手に入れることで，従来までの顧客や製品セグメントから離れていこうとする力が作用するようになる。そこで，シスコは買収してきた企業を完全に統合してしまう前に，新規市場を探索するためにより多くの時間を組み込むようになったのである。

〈構築〉：シスコの本流の内部開発チームは，同社のコア技術（ルーター，スイッチ，その他のネットワーク機器）の継続的な改良やブレークスルーを目指して活動している。歴史的に，シスコはR&Dに対して売上高の10パーセント以上を投資してきた（※特に2009年から2011年にかけては，平均で14パーセントに及んだ）。

社内起業制度を通じた〈構築〉：主流のR&Dを補完するために，シスコは小規模で，自律的チームによる開発活動を後押しした。このような社内起業活動による新規事業から，スピン・オフ企業もいくつか誕生している。時には，シスコはスピン・オフした企業をスピン・インによって再取得することもある（※スピン・インについては後述する）。社内起業を支援することで，シスコは傑出したイノベーターに対して自社との接点を維持しつづけるよう動機づけ，従業員の中でも特に企業家的な性格が強い者によって開発された知識にアクセスするための優先的な窓口を確保できるのである。

提携を通じた〈借用〉：提携パートナーとの関係の維持・管理の面で，シスコは全社的に共通性の高い指針を適用している。個々の提携案件では，発展の方向と目標を明確にした上で，独自の業績測定尺度と目標管理の指針に沿って，当該案件のライフサイクルというコンテクストの中で管理される。同社は，協調的関係で生じるあらゆる変化をモニターしており，その変化に応じてコミットメントの仕方を変えている。このように能動的に再評価を行うからこそ，シスコは新しい情報に迅速に反応できるのである。具体的には，提携の価値の変化に応じて，コントロールを強化したり弱めたりしているのである。

基本契約を通じた〈借用〉：シスコでは，開発と生産活動には契約で対応しているという面もある。同社の生産のほとんどを担うのは，契約生産者である。同社はそのような取引で用いるための契約文面のテンプレートを練り上げている。そこには，品質，コスト，および引き渡し条件（※具体的には供給の継続性，在庫管理，生産能力のフレキシビリティといった製造ロジスティクスに関する仕様を含む）などが明記されている。

企業内ベンチャー活動を通じた〈借用〉：シスコは，新しい戦略的・地理的事業領域において，世界中から外部パートナーを探し出して，関係を結ぶことをミッションとする能動的なベンチャー・キャピタルという武器を保有している。同社の外部スキャニング活動では，同社はターゲットとするパートナーばかりでなく，そのパートナーが属するエコシステムの活力までをも精査する。たとえば，近辺に所在する大学や研究所，政治・経済的環境面のリスク，および現地のベンチャー・キャピタル業界の充実度合いについてもチェックする。土地勘のない遠方の市場にある企業と関係を結ぶ際には，シスコは現地のベンチャー・ファンドと連携したり，そこに投資したりすることも少なくない。そのような不確実性がなければ，少数株式を取得することでターゲットに直接投資する。もしパートナーの戦略的価値が高いことが判明したら，シスコは最終的に出資比率を高めて完全なコントロールを握るのである。

クラウド・ソーシングを通じた〈借用〉：ありとあらゆるアイデアを検討して発掘しようというシスコの姿勢は徹底している。それを典型的に物語るのが，シスコが開催しているオープンなグローバル規模のコンペティションであり，そこでは社外から招待した人にシスコの新製品開発に活かせそうなアイデアを披露してもらう。そのアイデアは（シスコのテクノロジストからなるパネル・メンバーによって），シスコの戦略との適合性や，イノベーションのクオリティ，およびヒット商品や事業としての有望性が判断される。そこでの勝者には，６桁（※10万ドル）台の賞金とアイデア構築の場（※そこではシスコが３年間で1,000万ドルを上限とした投資が行われる）への参加の権利が与えられる。そのようなイノベーション・トーナメントは，潜在的に知識を湛えた一般の人々から幅広くアイデアを募るための，正真正銘の番外編的な方式と言える。シスコの入社希望者の中には，多くの有力な工学系大学の学位保有者や在籍者も含まれる。そこでの1,000件を超す，複雑な内容の応募案件を評価する作業は，労働集約的で骨の折れるものであるけれども，それらのアイデアのうち，どれか一つだけでも本当に成功するならば，その苦労に見合うだけの価値は十分にあると言える。

２．パイプラインを育てる

資源調達の選択肢を自社のパイプラインにストックするための方法として，２つを挙げることができる。１つ目は，日頃から自社の内部・外部の両方の領域のイノベーターと交流しながら，両領域に目を向けてスキャンすることである（※驚いたことに，多くのエグゼクティブには，自社のR&D活動に関する正しい情報が伝わっていない)。第２は，ツールの適切な使い方を習得することで，外部の探索的選択肢を温めておくことである。この好例がシスコであり，同社は多様な調達オプションを用いて積極的にパイプラインを充填しようとしている（※コラム「シスコの全社開発ポートフォリオ」を参照)。

内部スキャニングは，なにかと制約の多い外部スキャニングと比べてお手軽なタスクと思われるかもしれない。しかし，われわれがインタビューを行った多くのエグゼクティブたちは，とりわけ大企業においては，内部スキャニングにも多くの困難があると強調した。すなわち，内部人材は社内の別部門のリソースや知識に関しては疎いというのが通り相場になっている。タテのヒエラルキー的な文化とヨコの職能意識が強力に根付いているような企業，あるいはビジネス・ユニットやチーム，あるいは個人レベルでの競争が熾烈であるような企業では，そのことが知識の共有を阻む壁となっている。そのような文化の下では，従業員が社内の別部門と協力することで社内における自分たちの立場が脅かされるようなら，わざわざそんなことにベストを尽くそうとはしないだろう。有効な内部情報チャネルを欠くようなら，内部の知識よりも外部の知識の方が発見・活用が容易であると言える。

内部リソースの所在を特定したり，内部リソース同士を結びつけることを重視する企業が，企業の知識センターやベスト・プラクティスのデータベース，スキルの一覧表や知識マップの作成に投資することは珍しくない。また，従業員に対して，知識の割り出しや共有を図るための自由な時間を確保するなどのインセンティブを設けることもある。われわれが調査を行ったヨーロッパのあるIT企業は，全社レベルでの議論を喚起するために，同社のイントラネットを通じて全従業員に全従業員に間口を広げた「知識の獲得とアクセス」プロジェクトを活用した。さらに同社では，このプロジェクトを補完すべく，経験や知識が社内の部門・階層の枠を超えて伝播するように，「知識の交換」サービスが整備された。

カギとなる人材の引き留めや，極秘アイデアのコントロールは，企業にとってしばしば頭の痛い問題である。スター人材というものは１か所にじっと留まっておらず頻繁に動き回るもので，他社に移籍したり，（最近では，先進国・新興国を問わずに）スピン・オフしたりする。そのため，カギとなる従業員をしっかりと繋ぎとめるために懸命に努力する必要があるのである。企業によっては，非競争的制限のような防衛メカニズムを用いて内部リソースの価値を守ろうとする。しかし，このようなやり方は両刃の剣であり，まず，最も優秀な人材を惹きつけることが難しい。その反面で，創造的なインセンティブ・システムであれば，その企業がリソース開発プロジェクトをうまくコントロールしながら，イノベーターに対して資金的な報酬を与えることで，内部での関与を維持することが可能となる。

外部スキャニングは，これよりもずっと大変である。というのも，現在，世界各地の，あらゆる産業でのイノベーションによって，膨大な量のアクセス可能なリソースが爆発的に生まれているからである。

●民間のベンチャー・キャピタル資金の利用可能性が世界的に高まっているこ

とを背景に，スタートアップの動きがかつてないほど広がっている。そのため，すべての関連する調達オプションを検討することはおろか，その一部に絞って特定・モニターするだけでも膨大なコストを要す。

- 民間企業と新興市場企業について，外からスキャンしようとしても見えないことが多い。
- 設立希望の企業ですら，資金的リソースやネットワーク，あるいはリソース模索中の企業に対して助言してくれるフィナンシャル・アドバイザーを利用しようという発想を欠いている。

総じて，ここに挙げた要因のせいで，真に開かれたリソース市場の形成が妨げられてしまう。リソース模索中の企業はしばしば機会を逸してしまうことがあるのに，売り手が民間企業である場合には入札に名乗りをあげてくれそうな相手はより限られてしまう。われわれの研究によると，異なる業界の企業によって買収されたもののうち，公企業がターゲットの場合は24パーセントであったのに対して，民間企業のターゲットではわずか8パーセントにすぎなかった。

外部スキャニングにはコストがかかるけれども，それを丁寧に行えば自社が属するエコシステム内でのライセンスや提携，買収の機会を見出すことも可能になるはずだ。リソース・スキャニングの形態は，自社の特性に応じてさまざまである。大規模な企業であれば開発に従事する（※場合によっては社内ベンチャーまで担うこともある）専門チームや最高技術責任者（CTO），技術管理スタッフを置くことも多い。こうした部門はいずれも市場のトレンドを観察・把握し，新たに創出されつつあるリソースを精査し，（調整せずに放っておけば，重複して同じ努力をやってしまいそうな）外部のイノベーターを見つけ出す。外部リソースのスクリーニングが終わると，開発チームは取引に移行する。このような開発チームの戦略責任者（CSO），もしくはこれに近い立場にあるリーダーは，内部と外部の視点を総合して，戦略的オプションと潜在的な調達モードに関する多様な絵を描く必要がある。

これよりも小規模の企業であれば，スキャニングのためにわざわざ公式的な組織構造をとってはいないけれども，だからといって決してこの作業の重要性が低いわけではない。この場合，スキャニングはリーダーがたった一人で行うことが多いけれども，これよりもっと効果的であるのは上級幹部のグループ（※考えられるのは，最高戦略担当，最高技術・イノベーション担当，事業開発リーダー）で行う場合である。リーダーは，リソース提供者と交渉したり，内部・外部のリソース獲得機会を集約・評価するなど，外部リソースのスキャニングに対して責任を持つことになろう。社外のコンサルタントやフィナンシャル・アドバイザーもまた，リソースやパートナーシップ，買収機会を見出すのに役立つだろう。

部分的な買収

ターゲットを完全な支配下に置くことが適切ではないというなら，資本関係を結ぶだけでも相手企業のリソースにアクセスしたり相手をモニターできるようになるはずである。たとえ比較的少額の「勉強のための投資」でも，リソース創出の初期であれば特に有用である。このような方法を採ることで，ターゲット企業から学ぼうとして，相手に対して完全にコミットメントする必要もなければ，ターゲット企業の業務を妨害したり，道を誤らせたりすることもない。このような軽いレベルでの投資は，そこからさらに踏み込んだ資本関係の入り口となる。投資規模によっては，勉強のための投資が，ターゲット企業に対して強いコントロールを握るための，より大規模かつ長期的な株式取得へと発展する可能性もある。多くのリソース模索中の企業は，（※パートナー企業の取締役会に席を確保して，発言・投票の権利を持つことで）ターゲットに対する優先的にアクセスできるだけの株主資本の閾値分を確保したいと考えている。インテルやシスコ，およびその他の既存のハイテク企業では，社内ベンチャー活動の果たす役割は大きく，企業の初期段階の開発活動を牽引している。

株式保有という手段が用いられる場合の目的としては，いくつかのパターンが挙げられる。まず，不確実性が高い探索的プロジェクトでは典型的であるが，もっぱらターゲット企業への優先的アクセスを目的に，自社単独で投資して株式を保有するというケースもあろう。あるいは，敵対的関係下でパートナー企業との利害の調停を図るためのツールとして株式保有が用いられることもありうる。さらに，２つの企業によるライセンシングや提携についての合意は，通常，業務と財務の両面でのつながりを強化しうる。このような形態の同盟関係が特に重要な意味を持つのは，長期的な開発サイクルの期間中に自社とパートナー企業とで相互依存的な関係を構築する場合である。事実，株式保有は，バイオテクノロジーと大規模な製薬企業との間で締結されるライセンスなどのパートナーシップでは頻繁に用いられるようになっている。たとえば，ジェンザイムは，イスラエルの製薬企業が手掛けてきた心臓病患者向け脂質低下薬を製品化することを目的に，同社との３億2,500万ドルものライセンス取引に乗り出した。さらに，共同で治験を進めるための提携も締結している。この取引の一環として，ジェンザイムはイスラエル企業の株式を１億5,000万ドル分購入している。

スピン・イン

スピン・インとは，リソースを模索中の企業と外部イノベーターとの合意の下で目標水準をあらかじめ設定しておき，もしイノベーターがその水準を達成できたら買収を発動するという形態の取引である。このような合意内容に基づいて，イノベーターの開発活動に対して資金を提供するとともに，相手に独立して仕事に取り組めるだけのフレキシビリティも付与することになる。2001年，シスコはアンディアモという光ファイバー・スイッチ企業に対して，8,400万ドルを投資した。その３年後，シスコはアンディアモを買収する権利を行使するのに必要とされる７億5,000万ドルを支払った。このようなスピン・インの合意では，アンディアモの売上高水準を考慮してはじき出された（上限を25億ドルとした）購入価格のレンジが明示された。

新規のスピン・イン取引の中には，「スピン・アウトからスピン・インに移行するまでの一連の手続き」をひっくるめた形態のものもある。従業員が新規ビジネスのアイデアを温めて，その企てを実現するために離職するという事態を想像してみてほしい。当該従業員もまだ投資の準備が整っていないような，新しい技術領域の中でも特に最先端を行くアイデアでは，このような事態が生じやすい。もし，元従業員による新規ベンチャーが初期段階で成功を収めたなら，元の職場の企業はそのビジネスをスピン・インすることで当該従業員と緊密に協力しながら発展させていこうとするだろう。企業の中には，このモデルを一つの指針にしているところもある。たとえば，デュポン・ケミカルでは，従業員によるイノベーションをすぐには事業化する予定がないのなら，その従業員に対して，デュポンをサプライヤーとして，自分の企業を立ち上げることを奨励するというポリシーを維持してきた。（※一例としては，デュポンのPTFEポリマーを基に多種多様な製品を生み出した，防水繊維でよく知られるW.L.ゴア＆アソシエイツが挙げられる。同社の創業者の１人は，デュポンの化学者として研究に従事していた。）さらに，最近シスコが行ったスピン・イン取引の多くは，もともとはシスコの従業員だった人物が所属しているか，あるいは過去にシスコのエグゼクティブによって創設された企業が含まれる（※シスコをはじめとするハイテク企業では，自社と過去の従業員とのつながりを維持するための「同窓会」を積極的に奨励している）。これによって，新規リソースのスキャン対象とする，潜在的イノベーターの広範なコミュニティを生み出している。

注意が必要なのは，スピン・インをめぐる交渉は，買い手と売り手の双方にとって相当難しい問題を孕むという点である。買い手側は，自分たちが欲するリソースを創出してもらうようイノベーターを動機づける必要がある。これに対して，売り手側は自分たちのリソース開発活動の照準を，特定の買い手に合わせる必要があるのだが，これが売り手にとっては将来的な取引上の交渉力低下を招きかねない。このような事情があるため，スピン・イン取引では，関係者の中に（元従業員やコンサルタントを含めて）過去にリソース模索中の企業と一緒に仕事をした経験のあるイノベーターが含まれていることが一般的である。

ベンチャー・キャピタルへの投資

技術開発の初期段階であったり，土地勘のない市場にある場合に，それと関係のあるベンチャーキャピタルファンドに対して投資することで，新規のリソース領域における不連続的な進化を発見したり，さらにはそこから利益を得ることができる可能性がある。ここでの一連のプロセスを通じて，リスクやマネジメント上の責任を分散できる。2008年，ロシアにおける技術スタートアップのポテンシャルを探る目的で，シスコは地域ベンチャー・ファンドのアルマース・キャピタル・パートナーズに投資した。アルマース・キャピタル・パートナーズは，高い成長が見込まれていた小－中規模の技術，メディア，およびテレコミュニケーション企業を対象に絞り込んで投資機会をスキャンし，ファンドのポートフォリオを組んでいた。

そこでの絞り込みの軸が地理的なものであれ，専門化された技術セグメントであれ，現地のエコシステム，ターゲット・リソース，および有用なパートナーについて深く知る上で，ベンチャー・ファンドは有用な手段となりうる。それはほぼ丸ごと学習機会となろう。というのも，初期ステージにある企業の選択と管理の内容は，そのファンド次第であるからである。やがて，投資による成果がはっきり見えてきたなら，資本関係を結んだり，より本格的なライセンシング，提携，買収の取引へと移行することもできる。

もし，自社が手を組む相手としての信頼を欠いていたり，イノベーターが単純に自分のリソースを他社に売り渡すことを望まなければ，社外のイノベーターと密接な関係を続けることは困難だと考えるべきである。そのような場合，イノベーターは代替案として何らかのコラボレーション形態を提案するかもしれない。しかし，もし第三者との満足できる関係が期待できなければ，内部の探索環境が自分たちのニーズに適っているかどうかを検討してみるべきである。

3．経験を積む

どんな活動についても言えることだが，経験というものは豊富であるのに越したことはない。競争上の差し迫った状況に追い立てられるままに，ほとんど勝手のわからない仕事を急に押し付けられるのをじっと待つだけよりも，自ら積極的に経験の機会を求めて足を踏み出す方がはるかに望ましい。進行中の成長戦略の一部として，内部のプロジェクトや内部探索環境，契約や提携，さらには大規模な買収をも含めたリソース模索活動に取り組むことで，積極的に自分たちの筋肉を伸ばす機会を企業は求める必要がある。

経験獲得の方法は，典型的には，企業規模に左右される。規模の小さな企業であれば，他社を買収することは容易ではなく，内部開発や契約，提携に頼ることが多い。にもかかわらず，小規模企業であっても高成長の事業機会を手にし，対象を限定して買収を行うことは可能である。さらに言えば，われわれの調査結果によれば，自社の内部開発活動を補完しようと積極的に契約や提携の用い方を学んできた企業は，内部開発一辺倒の企業よりも成長が速いという結果が明らかになった。また，こうした企業は，能力と自信という面においても，ターゲットを絞った買収が実行可能となる水準を満たすのも早かった。

企業の規模ばかりでなく，その企業の歴史やそこに習慣として根付いた調達のやり方もまた，経験獲得の方法に影響を及ぼす。ほとんどの企業は最初は内部開発から始めて，その後で外部調達オプションに移行する。そこで留意すべき課題は，罠にはまる前に歴史的な壁を越えるということである。だが，最初からライセンシングや提携といったパートナーシップによって発足し，パートナーシップのネットワークを迅速に拡大するビジネスも存在する。そのようなケースでは，パートナーシップを通じて入手したリソースを補完できるだけの内部の強さを作ることが課題である。

企業としての調達経験を積み上げていくためには，頭の凝り固まったグループやリーダーによる抵抗を乗り越えなければならないという事態も十分予想される。その抵抗とは，すでに前までの章で取り上げてきた，さまざまな盲点に根ざしたものである。強力なM&Aチームであれば，積極的な買収策から提携に舵を切ることに後ろ向きである。ライセンシングを担当するチームは，全面的な買収にまるで価値を見出さないだろう。社内のスタッフは，第三者が保有するリソースの際立って優れたクオリティをなかなか認めようとしないだろう。ここで挙げたような固有の歴史的背景を持つ志向性に加えて，さらに事態を複雑にするのは，トップマネジメントのレベルでCEOをはじめとするメンバーが抱えるさまざまなバイアスである。それは，企業としての経路選択に重大な影響を及ぼしうる。リーダーにもさまざまなタイプがあって，会社を大きくしようと買物中毒症にかかったように手当たり次第に買収することで，自身の取引・判断能力を誇示したがる人もいれば，内部開発や有機的成長による会社としての一貫性を志向するような，投資家や技術者的な魂に取り憑かれた人もいる。

４．調整を図る

規模を問わず，ほとんどの企業は，多様なスタッフ／ラインのグループがあって，それらは内部開発プロジェクトや買収活動を主導したり，契約や提携面でのパートナーシップについて判断することに対して公式・非公式的な責任を持つ。残念ながら，これらのグループ間で十分に活動の調整がなされているとは言い難いというのが現実である。具体的には，内部開発のマネジメントは，事業部門のずっと奥側で行われていたり，M&Aの責任者が企業の開発グループを兼務する場合もあったり，さらにはパートナーシップ戦略に関する意思決定が複数の事業部門に分散しているということもあろう。

組織構造とシステムとの組み合わせは無数にあれども，次のような前提条件では共通している。すなわち，組織内のどこか一か所に権限を与えて，企業の調達判断や活動のクオリティ全般を一括して管理させることはできない，というものである。ほとんどの組織では，全体像が見えている人がいないため，これは「調和を破る（dis-unifying）テーマ」と呼ぶのが適切であろう。

リソース調達の意思決定に関して，全社レベルでの調整が図られることは稀である。最近，あるエグゼクティブがグローバル企業での勤務経験についてわれわれに語ってくれたところによると，その企業ではリソース調達モードの利用において，リーダーシップの所在がかなりバラバラになっていたという。同社のCEOは買収に対して細心の注意を払っていたけれども，提携やライセンスについての判断には関与できずにいた。われわれの経験では，リソース入手の目的であらゆるモードを積極的に活用している企業であっても，個別のケースでどのモードを用いるかとなった途端に頭を抱えてしまう。その結果として，戦略的リソースを入手するための重大なチャンスを逸しかねない。もし，誤った調達モードで強力なリソースを入手してしまえば，その後には困難と失望が待ちうけている。このように調整が不十分なまま実行に移すようならば，ひょっとするとそれは自社のリソース・ポートフォリオを適切に選択したりバランスを図るための信頼に足る方法を確立する努力を放棄している兆候なのかもしれない。

組織に染みついた習慣や利害をめぐるコンフリクトを克服するには，〈構築〉－〈借用〉－〈購買〉の判断をしっかりと監視することが欠かせない。最高戦略責任者（CSO）やそれ以外の上級リーダーは，企業内の開発活動にまつわるさまざまなトレード・オフを解消するための指針を提示したり，トレード・オフの解消に向けて手を差し伸べることはできよう。しかし，エグゼクティブがたった一人で社内のありとあらゆる重大な調達モード間での調整を図るということはまずないため，多様な意思決定者を含めた大掛かりな選択能力を磨く必要があるのである。これを実現するためのやり方として，大きく分けて２つを挙げることができる。すなわち，強力に統合されたアプローチと，分散的アプローチである。

企業によっては，全社的なレベルで〈構築〉－〈借用〉－〈購買〉の分析・実行に責任を負う，統合化された開発グループを設けているところもある。われわれが一緒に仕事をしたある大手IT企業では，企業内の開発活動に責任を負う人物が，戦略，M&A，およびベンチャー・キャピタルの各部門のスタッフ間での協業促進を図った。彼は次のように語っている。「企業には，これらのグループの間に亀裂がある場合が多いですよね。われわれは，そうした人たちを自分のチームに巻き込み続けました。メンバー全員が，活動期間中のどの時点においても，ずっと居続けていましたよ。」

だが現実には，ほとんどの企業で，調達活動ごとに異なるグループを割り当てているというのが実態であろう。事実，いずれの調達モードでも十分な時間と注意（さらには，専門化された実行スキルまでも）を振り向ける必要がある。そのため，事業活動やスタッフの階層ごとに異なる人員やグループを割り当てた上で，内部開発，パートナーシップ，およびM&Aの各戦略に対して責任を持たせるやり方が有効である。そのような専門化がなされる場合，個々のグループは確固とした選択ルールを受け入れた上で，他のグループとの積極的なコミュニケーションを図る必要があり，さらに理想を言えば，選択に向けた分析段階からしっかりと関わりを持っておくのが望ましい。こうすることによって，たとえば，ある事業部門から別の事業部門へと，特定の機会を開拓する責任をシフトすることが簡単になり，ビジネス・チャンスを逸してしまわないように，迅速に行動できるようになる。

南アフリカのテレコム企業であるMTNのケースは，リソース入手経路の判断責任を分散化させる意義について如実に物語る。MTNは慎重に買収を繰り返しながら，その事業範囲をアフリカ全域に拡大していた。同社の保有する南アフリカでの知識基盤は，アフリカ全域を網羅する携帯電話ネットワークを調整するのに有用ではあるけれども，かといってその知識自体がそのような大規模な拡張策実現を左右するほどのものではないことを，MTNは悟っていた。そこで，MTNは次に挙げるような方法を採った。

- アフリカ大陸諸国の政府・規制当局との強力な関係を構築した。多くのアフリカ諸国に民営化の波が押し寄せたときに，同社は政府との関係をテコに，多くの現地テレコミュニケーション企業を買収したのである。
- 大陸全域での共通ブランドやしっかりと調整された事業システムをつくることに注力した。
- 各国で強力な現地組織を設立した。
- 革新的なサービスを導入するためにその巨大な総合的プレゼンスを利用した。（※具体的には，スタンダード銀行とのパートナーシップの下で開発された，携帯電話上のバンキング・サービスなど）

ターゲットを明確化した買収，経営システムとブランドのヨコ展開，（強力な知識基盤をテコにしながら）焦点を絞った提携，および目標を明確化した現地開発とを組み合わせることで，MTNは大成功を収めた。適切な成長経路を判断する場合のリーダーシップに目を向けると，MTNのトップが音頭をとって，まずは会長とCEOを含むMTNのリーダーたちから始まり，それからそれぞれの国での成長モードの最適なミックスを割り出す役割を担うエグゼクティブたちへと浸透していった。単一での硬直的な全社共通のアプローチをアフリカのすべての国々に押し付けるやり方に背を向けたことは，MTNにとって賢明な選択であった。

異なるさまざまな調達経路の中から正解を選び，多様な新規リソースを全社規模で調整し，その結果として引き起こされる組織的緊張に適切に対応するためには，試行と学習が欠かせない。そのプロセスでは，ビジョンの策定・見直しや戦略的目標の優先順位づけ，利用可能なリソースに関する目標やリソース入手経路についての試行といった，マネジャーの仕事を手伝ったりすることになる。意思決定の立場にある人物が選択基準を実際に適用してみるという経験を重ねるにつれて，歴史の浅い若い企業にとってはバランスのとれたリソース・ポートフォリオを維持しやすくなるはずである。

第1章で指摘したように，どんなに高い実行能力を有していても，リソース入手経路のいい加減な選択による失敗の穴を埋め合わせることはできない。けれども，どの経路を辿るべきかを選択する際には，実行スキルまできちんと考慮に入れておく必要がある。もし，――たとえどんなに懸命に仕事に取り組むとしても――経路選択が適切でないまま実行に移すことが正しい経路を見誤らせるものだとすると，強力な実行スキルを欠く選択は正しい経路から遠ざけるものだと言える。

強力な選択能力を構築することは，強力な競争優位性をもたらしてくれることになる。さて，ここに至って，この能力をしっかりと育てていくことが課題となったが，その成否は自分次第である。農家が自分の農地を耕すのと同じように，自分の組織を整えておく必要があるのである。

5．リーダーの役割

本書の読者の中には，知的刺激に満ちたカンファレンスに参加してワクワクする経験をした後，職場に戻ってその興奮を周りの人と分かち合えないことにフラストレーションを感じたという経験をお持ちの方もあろう。詰まるところ，自分一人が職場を離れている間も，周りの人たちの意識は日々の仕事にドップリと漬かっていたというのが現実なのである。自分が学んできたことをいくら説いて回ったところで，周りの人たちはまるでピンとこない。リソース入手経路のフレームワークについても同様で，意思決定を行う立場にある人がその可能性を十分に認識し，とりあえず試行してみたいと思わない限り，多かれ少なかれ同じような末路をたどろう。つまり，最初の一歩が決定的に重要なのである。リーダーとしてのミッションとは，自社が発展していくための基礎的な構成要素として，このフレームワークを使いこなせるだけの能力を培っていくことである。

理解の共有化―議論，アクション，展開

リーダーとして最初に目指すべきは，リソース入手経路のフレームワークの効力に関する理解を共有化することである。そのためには，次の３つの基本的ステップが欠かせない。すなわち，議論，アクション，展開である。

第１に，このフレームワークについて，社内の意思決定者と**議論する**必要がある。その場合の論点はあくまで実用性に絞るべきである。そこでは，典型的には影響力を有し，度胸があり，創造的なイマジネーションがはたらくような戦略リーダー数人を対象に説得して，１～２件程度に対して，このフレームワークを試行する権限を与える。そのため，理想を言えば，その企業の成長を阻害している問題が戦略的リソースの慢性的な不足や性能不足によるということを，これらのリーダーが自覚できているのが望ましい。ここでの議論を通じて，その次にアクションに移す必要があるという認識が共有されなければならない。

第６章において，ある大手の製薬企業が，内部開発された薬剤で自社パイプラインを充填しようと悪戦苦闘し，結果として同社の競争ポジションを悪化させたケースを紹介した。この問題に対処するために，ある上級幹部が中心となって，トップ・マネジメント・チームと開発研究所とでインフォーマルなワーキング・グループが結成された。その幹部は最初に問題を一覧化して書き出すところから始めた。すなわち，根強い内部開発志向によって価値ある外部のアイデアが締め出されたことで，沈滞を招いており，その一方で主要なライバル企業といえば，ライセンスや提携，買収といった手法を内部開発とミックスして，同社を一足跳びで追い抜いていた。ワーキング・グループのメンバー（※そこには，研究所のトップもいた）は，同社が外部のアイデアや資産に対してよりオープンになるべきであるという認識を共有するようになった。そこで同社は立て続けにライセンス取引，提携，および小規模な買収に着手した。わずか３年間で，薬品開発のパイプラインの諸段階を製品化の可能性の高い薬剤で埋めることができたのである。

既知の問題というコンテクストの下で議論が始まったなら，速やかに**アク**

ションに移す。ここでは早い段階での成功（アーリー・ウィン）を得るために，リソース入手経路のフレームワークを利用すると良い。というのも，成功体験が組織の人々によるコミットメントを高めるからである。そのためには，企業の戦略目標に目に見えて寄与すると予想される機会を見定める必要がある。人は新しく導入される業務手順に対応しなければならないことに不満を募らせており，特に一つのことに単純に没入することに慣れている人ほどそのきらいがある。それゆえに，このフレームワークの提供する，ステップ・バイ・ステップの順序を踏んだ誘導こそが，成功とさらなる失望の分かれ目になると心してかかる必要がある。

いきなりキリマンジャロの頂を目指そうなどと考えてはいけない。アーリー・ウィンというものは，コアとなるほんの一握りのグループと組んでさっさと成し遂げられるような，取るに足らないほどの小規模な新規事業である場合がほとんどである。仮に，このフレームワークを通じて桁外れにインパクトの大きなビジネス・チャンスを見出せたとしたら，それは幸運以外の何ものでもない。そこで押さえるべきポイントとは，とにかく成功可能性の高いプロジェクトを選択することである。1997年にスティーブ・ジョブスが経営難にあえぐアップル社にCEOとして舞い戻った際に，彼はダラダラと長ったらしい分析を行うことを拒絶した。その代わりに，同社の製品ラインを簡素化し，それまでの内向きで技術志向の戦略を改め，重大な外部機会を追求する戦略へと変更したのである。

展開（**diffusion**）とは，ウイルスのように放っておいても勝手に広がってくれるものではなく，しっかりと後押しすることが欠かせない。このフレームワークを組織全体に広く行き渡らせるためには，アーリー・ウィンの炎が燃え広がっていくようにリーダー自らが声高に煽る必要がある。そこでの成功したプロジェクトのメンバーによるテコ入れで，このフレームワークにポテンシャルを見出して，自分たちでもそのフレームワークを利用する機会に前向きな姿勢の同僚たちによるネットワーク形成を支援する必要がある。適材適所の冒険的なネットワークであれば，しかもそれがアーリー・ウィンの話題で持ちきりになれば，たとえそれが大規模組織であっても，またたくうちに勢いを生むということも無理な話ではない。アップルでは，最初に改良版Macのプラットフォームによる成功でiMacの市場シェアが拡大したことを足掛かりにして，次のブランドと開発の両面での躍進をもたらした。復活に向けた一連の手堅いステップを踏むことで，iPodをはじめとするその後のアップルによる諸製品での大成功へとつながったのである。

もし，組織内のリーダーたちがリソース入手経路のフレームワークを，各々のリーダーの専門活動（※具体的には，内部開発プロジェクトを特定したり，買収戦略を主導したり，プロジェクトをリードするための特定機能を備えたグループを構想したりする）にとって不可欠なものとして評価してもらえるようになったら，それをドミノ式に組織の隅々まで波及させていく必要がある。また，スペシャリストとして個々の目的を超えて理解しておくべきは，**全社的**な最善の解をもとめるだけの視野の広さを持ち合わせるべきだということである。強力な選択能力が，ある特定の職能部門や活動，あるいはリーダー向けに限定される部分最適に陥ってしまってはならない。たとえば，ある特定の機会において，自分たちよりも内部開発やパートナーシップを担当するチームの方が適任であると社内の買収担当チームが認識したなら，買収担当チームにはバトンを引き継いで身を引いてもらうべきである。

だが，スキルの伝播という観点で，選択能力をどの程度まで公式的な仕組みとして組織内に埋め込む必要があるだろうか？　初めのうちは，第２章で言及したようなスカンク・ワークスのような形態で，非公式的に始めるのが有効である。そこから時間の経過と共に経験と成功が厚みを増すのに伴って，活動の公式度を高めていく。最終的には，戦略プランニングのサイクルの中に，選択分析を組み込む――そのプランニングのプロセスでは，アーリー・アダプターである自分もしくはそのグループが，実質的な責任を負うのが理想である。

このフレームワークを公式的な仕組みに切り替えるべきかの見極めは，それを広めることができるスピード次第である。そのスピードにはいくつかの要素が影響している。すなわち，組織規模，地理的なばらつき，および組織構造である。普通，組織規模が小さいほど新しいスキルの拡散するスピードは速く，非公式的な方法がとられることも多い。また，組織が地理的に分散しているほど，スキルの広がりには時間を要し，また高い公式度が求められる――公式的な仕組みは，地理的に遠く離れた地域の人材を業務に従事させるのに有用である。比較的フラットな組織においては，新しいスキルが速く，また非公式ルートを介して拡散する傾向にあり，これに対して階層化が進んだ企業では拡散が遅く，公式化の度合いも高い。こうした条件を押さえておけば，自社の置かれた状況に適した拡散経路と公式化の程度を見極める際に参考となろう。

さらに，エグゼクティブの離職がリソース入手経路フレームワークを利用する能力にどのように影響するのかについて，考えてみよう。ダイナミックな組織のリーダーは――そして，そこで率いるチームも――例外なく一つの所にとどまらずに，ひっきりなしに職場を移っていくが，それは他社への転職や社内の別の部署への異動ということもある。このように頻繁に動きまわれば，システムや業務手順，さらにはこのフレームワークの広がりまでも，阻害しかねない。もちろん，前向きで活動的な人物なら，このフレームワークを新しい組織に持ち込むということもあろう。だが，そこで目の当たりにするのは，同志的関係にあった仲間はおらず，そのため新しく支援者を見つけ出して協力を取り付けなければならないという厳しい現実である。そんな場合にはただちに行動を起こす必要がある。支援者同士のネットワークのつながりが切れれば，リソース入手経路のフレームワークを広めていくことが難しくなる。そうならないためにも，新しく事業面での成功を生み出すためにこのフレームワークがどんなふうに役立つのか，粘り強く訴え続ける必要がある。

社内の複数ポイントでのリーダーシップ

リーダーとして，強力な選択能力を社内で培うために果たすべき役割は，組織内でのポジションに応じて変わってくる。シニア・マネージャーであれば，自社の戦略計画と実行スキルの中で，このフレームワークの採用を優先させることができる立場にあると言える。あるいは，もし中間レベルのスタッフのポジションや事業部門の立場であれば，自身が責任を負う戦略的活動を推進するためにまずはローカルな選択能力を構築するところから始め，その後でこの能力を全社レベルに広めていく機会を探ることになる。

自身が指揮を執っているのが企業の頂点であろうが，現場レベルであろうが，それが有効性を発揮できるか否かはリーダーシップならびに社内の政治力学をどれほど深く理解できているかにかかっている。多くの上級幹部は，自身の昇進していくキャリアの過程で，こうした側面への洞察を深めていくものである。しかし，もし新しい企業に移ってきたばかりであれば，少しばかりローカルなリサーチを行う必要がある。そんな場合に目指すべきは，重大な意思決定方法を大きく変えるために，最も受け容れられやすいチャネルを割り出すことである。同時に，誰が，またどのチャネルが，最も強硬に抵抗するかも押さえておく必要がある。こうした活動にはリスクが伴う。それゆえに，同僚や上司の中で誰が変化を歓迎し，誰が抵抗するのか――万一，誤って一線を越えようものなら解雇されるかもしれない――ということを心得ておかねばならない。もちろん，効果的かつ徹底的に議論し，アクションに移し，アーリー・サクセスを基盤として活用できれば，キャリアへのダメージは回避できるはずである。

6．結　論

ここで本書の核心的なメッセージを繰り返しておこう。**新規リソースを入手するのに正しい方法を選択した企業は，競争優位を獲得する**。選択能力（selection capability）は時間をかけて自社で培っていくべき指針である。選択上の問題を容易に解決してくれるようなお手軽な解決策など存在しない。本書で強調してきたように，選択の局面で間違ってしまえば，リソースを調達するのに不完全なやり方でどんなに懸命に努力したところで，出発点での失敗を取り戻すことはできない。

強力な選択能力を欠けば，いかなる企業も深刻な問題に直面することになる。かつては業界のリーダーとして君臨した老舗企業のエグゼクティブたちが，われわれに繰り返し語ってくれたのは，自社が特定の選択方法に取り憑かれてそこから抜け出せなくなったり，実行の罠にはまりこんでイノベーションとはご無沙汰状態になってしまったということである。また，若い企業の多くは，市場での足場を固めようと競争に揉まれ，幅広く〈構築〉・〈借用〉・〈購買〉のオプションを検討するどころではないというのが，実情である。それならばと，自分たちの立ち上げた新規事業でのイノベーションをさらに進展させようとしてもがいている。

過去とは，使い物にならないリアミラーのようなものである。競争上の問題に対処するためにやりがちなのは，自分たちが慣れ親しんだ成長経路へのコミットメントを一層強めて，そのプロジェクトに従来以上に懸命に取り組むことである。それがうまくいかなければ，次に何が起こるだろうか？　体系化された選択プロセスを欠けば，新しいリソース調達機会の特定・選択という作業を，何人かのエグゼクティブや行き当たりばったりの思い付き程度に立ち上げたタスクフォースに委ねたりする。だが，最小規模のタスクフォースであっても，調達オプションを評価するための秩序だったレンズが不可欠なのである。

リソース入手経路のフレームワークは，地域や産業・業界を問わず，いかなる企業に対しても，強力なツールを提供する。それは，過熱化する競争に直面しながらも事業成長を実現しながら，カギとなる重要なリソースを迅速かつ効率的に集めるための最も有効な方法を明示してくれる。このフレームワークは，自社の戦略の道具箱の一部として，実行の罠に陥ったライバル企業に対するアドバンテージをもたらすはずである（※このフレームワークの完全モデルについては，付録Aを参照されたい)。

最後に，あなたご自身にはリーダーシップが必要である。すなわち，個々の調達モードを選択する立場にある人。内部開発，M&A，契約，パートナーシップを率いる人。すべての調達活動において調整や透明性を確保する業務に従事する人。さらには，〈構築〉－〈借用〉－〈購買〉の全社的な指針をハイレベルで推進したり，そこに権限を与えようと活動しているCEOや取締役会。これらのうち，いずれかのレベルでリーダーシップを欠けば，この取り組みはうまくいかない。

どんな方法でもそうだが，リソース入手経路のフレームワークについても，いい加減で，誤った解釈の下で用いられたり，不適切な方法で利用される可能性がある。もしそうであれば，自社の選択の能力はただ単に空回りし，コンピタンスというよりも，カオスを招きかねない。それゆえに，リーダーとしてコンテクストをきちんと理解することが欠かせない。このフレームワークを必要とするビジネス上の問題があるか？　組織は強力な選択能力を構築する用意はできているか？　全社的な変革の実現のカギを握る人物を特定でき，そこからの支持を取り付けるための方法は見つかるか？

もし，これらの問いに対する答えが「Yes」ならば，自社のビジネスにとっての活力ある新しい戦略機会を涵養・維持することができる――加えて，自身のキャリアの成功に一歩近づくだろう。

[付録A]
リソース入手経路のフレームワーク—完全モデル

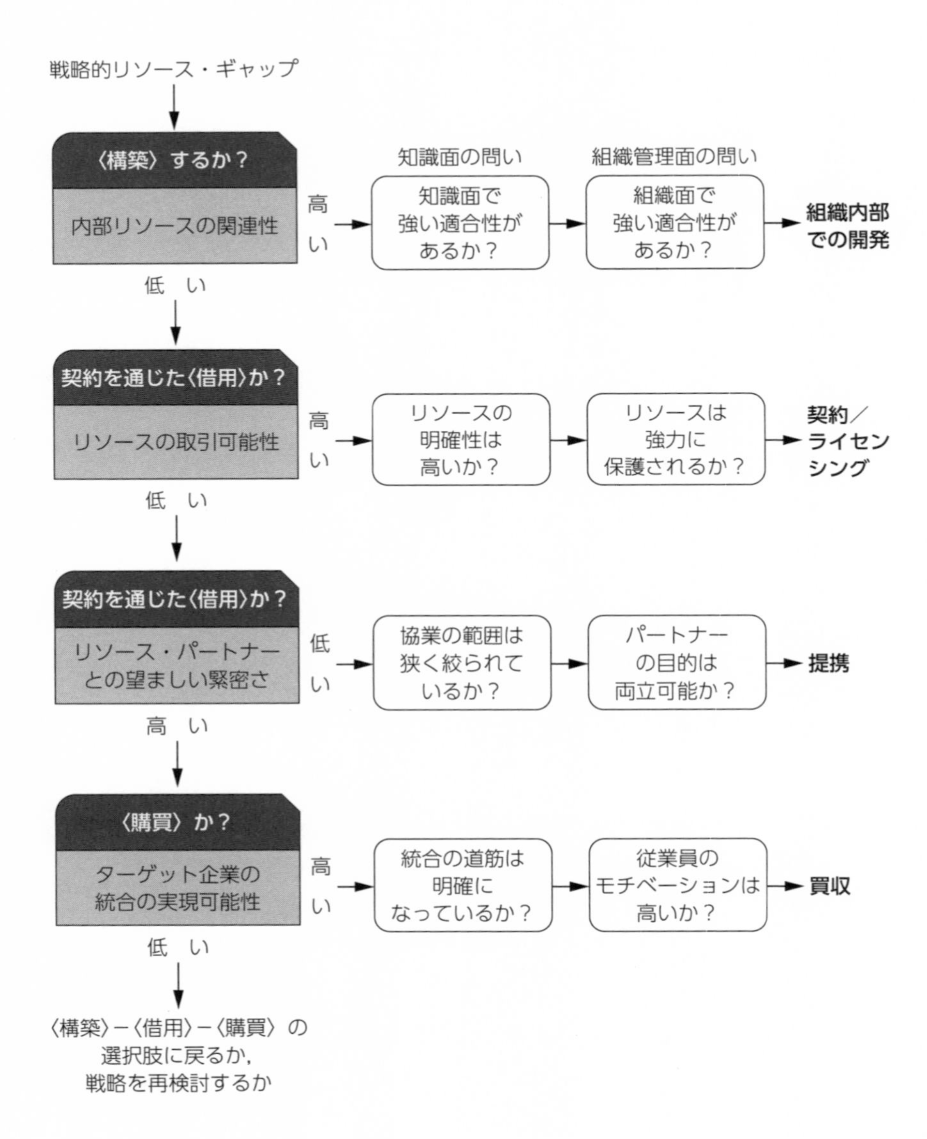

[付録B]
著者によるリサーチ・プログラム

本書の内容は，20年にわたる広範な調査・考察，および同領域における多くの他の研究者との共同研究の成果に基づいている。本書で提示しているアイデアとデータは，大規模な実証研究ならびに自動車，ライフサイエンス，航空宇宙，消費財，テレコミュニケーションといった産業のシニアエグゼクティブに対して実施した多数のインタビューに拠る。われわれのリサーチは，具体的には以下のものが挙げられる。

・世界のテレコム企業162社を対象に実施した構造化されたサーヴェイ調査。そこでは，リソース・ギャップを埋めるためにどのような調達方法を用いているのか，調査している。さらに，調査済の企業に対しては，その後の生存分析を追跡した。
・アメリカおよびヨーロッパの製造業253社による買収についての，構造化されたサーヴェイ調査。そこでは，買収後のリソースの売却・処分，再配置の有効性について検討した。
・グローバルなライフサイエンスセクターに属する製薬，医療機器，医療サービス企業数百社を対象にした，1950年代から2000年代までの期間を包括的にカバーする長期調査。
・1990年代から2000年代にかけて，東アジアに拠点を置く数百社に影響を及ぼす事業変革に関するパネル・データ分析。
・グローバルでの自動車のOEMを手掛ける企業とサプライヤー・セクター，オンライン・コマース，航空宇宙産業，産業財セクター，銀行業に属する数十の事例，数百社を対象にしたデータ分析。

これらの調査・研究の結果に基づいて，リソース入手経路のフレームワークの中のアイデアが形成された。これらのアイデアについては，すでに10年以上にわたってビジネス教育でも適用しており，学生たちがこうしたコンセプトの形成・見直しに貢献してくれた。より一般的なところでは，われわれは他の研究者が手掛けてきた戦略，経済学，および組織に関する実に広範な研究成果の知見も活用している。

本書で取り扱っている問題をより深く理解したいというならば，以下の文献の中からご自身の問題意識に最も適したものを選んでお読みになることをお勧めする。ここでは，われわれ自身による研究のうち，思考をまとめるのに役立ったものを挙げている。なお，同じ領域の他の研究者が生み出した研究による知見の深さと広さに対しても，深く感謝したい。われわれのリサーチと考察を積み上げるためのブロックを提供してくれた，こうした業績については，巻末の参考文献リストで紹介している。

<経営関係の実務的な文献>

リソース入手経路モデルの概要

Capron, Laurence, and Will Mitchell. "Finding the Right Path." *Harvard Business Review*, July–August 2010, 102–107.

Capron, Laurence, Will Mitchell, and Joanne Oxley. "Organizing for Learning." *Financial Times* Mastering Strategy Series, November 29, 1999.

提携の管理

Mitchell, Will. "Alliances：Achieving Long-Term Value and Short-Term Goals," *Financial Times Mastering Strategy：The Complete MBA Companion in Strategy*（London：Pearson Education Limited, 2000）, 351–356.

Dussauge, Pierre, Bernard Garrette, and Will Mitchell. "How to Get the Best Results from Alliances." *European Business Forum* 3, Fall 2000：41–46.

M&Aの管理

Mitchell, Will, and Laurence Capron. "Managing Acquisitions to Change and Survive." *European Business Forum* 9, Spring（2002）：51–55.

Capron, Laurence, and Kevin Kaiser. "Does Your M&A Add Value?" *Financial Times Managing in a Downturn*, February 6, 2009.

Capron, Laurence. "The Private M&A：Does the 'Private Firm' Discount Exist?" *Chief Executive*, October 8, 2008.

Capron, Laurence, and Mauro Guillén. "Fighting Economic Nationalism in M&As." *Financial Times* Mastering Strategy Series, October 13, 2006.

Capron, Laurence, and Karen Schnatterly. "How M&As Can Lead to Governance Failure." *Financial Times* Mastering Corporate Governance Series, June 3, 2005.

Capron, Laurence. "Horizontal Acquisitions：The Benefits and Risk to Long-Term Performance." *Financial Times* Mastering Strategy Series, November 8, 1999.

内部開発の管理

Karim, Samina, and Will Mitchell. "Innovation Through Acquisition and Internal Development：A Quarter-Century of Business Reconfiguration at Johnson &

Johnson." *Long Range Planning* 37, no. 6（2004）：525–547.

<ケース・スタディ>

Capron, Laurence, Urs Peyer, and Lori Einheiber. "The Bid for Bell Canada Enterprises." Fontainebleau：INSEAD, 2011.（戦略的買い手対財務的買い手, LBO）

Hunter, Mark, Laurence Capron, and Fares Boulos. "Lloyds-TSB Group：Business Portfolio Restructuring and Development." Fontainebleau：INSEAD, 2011.（ポートフォリオの再構築, 親会社の役割）

Garrette, Bernard, and Laurence Capron. "The Matra-Renault Alliance（A）：Gearing Up to the 2002 Milestone." Jouy-en-Josas, France：HEC-INSEAD, 2010.（提携の管理）

Garrette, Bernard, and Laurence Capron. "The Matra-Renault Alliance（B）：Is There a Life after the Espace?" Jouy-en-Josas, France：HEC-INSEAD, 2010.（提携の管理）

Capron, Laurence, and Nir Brueller. "Cisco Systems：New Millennium–New Acquisition Strategy?" Fountainebleau, France：INSEAD, 2010.（M&Aの統合）

Capron, Laurence, and Andrew Horncastle. "Acquisition Wave in the Fine Chemicals Industry（A）：Clariant-BTP Acquisition." Fountainebleau, France：INSEAD, 2006.（M&Aの波と産業内の流行）

Capron, Laurence, and Andrew Horncastle. "Acquisition Wave in the Fine Chemicals Industry（B）：Rhodia-Chirex Acquisition." Fountainebleau, France：INSEAD, 2006.（M&Aの波と産業内の流行）

Capron, Laurence, and Andrew Horncastle. "Acquisition Wave in the Fine Chemicals Industry（C）：Degussa-Laporte." Fountainebleau, France：INSEAD, 2006.（M&Aの波と産業内の流行）

Mitchell, Will. "Change Strategy at General Electric, 1980–2006." Durham, NC：Duke University, 2008.（マルチモデルの変革）

Mitchell, Will. "Abbott International：Launching Kaletra in China in 2003." Durham, NC：Duke University, 2007.（非伝統的市場における内部開発）

Mitchell, Will. "The CKD Clinic Proposal in Newark in 2003." Durham, NC：Duke University, 2007.（内部開発）

Mitchell, Will. "Takeda Abbott Pharmaceuticals（TAP）in 2002." Durham, NC：

Duke University, 2007.（提携）

Santo-Rivera, Miguel, Pierre Dussauge, and Will Mitchell. "The Amazon–Toys "R" Us Alliance, 2000." Jouy-en-Josas, France：HEC-INSEAD, 2007.（提携）

Mitchell, Will. "Pharmaceutical Introduction：Launching Eli Lilly's Sarafem in 2000（A & B）." Durham, NC：Duke University, 2003.（内部開発）

Mitchell, Will. "The Evolution of Astra Merck Inc., 1982–1999." Ann Arbor, MI：University of Michigan at Ann Arbor, 1998/2007.（提携）

Mitchell, Will. "United States Office Products in 1998." Ann Arbor, MI：University of Michigan at Ann Arbor, 1998.（買収）

Mitchell, Will. "Comparing Two Acquisitions：Marion Merrell Dow（1989）and Glaxo Wellcome（1995）." Durham, NC：Duke University, 2009.（買収）

Mitchell, Will. "Playing Leapfrog with Elephants：EMI, Ltd. and CT Scanner Competition in the 1970s." Ann Arbor, MI：University of Michigan at Ann Arbor, 1997/2005.（産業ライフサイクル）

Mitchell, Will. "Remora Among the Sharks：Imatron, Inc. and CT Scanner Competition in the 1980s." Ann Arbor, MI：University of Michigan at Ann Arbor, 1997.（産業ライフサイクル）

＜学術的文献＞

選択能力：内部開発と外部調達の間の選択

Capron, Laurence, and Will Mitchell. "Selection Capability：How Capability Gaps and Internal Social Frictions Affect Internal and External Strategic Renewal." *Organization Science* 20, no. 2（2009）：294–312.

Capron, Laurence, and Will Mitchell. "Where Firms Change：Internal Development Versus External Capability Sourcing in the Global Telecommunications Industry." *European Management Review* 1, no. 2（2004）：157–174.

内部開発の管理

Mukherjee, Ashok, Brian Talbot, and Will Mitchell. "The Impact of New Manufacturing Requirements on Production Line Productivity and Quality at a Focused Factory." *Journal of Operations Management* 18, no. 2（2000）：139–168.

契約の管理

Mulotte, Louis, Pierre Dussauge, and Will Mitchell. "Does Collaboration Induce Spurious Learning and Overconfidence? Evidence from Independent versus Collaborative Entry in the Global Aerospace Industry, 1944–2000." *Strategic Management Journal, forthcoming* 2012.

Parmigiani, Anne, and Will Mitchell. "The Hollow Corporation Revisited：Can Governance Mechanisms Substitute for Technical Expertise in Managing Buyer-Supplier Relationships?" *European Management Review* 7, no. 1（2010）：46–70.

提携の管理

Singh, Kulwant, and Will Mitchell. "Growth Dynamics：The Bi-Directional Relationship between Interfirm Collaboration and Business Sales in Entrant and Incumbent Alliances." *Strategic Management Journal* 26（2005）：497–522.

Singh, Kulwant, and Will Mitchell. "Precarious Collaboration：Business Survival after Partners Shut Down or Form New Partnerships." Special issue, *Strategic Management Journal* 17, no. 1（1996）：99–115.

Mitchell, Will, Pierre Dussauge, and Bernard Garrette. "Alliances with Competitors：How to Combine and Protect Key Resources." Special issue, *Journal of Creativity and Innovation Management* 11, no. 3（2002）：202–223.

Dussauge, Pierre, Bernard Garrette, and Will Mitchell. "Learning from Competing Partners：Outcomes and Durations of Scale and Link Alliances in Europe, North America, and Asia." *Strategic Management Journal* 21, no. 2（2000）：99–126.

M&A，価値創出，および株式のリターン

Capron, Laurence. "The Long-Term Performance of Horizontal Acquisitions." *Strategic Management Journal* 20, no. 11（1999）：987–1018.

Capron, Laurence, and Jung-Chin Shen. "Acquisitions of Private versus Public Firms：Private Information, Target Selection and Acquirer Returns." *Strategic Management Journal* 28, no. 9（2007）：891–911.

Capron, Laurence, and Nathalie Pistre. "When Do Acquirers Earn Abnormal Returns?" *Strategic Management Journal* 23, no. 9（2002）：781–794.

Mitchell, Will, and Annetta Fortune. 2012. "Unpacking the Firm Exit at the Firm and Industry Levels：The Adaptation and Selection of Firm Capabilities." *Strategic Management Journal, forthcoming* 2012.

買収後の統合と売却・処分の管理

Capron, Laurence, Pierre Dussauge, and Will Mitchell. "Resource Redeployment Following Horizontal Mergers and Acquisitions in Europe and North America, 1988–1992." *Strategic Management Journal* 19, no. 7（1998）：631–661.

Capron, Laurence, Anand Swaminathan, and Will Mitchell. "Asset Divestiture Following Horizontal Acquisitions：A Dynamic View." *Strategic Management Journal* 22, no. 9（2001）：817–844.

Capron, Laurence, and Will Mitchell. "Bilateral Resource Redeployment and Capabilities Improvement Following Horizontal Acquisitions." *Industrial and Corporate Change* 7, no. 3（1998）：453–484.

Capron, Laurence, and Will Mitchell. "The Role of Acquisitions in Reshaping Business Capabilities in the International Telecommunications Industry." Special issue, *Industry and Corporate Change* 7, no. 4（1998）：715–730.

Karim, Samina, and Will Mitchell. "Path-Dependent and Path-Breaking Change：Reconfiguring Business Resources Following Acquisitions in the U.S. Medical Sector, 1978–1995." Special issue, *Strategic Management Journal* 21, no. 10–11（2000）：1061–1081.

M&Aの制度的環境とその他の成長経路

Capron, Laurence, and Mauro Guillén. "National Corporate Governance Institutions and Post-Acquisition Target Reorganization." *Strategic Management Journal* 30, no. 8（2009）：803–833.

Chakrabarti, Abhirup, Elena Vidal, and Will Mitchell. "Business Transformation in Heterogeneous Environments：The Impact of Market Development and Firm Strength on Growth and Retrenchment Reconfiguration." *Global Strategy Journal* 1, no. 1（2011）：6–26.

参考文献

Chapter 1

Amit, R., and P. Schoemaker. "Strategic Assets and Organizational Rent." *Strategic Management Journal* 14, no. 1 (1993) : 33–46.

Barney, J. "Firm Resources and Sustained Competitive Advantage." *Journal of Management* 17, no. 1 (1991) : 99–120.

Carroll, G. R., and M. T. Hannan (eds.). *Organizations in Industry: Strategy, Structure, and Selection*. New York: Oxford University Press, 1995.

Cohen, W. M., and D. Levinthal. "Absorptive Capacity: A New Perspective on Learning and Innovation." *Administrative Science Quarterly* 35, no. 1 (1990) : 128–152.

Cusumano. M. A. *Staying Power: Six Enduring Principles for Managing Strategy and Innovation in an Uncertain World*. New York: Oxford University Press, 2010.

Cyert, R. M., and J. G. March. *A Behavioral Theory of the Firm*. Englewood Cliffs, NJ: Prentice-Hall, 1963.

De Wit, F. R. C., L. L. Greer, and K. A. Jehn. "The Paradox of Intragroup Conflict: A Meta-Analysis." *Journal of Applied Psychology* 97, no. 2 (2012) : 360–390.

Dosi, G. "Technological Paradigms and Technological Trajectories." *Research Policy* 11, no. 3 (1982) : 147–162.

Eisenhardt, K. M., and J. A.Martin. "Dynamic Capabilities: What Are They?" *Strategic Management Journal* 21 (2000) : 1105–1121.

Galunic, D. C., and S. Rodan. "Resource Recombinations in the Firm: Knowledge Structures and the Potential for Schumpetarian Recombination." *Strategic Management Journal* 19, no. 12 (1998) : 1193–1201.

Hannan, M. T., and J. Freeman. "Structural Inertia and Organizational Change." *American Sociological Review* 49, no. 2 (1984) : 149–164.

Helfat, C. E., S. Finkelstein, W. Mitchell, M. A. Peteraf, H. Singh, D. J. Teece, and S. G. Winter. *Dynamic Capabilities: Understanding Strategic Change in Organizations*. Malden, MA: Blackwell, 2007.

Kaplan, S. "Cognition, Capabilities, and Incentives: Assessing Firm Response to the Fiber-Optic Revolution." *Academy of Management Journal* 51, no. 4 (2008) : 672–695.

Kriauciunas, A., and P. Kale. "The Impact of Environmental Imprinting and Search on Resource Change: A Study of Firms in Lithuania." *Strategic Management Journal* 27, no. 7 (2006) : 659–679.

Leonard, D. *Wellsprings of Knowledge: Building and Sustaining the Sources of Innovation.* Boston: Harvard Business School Press, 1995.

Levinthal, D. "Organizational Adaptation and Environmental Selection: Interrelated Processes of Change." *Organization Science* 2, no. 1 (1991) : 140–146.

Liebeskind, J. P. "Knowledge, Strategy, and the Theory of the Firm." *Strategic Management Journal* 17, Winter (1996) : 93–107.

Mahoney, J. T., and J. R. Pandian. "The Resource-Based View Within the Conversation of Strategic Management." *Strategic Management Journal* 13, no. 5 (1992) : 363–380.

Nelson, R. R., and S. G. Winter. *An Evolutionary Theory of Economic Change.* Cambridge, MA: Belknap Press of Harvard University Press, 1982.

Penrose, E. T. *The Theory of the Growth of the Firm.* New York: John Wiley, 1959.

Pisano, G. "The R&D Boundaries of the Firm: An Empirical Analysis." *Administrative Science Quarterly* 35, no. 1 (1990) : 153–176.

Schumpeter, J.A. *The Theory of Economic Development: An Inquiry into Profits, Capital, Credit, Interest, and the Business Cycle.* Cambridge, MA: Harvard University Press, 1934.

Teece, D. J., G. Pisano, and A. Shuen. "Dynamic Capabilities and Strategic Management." *Strategic Management Journal* 18, no. 7 (1997) : 509–533.

Tripsas, M., and G. Gavetti. "Capabilities, Cognition, and Inertia: Evidence from Digital Imaging." *Strategic Management Journal* 21, no. 10–11 (2000) : 1147–1161.

Tushman, M. L., and C. A. O'Reilly. "The Ambidextrous Organization: Managing Evolutionary and Revolutionary Change." *California Management Review* 38, no. 4 (1996) : 8–30.

Tushman, M. L., and P. Anderson. "Technological Discontinuities and Organizational Environments." *Administrative Science Quarterly* 31, no. 3 (1986) : 439–465.

Winter, S. "Survival, Selection, and Inheritance in Evolutionary Theories of Evolution." In *Organizational Evolution: New Directions*, edited by J. V. Singh, 269–296. Newbury Park, CA: Sage Publications, 1990.

Winter, S. G. "Understanding Dynamic Capabilities." *Strategic Management Journal* 24, no. 10 (2003) : 991–995.

Zollo, M., and S. G.Winter. "Deliberate Learning and the Evolution of Dynamic Capabilities." *Organization Science* 13, no. 3 (2002) : 339–351.

Chapter 2

Argote, L. *Organizational Learning: Creating, Retaining, and Transferring Knowledge.* Boston: Kluwer Academic, 1999.

Barnett, W. P., and G. R. Carroll. "Modeling Internal Organizational Change." In X. Hagan (ed.), *Annual Review of Sociology*, vol. 21 (1995) : 217–236.

Barney, J. "How a Firm's Capabilities Affect Boundary Decisions." *Sloan Management Review* 40, no. 3 (1999) : 137–145.

Burgelman, R. "Corporate Entrepreneurship and Strategic Management: Insights from a Process Study." *Management Science* 29, no. 12 (1983) : 1349–1364.

Chatterjee, S. "Excess Capabilities, Utilization Costs, and Mode of Entry." *Academy of Management Journal* 33, no. 4 (1990) : 780–800.

Chesbrough, H. "The Governance and Performance of Xerox's Technology Spin-off Companies. " *Research Policy* 32, no. 3 (2003) : 403–421.

Christensen, C. M. *The Innovator's Dilemma: When New Technologies Cause Great Firms to Fail*. Boston: Harvard Business School Press, 1997.

Delmas, M. "Exposing Strategic Assets to Create New Competencies: The Case of Technological Acquisition in the Waste Management Industry in Europe and North America." *Industrial and Corporate Change* 8, no. 4 (1999) : 635–671.

Dierickx, I., and K. Cool. "Asset Stock Accumulation and Sustainability of Competitive Advantage." *Management Science* 35, no. 12 (1989) : 1504–1514.

Gawer, A., and R. Henderson. "Platform Owner Entry and Innovation in Complementary Markets: Evidence from Intel." *Journal of Economics & Management Strategy* 16, no.1 (2007) : 1–34.

Hargadon, A., and R. I. Sutton. "Technology Brokering and Innovation in a Product Development Firm." *Administrative Science Quarterly* 42, no. 4 (1997) : 716–749.

Helfat, C. E. "Evolutionary Trajectories in Petroleum Firm R&D." *Management Science* 40, no. 12 (1994) : 1720–1747.

Helfat, C. E., and M. B. Lieberman. "The Birth of Capabilities: Market Entry and the Importance of Pre-History." *Industrial and Corporate Change* 11, no. 4 (2002) : 725–760.

Helfat, C. E., and M. Peteraf. "The Dynamic-Resource-Based View: Capability Lifecycles." *Strategic Management Journal* 24, no. 10 (2003) : 997–1010.

Henderson, R. M., and K. B. Clark. "Architectural Innovation: The Reconfiguration of Existing Product Technologies and the Failure of Established Firms." *Administrative Science Quarterly* 35, no. 1 (1990) : 9–30.

Hennart, J. F., and Y. Park. "Greenfield vs. Acquisition: The Strategy of Japanese Investors in the United States." *Management Science* 39, no. 9 (1993) : 1054–1070.

Jacobides, M., and S.Winter. "The Co-evolution of Capabilities and Transaction Costs: Explaining the Institutional Structure of Production." *Strategic Management Journal*

26, no. 5 (2005) : 395–413.

Jacobides, M., and S. Billinger. "Designing the Boundaries of the Firm: From 'Make, Buy, or Ally' to the Dynamic Benefits of Vertical Architecture." *Organization Science* 17, no. 2 (2006) : 249–261.

Katila, R., and A. Ahuja. "Something Old, Something New: A Longitudinal Study of Search Behavior and New Product Introduction." *Academy of Management Journal* 45, no. 6 (2002) : 1183–1194.

Kogut, B., and U. Zander. "Knowledge of the Firm, Combinative Capabilities, and the Replication of Technology." *Organization Science* 3, no. 3 (1992) : 383–397.

Kogut, B., and U. Zander. "What Firms Do? Coordination, Identity and Learning." *Organization Science* 7, no. 5 (1996) : 502–518.

Lavie, D. "Capability Reconfiguration: An Analysis of Incumbent Responses to Technological Change." *Academy of Management Review* 31, no. 1 (2006) : 153–174.

Markides, C. C., and P. J. Williamson. "Related Diversification, Core Competencies, and Corporate Performance." *Strategic Management Journal* 15, no. 2 (1994) : 149–165.

Menon, T., and J. Pfeffer. "Valuing Internal vs. External Knowledge: Explaining the Preference for Outsiders." *Management Science* 49, no. 4 (2003) : 497–514.

Palepu, K., and T. Khanna. "Why Focused Strategies May Be Wrong for Emerging Markets." *Harvard Business Review*, July–August 1997, 41–51.

Peteraf, M. A. "The Cornerstones of Competitive Advantage: A Resource-Based View." *Strategic Management Journal* 14, no. 3 (1993) : 179–191.

Raisch, S., J. M. Birkinshaw, G. Probst, and M. Tushman. "Organizational Ambidexterity: Balancing Exploration for Sustained Corporate Performance." *Organization Science* 20, no. 4 (2009) : 685–695.

Rosenkopf, L., and A. Nerkar. "Beyond Local Search: Boundary-Spanning, Exploration, and Impact in the Optical Disc Industry." *Strategic Management Journal* 22, no. 4 (2001) : 287–306.

Santos, F. M., and K. K. Eisenhardt. "Organizational Boundaries and Theories of Organization." *Organization Science* 16, no. 5 (2005) : 491–508.

Shaver, J. M. "Accounting for Endogeneity When Assessing Strategy Performance: Does Entry Mode Choice Affect FDI Survival?" *Management Science* 44, no. 4 (1998) : 571–585.

Siggelkow, N. "Change in the Presence of Fit: The Rise, the Fall, and the Renaissance of Liz Claiborne." *Academy of Management Journal* 44, no. 4 (2001) : 838–858.

Silverman, B. "Technological Resources and the Direction of Corporate Diversification: Toward an Integration of the Resource-Based View and Transaction Cost Economics."

Management Science 45, no. 8 (1999) : 1109–1124.

Stuart, T. E., and J. M. Podolny. "Local Search and the Evolution of Technological Capabilities." *Strategic Management Journal* 17, Evolutionary Perspectives on Strategy Supplement (1996) : 21–38.

Szulanski, G. "Exploring Internal Stickiness: Impediments to the Transfer of the Best Practice Within the Firm." *Strategic Management Journal* 17, Winter Special Issue (1996) : 27–44.

Von Hippel, E. "Innovation by User Communities: Learning from Open-Source Software." *MIT Sloan Management Review* 42, no. 4 (2001) : 82.

Wernerfelt, B. "A Resource-Based View of the Firm." *Strategic Management Journal* 5, no. 2 (1984) : 171–180.

White, S. "Competition, Capabilities, and the Make, Buy, or Ally Decisions of Chinese State-Owned Firms." *Academy of Management Journal* 43, no. 3 (2000) : 324–341.

Yip, G. "Diversification Entry: Internal Development versus Acquisition." *Strategic Management Journal* 3, no. 4 (1982) : 331–345.

Chapter 3

Anand, B., and T. Khanna. "The Structure of Licensing Contracts." *Journal of Industrial Economics* 48, no. 1 (2000) : 103–135.

Argyres, N. S., and K. J. Mayer. "Contract Design as a Firm Capability: An Integration of Learning and Transaction Cost Perspectives." *Academy of Management Review* 32, no. 4 (2007) : 1060–1077.

Arora, A., A. Fosfuri, and A. Gambardella. *Markets for Technology: The Economics of Innovation and Corporate Strategy*. Cambridge, MA: MIT Press, 2001.

Arora, A., A. Fosfuri, and A. Gambardella. "Markets for Technology and Corporate Strategy." *Industrial and Corporate Change* 10, no. 2 (2001) : 419–451.

Arora, A., and A. Gambardella. "Complementary and External Linkages: The Strategies of the Large Firms in Biotechnology." *Journal of Industrial Economy* 3, no. 4 (1990) : 361–379.

Barney, J. B. "Strategic Factor Markets: Expectations, Luck, and Business Strategy." *Management Science* 32, no. 10 (1986) : 1231–1240.

Cassiman, B., and R. Veugelers. "In Search of Complementarity in Innovation Strategy: Internal R&D and External Knowledge Acquisition." *Management Science* 52, no. 1 (2006) : 68–82.

Chi, T. "Trading in Strategic Capabilities: Necessary Conditions, Transaction Cost Problems, and Choice of Exchange Structure." *Strategic Management Journal* 15, no. 4

(1994)：271–290.

Gans, J. S., and S. Stern. "The Product Market and the Market for Ideas: Commercialization Strategies for Technology Entrepreneurs." *Research Policy* 32, no. 2 (2003)：333–350.

Kale, P., and P. Puranam. "Choosing Equity Stakes in Technology Sourcing Relationships: An Integrative Framework." *California Management Review* 46, Spring (2004)：77–99.

Mathews, J. "Strategizing by Firms in the Presence of Markets for Resources." *Industrial and Corporate Change* 12, no. 6 (2003)：1157–1193.

Mayer, K. J., and R. Salomon. "Capabilities, Contractual Hazard and Governance: Integrating Resource-Based and Transaction Cost Perspectives." *Academy of Management Journal* 49, no. 5 (2006)：942–959.

Teece, D. J. "Profiting from Technological Innovation: Implications for Integration, Collaboration, and Public Policy." *Research Policy* 15, no. 6 (1986)：285–305.

Van de Vrande,V., C. Lemmens, and W. Vanhaverbeke. "Choosing Governance Modes for External Technology Sourcing." *R&D Management* 36, no. 3 (2006)：347–363.

Vanneste, B. S., and P. Puranam. "Repeated Interactions and Contractual Detail: Identifying the Learning Effect." *Organization Science* 21, no. 1 (2010)：186–201.

Williamson, O. E. *Markets and Hierarchies, Analysis and Antitrust Implications: A Study in the Economics of Internal Organization*. New York: Free Press, 1975.

Williamson, O. E. *The Economic Institutions of Capitalism: Firms, Markets, Relational Contracting*. New York: Free Press, 1985.

Ziedonis, R. "Don't Fence Me In: Fragmented Markets for Technology and the Patent Acquisition Strategies of Firms." *Management Science* 50, no. 6 (2004)：804–820.

Chapter 4

Anderson, E., and H. Gatignon. "Models of Foreign Entry: A Transaction Cost Analysis and Propositions." *Journal of International Business Studies* 17, no. 3 (1986)：1–26.

Balakrishnan, S., and M. P. Koza. "Information Asymmetry, Adverse Selection and Joint Ventures." *Journal of Economic Behavior and Organization* 20, no. 1 (1993)：99–117.

David, J. P., and K. M. Eisenhardt. "Rotating Leadership and Collaborative Innovation: Recombination Processes in Symbiotic Relationships." *Administrative Science Quarterly* 56, no. 2 (2011)：159–201.

Doz, Y. "The Evolution of Cooperation in Strategic Alliances: Initial Conditions, or Learning Processes?" *Strategic Management Journal* 17, Summer (1996)：175–183.

Doz, Y., and G. Hamel. *Alliance Advantage: The Art of Creating Value through Partnering*. Boston: Harvard Business School Press, 1998.

Dussauge, P., and B. Garrette. *Cooperative Strategy: Competing Successfully Through Strategic Alliances*. New York: John Wiley, 1999.

Dyer, J. H., P. Kale, and H. Singh. "When to Ally and When to Acquire." *Harvard Business Review*, July–August 2004, 109–115.

Dyer, J. H., and H. Singh. "The Relational View: Cooperative Strategy and Sources of Interorganizational Competitive Advantage." *Academy of Management Review* 23, no. 4 (1998) : 660–674.

Folta, T. B. "Governance and Uncertainty: The Tradeoff Between Administrative Control and Commitment." *Strategic Management Journal* 19, no. 11 (1998) : 1007–1028.

Garrette, B., and P. Dussauge. "Alliances versus Acquisitions: Choosing the Right Option." *European Management Journal* 18, no. 1 (2000) : 63–69.

Garrette, B., X. Castañer, and P. Dussauge. "Horizontal Alliances as an Alternative to Autonomous Production: Product Expansion Mode Choice in the Worldwide Aircraft Industry 1945–2000." *Strategic Management Journal* 30, no. 8 (2009) : 885–894.

Gulati, R., and H. Singh. "The Architecture of Cooperation: Managing Coordination Costs and Appropriation Concerns in Strategic Alliances." *Administrative Science Quarterly* 43, no. 4 (1998) : 781–814.

Hamel, G. "Competition for Competence and Inter-Partner Learning Within International Strategic Alliances." *Strategic Management Journal* 12, no. 1 (1991) : 83–103.

Hennart, J.-F. "A Transaction Costs Theory of Equity Joint Ventures." *Strategic Management Journal* 9, no. 4 (1988) : 361.

Inkpen, A. C., and P.W. Beamish. "Knowledge, Bargaining Power, and the Instability of International Joint Ventures." *Academy of Management Review* 22, no. 1 (1997) : 177–202.

Kale, P., and J. Anand. "The Decline of Emerging Economy Joint Ventures: The Case of India." *California Management Review* 48, no. 3 (2006) : 61–76.

Kale, P., J. H. Dyer, and H. Singh. "Alliance Capability, Stock Market Response, and Long-term Alliance Success: The Role of the Alliance Function." *Strategic Management Journal* 23, no. 8 (2002) : 747–767.

Kale, P., and M. Zollo. "Understanding Partnering Processes and Outcomes: The Contribution of Evolutionary Theory." In *Handbook of Strategic Alliances*, edited by O. Shenkar and J. J. Reuer, 81–99. London: Sage Publications, 2005.

Khanna, T., R. Gulati, and N. Nohria. "The Dynamics of Learning Alliances: Competition, Cooperation, and Relative Scope." *Strategic Management Journal* 19, no. 3 (1998) : 193–210.

Kogut, B. "Joint Ventures: Theoretical and Empirical Perspectives." *Strategic Management*

Journal 9, no. 4 (1988) : 319–332.

Kogut, B. "Joint Ventures and the Option to Expand and Acquire." *Management Science* 37, no. 1 (1991) : 19–33.

Lavid, D., and L. Rosenkopf. "Balancing Exploration and Exploitation in Alliance Formation." *Academy of Management Journal* 49, no. 4 (2006) : 797–818.

Mesquita, L. F., J. Anand, and T. H. Brush. "Comparing the Resource-Based and Relational Views: Knowledge Transfer and Spillover in Vertical Alliances." *Strategic Management Journal* 29, no. 9 (2008) : 913–941.

Mowery, D., J. Oxley, and B. Silverman. "Strategic Alliances and Interfirm Knowledge Transfer." *Strategic Management Journal* 17, Winter Special Issue (1996) : 77–91.

Oxley, J. E. "Institutional Environment and the Mechanisms of Governance: The Impact of Intellectual Property Protection on the Structure of Inter-Firm Alliances." *Journal of Economic Behavior and Organization* 38, no. 3 (1999) : 283–309.

Oxley, J. E., and R.C. Sampson. "The Scope and Governance of International R&D Alliances." *Strategic Management Journal* 25, no. 8–9 (2004) : 723–749.

Reuer, J., and A. Arino. "Strategic Alliance Contracts: Dimensions and Determinants of Contractual Complexity." *Strategic Management Journal* 28, no. 3 (2007) : 313–330.

Reuer, J., and M. P. Koza. "On Lemons and Indigestibility: Resource Assembly Through Joint Ventures." *Strategic Management Journal* 21, no. 2 (2000) : 195–197.

Rosenkopf, L., and P. Almeida. "Overcoming Local Search Through Alliances and Mobility." *Management Science* 49, no. 6 (2003) : 751–766.

Rothaermel, F. "Incumbent's Advantage Through Exploiting Complementary Assets via Interfirm Cooperation." *Strategic Management Journal* 22, no. 6–7 (2001) : 687–699.

Simonin, B. L. "The Importance of Collaborative Know-how: An Empirical Test of the Learning Organization." *Academy of Management Journal* 40, no. 5 (1997) : 1150–1174.

Singh, Kulwant. "The Impact of Technological Complexity and Interfirm Cooperation on Firm Survival." *Academy of Management Journal* 40, no. 2 (1997) : 339–367.

Vanhaverbeke, W., G. Duysters, and N. Noorderhaven. "External Technology Sourcing Through Alliances or Acquisitions: An Analysis of the Application-Specific Integrated Circuits Industry." *Organization Science* 13, no. 6 (2002) : 714.

Wang, L., and E. Zajac. "Alliance or Acquisition? A Dyadic Perspective on Interfirm Resource Combinations." *Strategic Management Journal* 28, no. 13 (2007) : 89–105.

Chapter 5

Ahuja, G., and R. Katila. "Technological Acquisitions and the Innovation Performance of Acquiring Firms: A Longitudinal Study." *Strategic Management Journal* 22, no. 3

(2001) : 197–220.

Anand, J., and A. Delios. "Absolute and Relative Resources as Determinants of International Acquisitions." *Strategic Management Journal* 23, no. 2 (2002) : 119–134.

Anand J., and H. Singh. "Asset Redeployment, Acquisitions, and Corporate Strategy in Declining Industries." *Strategic Management Journal* 18, no. 1 (1997) : 99–118.

Barkema, H. G., and M. Schijven. "How Do Firms Learn to Make Acquisitions? A Review of Past Research and an Agenda for the Future." *Journal of Management* 34, no. 3 (2008) : 594–634.

Barkema, H. G., and M. Schijven. "Toward Unlocking the Full Potential of Acquisitions: The Role of Organizational Restructuring." *Academy of Management Journal* 51, no. 4 (2008) : 696–722.

Birkinshaw, J. "Acquiring Intellect: Managing the Integration of Knowledge-Intensive Acquisitions." *Business Horizons*, May 1999, 33–40.

Brannen, M. Y., and M. F. Peterson. "Merging Without Alienating: Interventions Promoting Cross-Cultural Organizational Integration and Their Limitations." *Journal of International Business Study* 40, no. 3 (2009) : 468–489.

Buono, A. F., and J. L. Bodwitch. *The Human Side of Mergers and Acquisitions: Managing Collisions Between People, Cultures, and Organizations*. San Francisco: Jossey-Bass, 1989.

Chaudhuri, S., and B. Tabrizi. "Capturing the Real Value in High-Tech Acquisitions." *Harvard Business Review*, September–October 1999, 123–130.

Coff, R. "Bidding Wars over R&D Intensive Firms: Knowledge, Opportunism, and the Market for Corporate Control." *Academy of Management Journal* 46, no. 1 (2003) : 74–85.

Graebner, M. E., and M. K. Eisenhardt. "The Seller's Side of the Story: Acquisition as Courtship and Governance as Syndicate in Entrepreneurial Firms." *Administrative Science Quarterly* 49, no. 3 (2004) : 366–403.

Graebner, M. E., M. K. Eisenhardt, and F. T. Roundy. "Success and Failure in Technology Acquisitions: Lessons for Buyers and Sellers." *The Academy of Management Perspectives* 24, no. 3 (2010) : 73–92.

Haleblian, J., and S. Finkelstein. "The Influence of Organizational Acquisition Experience on Acquisition Performance: A Behavioral Learning Perspective." *Administrative Science Quarterly* 44, no. 1 (1999) : 29–56.

Haspeslagh, P. C., and D. B. Jemison. *Managing Acquisitions: Creating Value Through Corporate Renewal*. New York: Free Press, 1991.

Haunschild, P. R., A. Davis-Blake, and M. Fichman. "Managerial Overcommitment in

Corporate Acquisition Processes." *Organization Science* 5, no. 4 (1994): 528–540.

Hayward, M. L. A. "Professional Influence: The Effects of Investment Banks on Clients' Acquisition Financing and Performance." *Strategic Management Journal* 24, no. 9 (2003): 783–801.

Hayward, M. L. A., and D. C. Hambrick. "Explaining the Premium Paid for Larger Acquisitions: Evidence of CEO Hubris." *Administrative Science Quarterly* 42, no. 1 (1997): 103–127.

Jensen, M. C. "Agency Costs of Free Cash Flow, Corporate Finance, and Takeovers." *American Economic Review* 76, no. 2 (1986): 323–329.

Karim, S. "Modularity in Organizational Structure: The Reconfiguration of Internally Developed and Acquired Business Units." *Strategic Management Journal* 27, no. 9 (2006): 799–823.

Larsson R., and S. Finkelstein. "Integrating Strategic, Organizational, and Human Resource Perspectives on Mergers and Acquisitions: A Case Survey of Synergy Realization." *Organization Science* 10, no. 1 (1999): 1–26.

Lee, G. K., and M. B. Lieberman. "Acquisitions vs. Internal Development as Modes of Market Entry." *Strategic Management Journal* 31, no. 2 (2010): 140–158.

Lubatkin, M. "Merger Strategy and Stockholder Value." *Strategic Management Journal* 8, no. 1 (1987): 39–54.

Marks, M.L., and P. H. Mirvis. "Making Mergers and Acquisitions Work: Strategic and Psychological Preparation." *Academy of Management Executive* 15, no. 2 (2001): 80–92.

Pangarkar, N., and J. R. Lie. "The Impact of Market Cycle on the Performance of the Singapore Acquirers." *Strategic Management Journal* 25, no. 12 (2004): 1209–1216.

Puranam, P., H. Singh, and M. Zollo. "Organizing for Innovation: Managing the Autonomy Dilemma in Technology Acquisitions." *Academy of Management Journal* 49, no. 2 (2006): 263–280.

Puranam, P., and K. Srikanth. "What They Know versus What They Do: How Acquirers Leverage Technology Acquisitions." *Strategic Management Journal* 28, no. 8 (2007): 805–825.

Ranft, A. L., and M. D. Lord. "Acquiring New Technologies and Capabilities: A Grounded Model of Acquisition Implementation." *Organization Science* 13, no. 4 (2002): 420–441.

Schneper, W. D., and M. F. Guillén. "Stakeholder Rights and Corporate Governance: A Cross-National Study of Hostile Takeovers." *Administrative Science Quarterly* 49, no. 2 (2004): 263–295.

Seth, A. "Value Creation in Acquisitions: A Reexamination of Performance Issues."

Strategic Management Journal 11, no. 2 (1990) : 99–115.

Vermeulen, F., and H. Barkema. "Learning Through Acquisitions." *Academy of Management Journal* 44, no. 3 (2001) : 457–476.

Zollo, M., and H. Singh. "Deliberate Learning in Corporate Acquisitions: Post-Acquisition Strategies and Integration Capability in U.S. Bank Mergers." *Strategic Management Journal* 25, no. 12 (2004) : 1233–1256.

Chapter 6

Agarwal, R., R. Echambadi, A. Franco, and M. B. Sarkar. "Knowledge Transfer Through Inheritance: Spin-out Generation, Growth and Survival." *Academy of Management Journal* 47, no. 4 (2004) : 501–522.

Bergh, D., R. Johnson, and R. Dewitt. "Restructuring Through Spin-off or Sell-off: Transforming Information Asymmetries into Financial Gain." *Strategic Management Journal* 29, no. 2 (2008) : 133–148.

Berry, H. "Why Do Firms Divest?" *Organization Science* 21, no. 2 (2009) : 380–398.

Burgelman, R. "Fading Memories: A Process Theory of Strategic Business Exit in Dynamic Environments." *Administrative Science Quarterly* 39, no. 1 (1994) : 24–56.

Chang, S. J. "An Evolutionary Perspective on Diversification and Corporate Restructuring: Entry, Exit, and Economic Performance During 1981–89." *Strategic Management Journal* 17, no. 8 (1996) : 587–611.

Helfat, C. E., and Peteraf, M. A. "The Dynamic-Resource-Based View: Capability Lifecycles." *Strategic Management Journal* 24, no. 10 (2003) : 997–1010.

Helfat, C. E., and K. M. Eisenhardt. "Inter-Temporal Economies of Scope, Organizational Modularity, and the Dynamics of Diversification." *Strategic Management Journal* 25, no. 13 (2004) : 1217–1232.

Hoetker, G., and R. Agarwal. "Death Hurts, but It Isn't Fatal: The Post-Exit Diffusion of Knowledge Created by Innovative Companies." *Academy of Management Journal* 50, no. 2 (2007) : 446–467.

Kaul, A. "Technology and Corporate Scope: Firm and Rival Innovation as Antecedents of Corporate Transactions." *Strategic Management Journal* 33, no. 4 (2012) : 347–367.

Kumar, S. "The Value from Acquiring and Divesting a Joint Venture: A Real Options Approach." *Strategic Management Journal* 26, no. 4 (2005) : 321–331.

Levinthal, D., and B. Wu. "Opportunity Costs and Non-Scale Free Capabilities: Profit Maximization, Corporate Scope, and Profit Margins." *Strategic Management Journal* 31, no. 7 (2010) : 780–801.

Markides, C. C. *Diversification, Refocusing, and Economic Performance*. Cambridge, MA:

MIT Press, 1996.

McKendrick, D., J. Wade, and J. Jaffee. "A Good Riddance? Spin-offs and the Technological Performance of Parent Firms." *Organization Science* 20, no. 6 (2009) : 979–992.

Moliterno, T. P., and M. F. Wiersema. "Firm Performance, Rent Appropriation, and the Strategic Resource Divestment Capability." *Strategic Management Journal* 28, no. 11 (2007) : 1065–1087.

Montgomery, C. A., and A. R. Thomas. "Divestment: Motives and Gains." *Strategic Management Journal* 9, no. 1 (1988) : 93–97.

Moschieri, C. "The Implementation and Structuring of Divestitures: The Unit's Perspective." *Strategic Management Journal* 32, no. 4 (2011) : 368–401.

Moschieri, C., and J. Mair. "Research on Corporate Divestitures: A Synthesis." *Journal of Management & Organization* 14, no. 4 (2008) : 399–422.

Penner-Hahn, J., and J. M. Shaver. "Does International Research and Development Increase Patent Output? An Analysis of Japanese Pharmaceutical Firms." *Strategic Management Journal* 26, no. 2 (2005) : 121–140.

Reuer, R., and M. Zollo. "Termination Outcomes of Research Alliances." *Research Policy* 34, no. 1 (2005) : 101–115.

Salomon, R., and X. Martin. "Learning, Knowledge Transfer, and Technology Implementation Performance: A Study of Time-to-Build in the Global Semiconductor Industry." *Management Science* 54, no. 7 (2008) : 1266–1280.

Villalonga, B., and A. M. McGahan. "The Choice Among Acquisitions, Alliances, and Divestitures." *Strategic Management Journal* 26, no. 13 (2005) : 1183–1208.

Zuckerman, E. "Focusing the Corporate Product: Securities Analysts and Dediversification." *Administrative Science Quarterly* 45, no. 3 (2000) : 591–619.

Chapter 7

Arikan, A. M., and R. M. Stulz. "Corporate Acquisitions, Diversification, and the Firm's Lifecycle." Working paper 17463, National Bureau of Economic Research, 2011.

Barkema, H., and F. Vermeulen. "International Expansion Through Start-up or Acquisition: A Learning Perspective." *Academy of Management Journal* 41 (1998) : 7–26.

Benson, D., and R. Ziedonis. "Corporate Venture Capital and the Returns to Acquiring Portfolio Companies." *Journal of Financial Economics* 8, no. 3 (2010) : 478–499.

Chesbrough, H. *Open Innovation: The New Imperative for Creating and Profiting from Technology*. Boston: Harvard Business School Press, 2003.

Dowell, G.W. S., and A. Swaminathan. "Entry Timing, Exploration, and Firm Survival in the Early Years of the U.S. Bicycle Industry." *Strategic Management Journal* 27, no. 12

(2006): 1159–1182.

Dushnitsky, G., and M. J. Lenox. "When Do Incumbents Learn from Entrepreneurial Ventures? Corporate Venture Capital and Investing Firm Innovation Rates." *Research Policy* 34, no. 5 (2005): 615–639.

Kim, J.-Y., J. Haleblian, and S. Finkelstein. "When Firms Are Desperate to Grow via Acquisition: The Effect of Growth Patterns and Acquisition Experience on Acquisition Premiums." *Administrative Science Quarterly* 56, no. 3 (2011): 26–60.

Laamanen, T., and T. Keil. "Performance of Serial Acquirers: Toward an Acquisition Program Perspective." *Strategic Management Journal* 29, no. 6 (2008): 663–672.

Zollo, M., and J. Reuer. "Experience Spillover Across Corporate Development Activities." *Organization Science* 21, no. 6 (2010): 1195–1212.

訳者あとがき

本書はLaurence Capron & Will Mitchell（2012）*Build, Borrow, or Buy: Solving the Growth Dilemma,* Harvard Business Review Pressの日本語訳版である。

原著は，経営戦略論の分野で世界的に著名なCapronとMitchellの両氏が，実に20年以上をかけて共同で積み重ねてきた調査・研究の知見を，主として実務家向けにまとめたものである。この日本語版は，本書の原著よりも10年以上遅れての刊行になる。とりわけビジネス書の世界では流行廃（はやりすたり）が激しく，オリジナル版の刊行から長いタイムラグを挟んでしまったことで，日本語版の読者には失望を与えたかもしれない。だが，訳者として最初にはっきりと申し上げておくべきは，本書のフレームワークや議論の基本ロジックは，たかだか10年程度を経たところでいささかも陳腐化していないということである。本書は現実のビジネスにおいて極めて重要な問題を取り扱っており，本書のアイデアが成長を模索する日本企業にとっても重要なヒントになると考えて，この度日本語版への翻訳を敢行した次第である。

本書と企業戦略との関係

この本の議論の一貫した問題意識とは，成長戦略の遂行で必要なリソースの不足（リソース・ギャップ）をどのように充足するかというものであり，これは成長を目指す企業にとって避けては通れない切実な問題である。通常，企業の成長とは，資本金額や売上高，利益額，従業員数などで表される規模的側面について語られることが多いけれども，健全な成長の実現には適切なリソースの裏付けが欠かせない。この点において，本書は見かけの規模の拡大そのものよりは，それに見合った質的な成長を重視していると言える。

リソース・ギャップを埋めるのに必要な新規リソース入手の基本的なやり方として，本書では〈構築〉，〈借用〉，〈購買〉の３つのタイプが挙げられており，このうち〈借用〉については契約と提携の２つに分けられる。本書の議論の大部分は，これら４つのオプションをどのように使い分けるかについての解説に割かれており，そのエッセンスは図１－１（ないしはその完全モデルである付録A）の「リソース入手経路のフレームワーク」に要約される。万一，ここで誤った経路を選択してしまうと，著者が実行の罠と呼ぶ袋小路に入り込んで，組織を無駄に疲弊させるだけの結果を招いてしまう。

ここで簡単にリソース入手経路のフレームワークについて説明しておきたい。

まず，新規リソースの入手手段としての４つのオプションには，明確に優先順位がつけられており，それは〈構築〉⇒基本契約による〈借用〉⇒提携による〈借用〉⇒〈購買〉という順序である。現実のビジネスでは，事前の検討が不十分なままM&Aに乗り出して手ひどい目に遭ってしまう企業の例には枚挙に暇がない。本書で著者が強調するのは，M&Aは他のどのオプションよりも手間暇・コストを要しリスクも大きいため，最後の手段として位置づけよ，という点である。リソース・ギャップを埋めようとして，最初からいきなり〈購買〉に飛びつくのではなく，まずは内部開発による〈構築〉を検討し，内部開発が難しいのであれば契約による〈借用〉を，契約が適切でなければ提携による〈借用〉を，さらに提携という手も使えない場合にのみ〈購買〉を，という順に検討するということがポイントである。

これら４つのオプションを選択できるのは，それぞれ次のような条件を満たす場合に限られる。

- 〈構築〉：知識と組織の両側面でのフィットという観点で，内部リソースとの関連性がある。
- 基本契約を通じた〈借用〉：リソースを明確に特定でき，なおかつそのリソースを契約によって保護できる。
- 提携を通じた〈借用〉：自社とパートナー企業との共同活動の範囲が絞り込まれ，さらに両立可能な目的に向けて協業できる。
- 〈購買〉：新規リソースを自由に取り扱ったりコントロールする必要があり，統合に向けてたしかな道筋が描け，カギとなる人材を引き留めることができる。

だが，仮に首尾よく上記の方法でリソース・ギャップを埋めることができたとしても，それは一時的なものにすぎない。なぜなら時間が経てばリソースの価値も必要とされるリソースも変化するからである。そのため，その後も継続的にリソースに対するコントロールを調節したり，場合によっては売却・処分することで，自社のリソース・ポートフォリオを長期的により望ましい状態へと再編していく必要がある。さらに，それを全社的な取り組みへと拡張して，組織全体の選択能力を高めていくためには，組織的なリーダーシップが不可欠である。

本書の特色として，既存の経営戦略論の主要な論点を網羅的・体系的にカバーする実務的テキストとは大きく異なる点を挙げるとしたら，1つには，この本では成長戦略そのものの中身については触れられていない点であろう。言うまでもなく，その理由は「成長に向けて，どのような事業分野に進出すべきか？」「進出先の競合に対してどのような競争優勢を確立するか？」といった，経営戦略論で馴染み深い問題はすでに検討し終えて，成長実現の道筋も具体化されていることが前提とされているからである。その上で，本書の関心は「足りないリソースをどのように確保するのか？」という一点に向けられている。

また，本書はリソース獲得の手段をテーマにしているけれども，提携やM&Aといった個別の手法に関する解説書とも異なる。ライセンス契約や，提携，M&Aのような外部からのリソース調達では，さまざまなリスクから自社の利益を守ることを目的に，典型的には法務，会計・ファイナンスといった領域で，非常に高度で洗練された手法が整備され，また，それぞれに高い実務的専門性を備えた人々も存在する。だが，本書ではそうした専門的なルールや手順に関する詳しい言及はない。これはトップマネジメントのレベルで求められる思考・判断は，個別のオプションの運用とは異なる次元のものであることを示唆している。

本書のエッセンスが図1－1のように大変シンプルなフレームワークに要約されていることから，もしかすると，これを自社の戦略判断に適用すれば即座に明快で正しい答えが得られることを期待して本書を手に取られた方もいらっしゃるかもしれない。けれども，本文中で著者も述べているように，問題はそれほど単純ではない。たとえば，リソース・ギャップを明確化するためには，社内リソースと社外のターゲット・リソースの価値を適切に見定めるだけの評価眼が必要である。だが，そもそも必要なリソースが何であるかを把握することは容易ではない。特に，ノウハウや知的財産のような物理的実体を伴わない「見えざる資産」と呼ばれるタイプのリソースや，その主たる担い手であるヒトといったリソースの場合，その価値には机上の計算や過去の視覚化されやすい実績だけでは十分に捉えきれない部分も少なからず存在する。しかも，それぞれのオプションごとに特有の盲点や実行上の障壁もつきまとう。このような側面に目を向けるだけでも，現実のリソース入手経路の選択が決して一筋縄ではいかないことは容易にご理解いただけよう。

読者の中には，本書が述べる個々のオプションに関する検討事項の一つひとつについては，なにか格別に新しい知識でもなく，どちらかと言えば常識レベルのことが多いと感じる方もいるかもしれない。だが，現実の判断の局面では，些末な情報によってなにかと問題が複雑化したり，個別の事情に振り回されたりして，方向性を見誤りがちになる。本書が提示するシンプルなフレームワークは，大筋としての正しい道を見失わないための信頼できる羅針盤となるはずである。

だが，本書で本当に学び甲斐があるのは，フレームワークの使い方というよりは，むしろその背後にある考え方であろう。リソース入手経路のフレームワークの指示に忠実に従うことで，意思決定の迷路に入り込むことを回避できるだけでも，本書は十分に価値があるかもしれない。その上で，このフレームワークを使いこなすためには，学習時に「なぜそうすべきなのか？」「別のやり方ではダメなのか？」などと，フレームワークの背後に存在するロジックまできちんと掘り下げて理解する作業が欠かせない。本書では失敗も含めた豊富な事例も添えて詳しく解説されているけれども，読者の側でもさまざまなケースを想定しながらこのフレームワーク上で思考してみるという作業がいっそうの理解促進になるはずである。

日本企業にとっての〈構築〉－〈借用〉－〈購買〉フレームワークの可能性

ところで，日本企業の状況を念頭に置くと，本書は実にタイムリーな問題を取り扱っているように思われる。成長のためのリソース獲得の手段として〈構築〉，〈借用〉，〈購買〉のオプションを適切に使い分けるという本書の基本アイデアは，日本企業の前進・飛躍の重要なヒントになるはずである。以下では，特に日本企業の現状に鑑みて，本書のフレームワークの意義や可能性について考えてみたい。

「失われた20年」が，いつの間にか「30年」に置き換わった言われ方を耳にするようになったが，日本が世界の成長から取り残されていると言われて久しい。特にリーマンショック以降に限定しても，財務面ではそこそこの業績をあげてきた企業のうち，きちんと将来の成長のための布石を敷いてきた企業はどれくらいあるだろうか？　もしかしたら既存事業の防戦に手いっぱいになっていなかったか？　もう少し具体的には，事業活動による稼ぎを，思い切って有望な成長分野に向けて再投資できただろうか？　あるいは，そのような成長分野での成功を左右する，競争優位の源泉であるはずのヒトというリソースの獲得・引き留め・育成の目的に割くことができただろうか？　この期間には，むしろ自社株買いのように，稼ぎを市場に還元するような動きが目立ったようにも感じられる。

成長のアクセルを踏み込もうとしている企業にとっては，そのための戦略はもちろんではあるが，必要なリソースの獲得も切実な課題である。日本企業の成長のペースの鈍さの理由の一つとして，過度な自前主義に囚われすぎているからという指摘もある（※補足すると，これとは反対に，安易なアウトソーシングが競争力低下の原因になったという指摘もある）。自分たちのやり方を通すのであれば，必要な能力のすべてを自社で開発するか，あるいはせいぜい気心の知れた相手と仲良しグループを形成するのが最も楽なやり方かもしれない。だが，これが度を超すと，外部リソースを活用するという発想が選択肢から抜け落ちてしまいかねない。結果，ビジネスの成否のカギを握るスピードを犠牲にし，ライバル企業に出し抜く隙を与えることになる。

もし，自社開発一辺倒ではなく，そこに新規リソースを外部から調達するというやり方が視野に入れば，それだけでもその企業の戦略的柔軟性は格段に高まるはずである。たとえば，2023年は急速な円安が進行して，日本経済に関するさまざまな悲観的シナリオが語られたが，そのわずか10年ほど前には，円高を筆頭に「6重苦」などと言われ，国内の事業環境の厳しい条件に対する嘆き節が聞かれたものである。個々の企業としては，あまりに極端な為替の振れ方にいちいち翻弄されてしまうのは仕方がないのだろうが，状況に応じた最適な「手」をいくつか用意しておくだけでも，こうした事業環境の変化を嘆くだけの受け身の立場に終始するのではなく，状況の変化を逆手に取った戦略展開を図るなど，より能動的な対応も視野に入ってくるはずである。そうした意味でも，〈構築〉オプション以外に，〈借用〉と〈購買〉という外部調達の選択肢を用意しておくことは有益であると考えられる。

〈借用〉というオプション

ネイルバフ＆ブランデンバーガーの『コーペティション経営』（原著タイトル『Co-opetition』）によって，competition（競争）とcooperation（協調）という，二律背反する2つの語をミックスした「co-opetition」という概念が日本に紹介されてから，すでに四半世紀が経った。本書で言うところのリソースの〈借用〉とは，co-opetitionの1つの具体的な様式だと捉えることができる。異なる企業が互いに似通ったリソースを〈構築〉する努力を別個に重複して行うよりも，互いに不足しているリソースを持ち寄ることで，双方にとっての戦略的な目的を達成できるならば，非常に生産的である。

リソースの外部調達のうち〈借用〉については，本書では日本企業のホンダによるインドにおける二輪車事業の展開のケースが取り上げられている。そこでは，ホンダが現地企業（ヒーロー）との合弁を巧みに活用しながらインド市場を開拓していった。また，2000年代以降に急速に浸透した航空アライアンスでは，地理的に大まかに棲み分けていたエアライン同士が，互いの路線を結びつけることで，世界を網羅するような広域ネットワークが実現した。そこでは，乗客の利便性が格段に向上すると同時に，エアライン間で利益を分け合える仕組みが構築された。これらのケースではいずれも，不足しているリソースを，相手から〈借用〉してくることで，成長を実現している。

リソースの〈借用〉を志向する場合，パートナーとの良好な信頼関係がプラスに作用することは間違いない。たとえば，日本の消費財メーカーがタイに進出する際には，現地のサハ・グループが水先案内人としての役割を果たしてくれたことはよく知られている。だが，常にそのような友好的パートナーに恵まれるわけではなく，場合によっては自陣に招き入れたパートナーに牙をむかれる，いわばトロイの木馬のような事態を引き起こしかねない（※本文中で紹介される，トイザらスとAmazonの関係などはその典型例である）。このような協調関係の構築・維持の煩わしさが，自前主義へと傾く一つの理由であろう。

とはいえ，外交やビジネスの交渉場面では，しばしば「笑顔で握手しつつもテーブルの下では蹴りあう」といった言われ方をする。ヨーロッパの歴史などを見ると，国家間の関係は非常に複雑で，そこでは「昨日の敵は今日の友」，「敵の敵は味方」といった具合に，ある時期には戦争をしていたのに，突然和議して同盟関係を結んで，別の敵と闘うといったことは少なくない。日本にも戦国時代などの一時期は，それと似た状態であったとも考えられるが，欧米企業の「とりあえずは感情を脇に置いて，敵とも手を組んで冷徹に実利を追求する」という面でのしたたかさは，歴史の中で積み重ねてきた圧倒的な経験の厚みとも無関係ではないようにも感じられる。

〈購買〉というオプション

外部からのリソース入手のオプションとしては，〈購買〉も有力である。本書が述べるように，M&Aには成長のためのリソース獲得の有力手段としての側面も持つ。特に，必要なリソースを素早く獲得できる点，獲得したリソースに対する完全なコントロールが可能であるという点は，M&Aの利点である。

日本企業の中にも，いわゆる「買収巧者」と呼ばれるような，M&Aという手段を上手に活用しながら，事業の規模や範囲の拡大に成功してきた企業も存在する。だが，半導体や液晶ディスプレイなどが典型的だろうが，日本企業による大規模なM&Aは，どちらかといえば成長を目的としたものよりは，市場競争でトップランナーの地位から脱落した企業同士で敗者連合を結成するといった敗戦処理的な性格を色濃く持つものが印象に残る。

日本企業の中でバブル期以前に手掛けたM&Aや多角化の後始末に追われたトラウマをいまだに引きずる企業がどの程度残っているかは定かではないものの，リスクを恐れるあまり羹に懲りて膾を吹くようでは，M&Aをテコにした成長は期待しにくい。もちろん，〈購買〉があくまで最終手段であるという点については重々注意する必要があるけれども，だからといって選択肢の１つとしてM&Aによるリソース調達の可能性を探ること自体をためらう必要はない。

中小企業と〈構築〉－〈借用〉－〈購買〉フレームワークの意義と可能性

本書で紹介される実例は，誰もが知るような世界的な大企業のものが中心であるために，読者の中には，もしかすると本書の議論は中小企業とは無縁だとお考えかもしれない。だが，訳者としては，むしろ中小企業こそ本書の内容を有効活用できる余地があることを強調しておきたい。

中小企業は日本の産業構造の中心的な位置を占めているけれども，低生産性，従業員の高齢化，後継者不在，産業空洞化の圧力，多段階の取引構造下での主要取引先による下請けいじめなど，中小企業の置かれた状況が全般的に厳しいものであることはたしかであろう。しかし，「中小企業」として分類されるすべての企業が一様に同じ課題を抱えているわけではなく，過度な一般化は本質を見誤る可能性がある。「中小企業」とは単なる従業員数や資本金の規模による分類であって，その中には積極的に事業機会をつかみ取ろうという意欲に溢れた企業家的な性格を強く持つ企業もあれば，特定領域でオンリーワン，ナンバーワンの光る技術を誇る企業もある。

潮が引けば，それまで海面下に沈んでいた島が姿を現すように，逆境であればこそ，ビジネスの発展を目指す高い問題意識を持った企業や使い方次第で大化けするポテンシャルを持つ能力を保有する企業が浮かび上がることになる。こうして可視化されることで，有望な企業同士の出会いのチャンスは格段に高まるはずである。こうした局面においてこそ，〈構築〉－〈借用〉－〈購買〉フレームワークの真価が発揮されよう。そうした企業同士のリソースや事業機会が結びつき，硬直化した既存システムから解放されれば，それまで死蔵されていた能力的ポテンシャルを発揮できるようになる可能性も否定できない。このように考えると，一般にささやかれている中小企業にとっての逆境や危機は，必ずしも悲観すべきことばかりではないかもしれず，捉えようによってはむしろチャンスにもなる。企業規模にかかわらず，現状を打破して飛躍・成長のためのヒントを本書のフレームワークを通して探ってみる作業は無駄ではないはずである。

本書の日本語版の翻訳出版に際しては，中央経済社社長の山本継氏と，同社編集部編集長の市田由紀子氏に大変お世話になった。市田氏にはひょんなことでお会いする機会を得たのだが，そこでの立ち話で本書の翻訳の企画がスタートし，気がつけば出版に向けて段取りを組んでいただいていた。作業が遅々として進まない中で原稿の完成を粘り強く待っていただくなど，温かいお気遣いを含めて多面的なサポートに心から感謝申し上げたい。

本書の原文は比較的平易な英語で書かれているものの，日本語への翻訳に際しては，著者の意図を損なわないようになるべく原文に忠実でありつつも，同時に日本語としての読みやすさにも留意するという，時に両立が容易ではない両方の要請になんとか折り合いをつけながらの作業となった。もし分かりにくい表現などがあれば，それはすべて訳者の責任である。

ところで，本書の翻訳出版の企画を検討していた2022年の春，本書の著者のひとりであるWill Mitchell氏の突然の訃報を聞くことになった。氏の研究に多少なりとも刺激を受けてきた人間の一人としては大変残念なことであったが，氏が残した偉大な知的足跡の一つを日本に紹介するという使命を担うと考えると，身が引き締まる思いである。ここで謹んで哀悼の意を表したい。

2024年１月

兒玉公一郎

索　引

欧文

あ行

か行

さ行

た行

な行

は行

ま行

や行

ら行

わ行

[訳者紹介]

兒玉公一郎（こだま・こういちろう）

日本大学経済学部　教授

〔略歴〕1974年，宮崎県生まれ。1998年，一橋大学商学部卒業後，全日本空輸株式会社勤務。2005年，一橋大学大学院商学研究科経営学修士コース修了，2011年，一橋大学大学院商学研究科博士後期課程修了，博士（商学）。

〔専門領域〕経営戦略論，イノベーション論

〔主要業績〕

『松下電器の経営改革』有斐閣（共著），2007年（企業家研究フォーラム賞）

『業界革新のダイナミズム—デジタル化と写真ビジネスの変革—』白桃書房，2020年（組織学会高宮賞，日本経営学会賞，企業家研究フォーラム賞，中小企業研究奨励賞本賞）

「技術変化への適応プロセス：写真プリント業界による写真のデジタル化への対応を事例に」『組織科学』，2013年（組織学会高宮賞）

リソース獲得の意思決定——いかに成長を実現するか

2024年3月25日　第1版第1刷発行

著　者　ローレンス・キャプロン
　　　　ウィル・ミッチェル
訳　者　兒　玉　公　一　郎
発行者　山　本　継
発行所　㈱　中　央　経　済　社
発売元　㈱中央経済グループパブリッシング

〒101-0051　東京都千代田区神田神保町1－35
電話　03（3293）3371（編集代表）
　　　03（3293）3381（営業代表）
https://www.chuokeizai.co.jp
印刷／三英グラフィック・アーツ㈱
製本／誠　製　本　㈱

ISBN978-4-502-49401-7　C3034